# わが少年記
## ～僕へのラブレター～

〈戦前・戦中・戦後を駆け抜けた少年の足跡〉

平敷慶武
大阪府立大学名誉教授

琉球新報社

コザ中学校３年生卒業近き頃　学校横の広場にて

# プロローグ

この世に生を受けて、早くも、七十七年の歳月が流れた。光陰矢のごとしである。この言葉を知ったのは、小学校高学年の頃だったと思う。その言葉のもつ現実味を実感するというよりも、それどころか顧みて、ただただ歳月の経過に慄然とするばかりである。あの忌まわしい戦争、その最中を逃げ回ったこと、救われたと思ったら見知らぬ土地での収用飢餓生活、その上しばらくしたら母と別れて絶海の孤島での孤児同然の暮らし、母の元に戻ってからの奮闘の少年の日々、そして大学受験等、これまでのすべてが、走馬灯のように、一瞬の中に蘇えってくる。

すると、これまでまったく気にも留めることのなかったことが気になり出してくるから、何とも不思議である。しかも、万事にわたってである。誕生に始まってこれまでの一切のことが、偲ばれてくる。

そのような時に、家族の者から、注文がでてきた。「お父さんの子供の時のことを書いてよ」

と。最近、昔のことをちょこちょこと話すようになったからである。だが、それではあまり様子が分からないからちゃんと書いてくれとの要求である。それが、この「少年記」を書く気になった第一の動機である。

それに、人間は誰でも一人では生きていけない。多くの人に支えられ、お世話になって生きている。長く生きていれば、なおさらである。人間の人間たるゆえんである。齢が七十も過ぎれば、その感を強くする。内にあっては親兄弟・親戚であり、外にあっては友人・先生・社会の人々と広がって、際限がないほどである。お世話になると、自ずから湧いてくるのが、感謝の気持ちである。何とか御礼を述べたいという気持ちが自然と湧いてくる。それを伝えたい。これが、「少年記」を記したいという気持ちになった第二の動機である。

また、人は生きてきたら、老いは避けられえない。それは、人生の必然である。人の命は一定時間を前提とした時限爆弾に等しいからである。その一定時間の長さや短さの程度は天命である。また、天命ゆえ、その時限がいつであるかは不確実であるが、その時限の存在自体は、この世でいちばん確実なことだからである。老いれば、老人は誰でも自らの足跡を振り返りたくなるものらしい。生きたと言うことは過去を持つことであるから、老人には必ず過去があり、過去がある限り、振り返る。振り返れば、また記したきことも浮かんで来ようというものである。これが、「少年記」を記す第三の動機である。生きている限り足跡があり、足跡がある限り確かめたいし、確かめるための確かな方法は記すことである。これは、もっとも素直な動機かもしれない。

さらに、長い人生の中ではいろいろなことが想起される。中でも、人の力ではどうすることもできないことも起こる。それは、愛別離苦。親しかった人や、お世話になった人との永遠の別れである。戦争のため、父を失い、兄弟を失った。その上、転校人生だったため、心友に恵まれる機会が少なかった。少ないながらも、人生の試練の時期に二人の友を得た。その友が、忽然と、この世を去ってしまった。二人共、忘れ難き心の友である。この頃は、二人の心友に、何か届けたいという気持ちに駆られてならない。その想いを何とか記したいという気持ちが、この少年記を記す何よりの動機である。わが心が友の心に通じるよう祈る思いである。

来し方を、さまざまな動機から記したいと思い立ったことを述べたが、おしなべて言えば、動機はただ一つ。それは、皆さんに感謝したいというただその一心である。その意味では、もっとも感謝すべき方は清水幸宏《よしひろ》先生である。こうして少年記を書くことができるのも、ひとえに清水先生のお蔭である。清水先生は、此岸の彼方を彷徨っていた私の命を救って下さった方だからである。清水先生こそは、わが命の恩人である。かつ、幸いにも、現在もお世話いただだいている。その御恩と御親切は、いくら感謝しても、尽きることがない。ここに、清水先生に衷心から感謝申し上げたい。なお、清水先生は、かの有名な「大阪市立総合医療センター」の元院長であり、現在も御活躍中である。この気持ちが皆さんに届くよう祈って「わが少年記」を起筆する。

なお、本文中に短歌らしきものが出てくる。しかし、それは短歌に見えて短歌ではない。述べている内容を、短歌形式で要約的に表現しているにすぎない。いわゆる「歌詠みの歌」ではなく「本読みの歌」である。御留意頂ければ、幸いである。

平成二十七年七月十四日

平敷慶武《へしきよしたけ》

# わが少年記～僕へのラブレター～

目次

プロローグ

I　那覇時代（昭和十三年七月誕生～昭和二十年四月）　17

1　誕生と父母の記憶　18

（1）僕の誕生　18

（2）父と母の記憶　19

イ．父の記憶

ロ．母の記憶

（3）家族と兄弟　30

イ．家族の様子と避難

ロ．戦争中の様子～避難と防空壕～

（4）捕虜と収容　44

II　越来時代（昭和二十年五月～昭和二十三年八月）　47

1 収容と越来村 48
（1）食糧事情 49
（2）小学校入学〜越来小学校〜 54
（3）越来小学校の歴史 58
（4）終戦直後の越来小学校教育の特徴 63
（5）家族と学校 65
（6）兄弟と苦労 69
（7）収容家族の様子 72
（8）遊び 73

III 伊平屋島への旅立ち（昭和二十三年九月〜昭和二十三年十月） 79

1 伊平屋へ渡る理由 80
（1）生活上の理由 81
（2）教育上の理由 82
（3）労働力の確保 84
（4）養子縁組 85
2 伊平屋島に着くまで 87

（1）渡久地港と旅館——87
（2）渡久地港から出航——92
イ．三つの悪条件　93
ロ．運天港への避難　①　運天港について　97
ハ．源為朝伝説　99
ニ．運天港での日々　100
3　伊平屋島の概略——104
（1）地理的特徴——104
イ．位置　104
ロ．島の構成　105
ハ．山　106
ニ．気候　107
ホ．人口　108
ヘ．行政的所属　108
（2）「伊平屋の七離れ」——109
（3）「発祥の地」の伊平屋島——112
イ．「天の岩戸」　114
ロ．「屋蔵の墓」　115

ハ．念頭平松　116
ニ．紺碧の牢獄　118

Ⅳ　伊平屋時代（昭和二十三年十月～昭和二十七年八月）　121
1　家の様子　122
2　お爺さんとお婆さん　123
（1）お爺さんのこと　123
（2）お婆さんのこと　128
3　僕の生活　131
（1）家での生活　131
（2）学校生活　132
イ．通学路　133
ロ．校舎と教室　134
ハ．授業　135
（3）運動会　141
4　教訓的唱歌　143
イ．数え歌と日常的生活　145

ロ・郁子 152
5　伊平屋島と山と僕 159
Ⅴ「よく学びよく学び　心も体ものびのびと　すこやかに」 167
1　「よく学び、よく学び」 168
2　「体ものびのびと　健やかに」 171
3　「心ものびのびと　健やかに」 175
（1）母への慕情と映画 181
イ・「悲しき口笛」 181
ロ・「母三人」 182
（2）勉強 185
（3）「二宮金次郎」 188
4　小学校卒業 191
Ⅵ　伊平屋中学校の生活（昭和二十六年四月～同二十七年八月） 195

1 授業の様子 197
2 生活の様子 198
3 心の傷 201
4 伊平屋島と歌 202
（1）心の歌の数々 203
イ．「異国の丘」 203
ロ．「月の浜辺」 206
ハ．「釣鐘草」 208
（2）離島と流行歌 214

Ⅶ 伊平屋島との別離（昭和二十七年八月） 217
1 兄との別れ 218
2 伊平屋島との離別 220
3 伊平屋島で楽しかったこと 223
イ．僕の頭は生物図鑑 223
ロ．娯楽 227
4 「さよなら　伊平屋島」 231

## Ⅷ　コザ中学校時代（昭和二十七年九月～同二十九年三月）……235


1　母の元へ……236
2　越来の村と町と人……236
（1）町の様子……237
（2）人の様子……241
（3）仲間との遊び……243
イ・卓球と公民館・税務署……244
3　映画見学……246
4　忘れられぬ心象風景……247
5　コザ中学校……250
6　思春期の悪夢……252
7　先生雑感……254
（1）喜屋武みつ先生……254
（2）先生と成績評価……256
（3）高良清徳先生と高校進学……260
8　わが家……262

9　新聞配達　270
10　本島における流行歌と心　275
11　家の状況と高等学校進学　282
12　コザ高校進学　287
13　那覇移転　293
14　転校〜コザ高校から那覇高校へ〜　294

## IX　那覇高等学校時代（昭和三十年四月〜同三十二年三月）　297

1　転校人生　298
2　那覇高校の様子　301
（1）自由　301
（2）マンモス校　302
（3）秀才の群れ　303
（4）美人の群れ　305
3　那覇高校生活　307
（1）授業と勉強　307
（2）先生の「一言」と人生　311

イ．稲福金次先生　311
ロ．比嘉文三先生　312
（3）課外活動――314
（4）那覇高校の友　～東江正夫と山田義教～――315
イ．東江正夫　315
ロ．山田義教　318
ハ．島袋春弘　320
（5）優秀な「授業クラスメイト」――322
（6）ホームルームのクラスメイト――324
4　那覇高校の意義　～受験自覚と自信～――326
コラム　レットウカンの翼　328
5　夏目漱石と魚住淳吉と沖縄県立第二中学校――331
6　総理大臣大隈重信と那覇高校――334
7　「花の十期生」――335
X　大学受験時代　～心友と共に～（昭和三十二年四月～同三十三年十二月）――339

1 心友 340
① 東江正夫 340
② 高良清一 344
2 二人の先生の励まし～比嘉文三先生と稲福金次先生～ 354
3 長兄の大学進学 356
4 本試験 358
(1) アクシデント～試験監督と天使の乙女～ 359
5 合格発表 362
(1) 比嘉文三先生の御訪問 363
6 受験勉強の意義 364
7 受験と親戚の励まし～宮城武雄・喜久子夫妻と宮城玲子～ 368
8 わが母に関する和子のメモランダム 372
コラム 「兵隊の呼称」の変遷と沖縄の世相～戦前・戦中・戦後を生きて～ 376

XI エピローグ 381

あとがき 388

# I

# 那覇時代

（昭和十三年七月誕生〜昭和二十年四月）

# 1　誕生と父母の記憶

## （1）僕の誕生

昭和十三年七月十四日に、沖縄県の那覇市で生を受けた。七月十四日と言えば、世界がこぞって祝福するパリ祭、すなわちフランス革命の記念日。命の誕生は正に革命に等しい。革命を起こしたのは、父・「平敷慶和」と母・「平敷よし」である。同じ血の繋がりを持つ者として他に誕生したのは、姉二人、兄二人、および弟二人の合計七人の兄弟姉妹である。つまり、僕は男だけに限定すれば、五人兄弟の内の丁度真中、すなわち三男である。

沖縄では、三男は「三男アンマク」と言われて、一番元気があって腕白坊主であると思われている。長男は殿様扱いであり、次男・三男は「ウムヌクスイ」と小さい頃から言われてきた。ウムとは芋のことである。次男・三男には芋でも体の御馳走になると言う意味であり、そう言われて冷かされた。所詮、次男・三男はぱっとしない存在ということであろう。反面、お蔭でその分、のびのびと振る舞えたところもあるから、人間万事塞翁が馬である。

沖縄の終戦は昭和二十年六月二十三日であるから、その時は満六歳である。それから、ちょうど三週間で満七歳になる。終戦時までは幼稚園児であり、戦後の小学校一年生である。本土の制度に則して言えば、国民学校最後の一年生にあたるようだ。記憶が確実になるのは、一年生になってからであり、それ以前、すなわち戦前の記憶ははっきりしているところもあれば、おぼろげなところもある。一年生は、人生行路の記念すべきマイルストーンとしてきわめて重要な意義をもつ。

## (2) 父と母の記憶

### イ．父の記憶

父の記憶は、僕にはおぼろげであり、ほとんどないに等しい。いわゆる幻の父である。父は第二次世界大戦による戦死であり、写真は何処にもないからである。もちろん、一枚すらもない。それゆえ、顔の記憶はない。かすかに浮かぶのは、いつも膝の上に僕をのせて揺らしながら食事をしていたこと、また出勤の際には後を追っかける僕を自転車に乗せてちょっと行った所で降ろしてバイバイをしたこと、さらに何になりたいかと訊ねて「大将！」と手を挙げて答えたら、満足そうに頭を撫でていたこと等である。

その頃、よく歌っていた歌がある。不思議に、歌は印象に残り、記憶によく残っている。父が歌って聞かせたのか、あるいは幼稚園で習ったのか、さらには兄弟の歌うのが耳に入っていたのか等は、定かでない。それらの歌は、ほとんど、兵隊さんに関するものである。時代は正に軍国主義の絶頂期、家庭、社会、および国家をあげて日本全体が一億火の玉一丸となって軍人を賛美していた。県立一中に入ったばかりの長兄が、「海兵（海軍兵学校）にいきたい」とよく口にしていたことも想起される。歌も、その時代精神を反映したものばかりである。食事の時も、ご飯を食べる前に、正座し、歌をうたい、「兵隊さんありがとう、おとうさんおかあさんありがとう」と合掌して、「いただきます」と必ず言ってから食べていた。その歌というのは、「箸とらば　雨土御代の御恵み……兵隊さんありがとう」というものだった。メロディは確かであるが、歌詞は心もとない。その頃よく歌っていた子供向けの歌としては、おぼろげながら、メロディーや歌詞が浮かぶ。代表的な歌は、「僕は軍人大すきだ」および「兵隊さんよありがとう」等である。

「兵隊さんよ　ありがとう」

一、肩を並べて兄さんと　今日も学校へ行けるのは
兵隊さんのおかげです　お国のために
お国のために戦った　兵隊さんのおかげです

二、夕べ楽しいご飯どき　家内そろって語るのも
兵隊さんのおかげです　お国のために
お国のために傷ついた　兵隊さんのおかげです

「ぼくは軍人だいすきだ」

一、ぼくは軍人だいすきだ　今に大きくなったなら
勲章つけて剣下げて　お馬に乗ってハイドードー

二、煙立てて波立てて　あれ軍艦が見えて来た
僕らも大きくなったなら　海軍士官になりたいな

「日本の兵隊さん」

日本の兵隊さんは　なぜ強い
休まず勉強励んだからよ
あら　そうだよ　わたしも僕も
兵隊さんに負けないで
しっかり勉強いたしましょう

（メロディは確かな記憶があるが、歌詞はうろ覚え。「国民学校一年生の歌」のようだ。）

なお、軍国調の国民向けや一般的な歌も、おぼろげながら記憶に残っている。「加藤隼戦闘隊」（「エンジンの音ゴーゴーと　隼は行く雲のはて……」）、「暁に祈る」（「アアあの顔であの声で　手柄頼むと妻や子が……」）、および「勝利の日まで」（「丘にはためく　あの日の丸を　仰ぎ眺める　我らの瞳……」）等である。最後の歌は戦時中に女学生の姉や従姉がよく歌っていた。最近わかったことであるが、この歌の「勝利の日まで」は同名の映画『勝利の日まで』があって、この映画がその歌のルーツである。国策映画の同映画や『一番美しく』の映画には、「打ちてし止まん」のサブタイトルが付いていることも驚きの発見である。「打ちてし止まん」

の言葉はどれほど耳にしたことか。「打ちてし止まん」に国民はどれほど打たれたことだろう。

おぼろげながらも、この種の歌のメロディは、実に数知れず耳底に残っている。

なぜ軍人や軍国をたたえる軍歌が満ちあふれ、しかも幼稚園児でも覚えるほどであったのか。

それは、もちろん、当時の時代精神の反映である。「皇民化教育」や「戦時体制化教育」が、
それである。その特徴は、次の点にある。

1. 青少年団の結成
小学三年生以上の男子生徒で結成し、軍隊式挙手の礼に始まり、竹槍訓練等をやる。

2. 現人神としての天皇崇拝の奨励
皇居の遙拝、御真影礼拝。国家・天皇陛下のためには死を惜しまず、その死は最高の名誉であると言う思想の徹底教育。天長節(四月二九日)の晴れ着登校で、その天長節の歌をうたう。

3. 兵隊称揚軍歌の奨励
音楽の時間は軍歌ずくめ。機会あるごとに軍歌を歌わせ、軍人をたたえ軍人になることへの夢と希望を与える軍国主義教育の徹底

4. 空襲警報に対する避難訓練

教室の中で歌いながら、先生の「伏せ」の声がかかると、小さな体をバタバタと床に伏せる、次は一目散に庭に出て、そこでも同じように地面に伏せる訓練を万遍なくやる。

5. 壕掘りと土運び

昭和二〇年二月から学校は兵舎として徴用され、国民学校（八年制）の高学年の男子生徒は兵隊と共に壕掘りをし、女子は土運びが日課となる。

6. 中等学校の男子生徒は鉄血勤皇隊、女生徒は陸軍看護婦として徴用される

昭和二〇年三月二十三日から米軍の猛爆撃が始まると、男子女子共に部隊に配属され、戦闘に直接参加する。

右記の中、特に、二・三・四の特徴が記憶に鮮やかに残っている。昭和十九年の幼稚園児の時、運動場の何処で遊んでいても、鐘が「カン！」と一つ鳴ると、途端に皇居に向かって頭を垂れて身動き一つせずに直立不動の状態が続く。いわゆる皇居遙拝である。つぎに、「カン、カン、カン、カーン！」と鳴ると、いっせいに走って自分達の場所に整列する。

また、軍歌が幼稚園児にまでもしみわたっているのは、学校の音楽の時間が軍歌漬けにされていたからである。兄弟が学校で習ってきた歌を家でも歌うのだから、弟達に伝わらないはずがない。兄の歌っている歌を弟が覚えるのは、きわめて自然。

さらに、「警戒警報」と「避難訓練」も学校や家庭で行われていたのだから、子供達がその訓練に馴染むのはごく自然である。警戒警報や空襲警報という言葉は、日常的にどれほど耳にしたか解らない。サイレン恐怖症は今でも消えることがない。

話をもどそう。父の印象は、ない。おぼろげながらも、食事の時等に歌を歌って挨拶すると、非常に喜ぶようであった。

その父は、祖父の代までは首里であり、父の代になって那覇に移って来たそうである。武士の商売ゆえ、多くの子供達も抱えて那覇の町では難儀なことも多々あったと思われるが、その様子はついに聞かず終いである。

父がどのような人であったかが一番知りたいところであるが、直接知ることは終にかなわず、ただ天を仰ぐばかりである。幸い、親戚や知り合いの人から父に関する話を耳にすることはあった。終戦時、親戚や知人の生存や安否を互いに必死に確認し合うことがあったが、その時、訪ねてきた人々がみなさん異口同音に言っていた。「あなたのお父さんは、ほんとにやさしい人だったよ」と涙ながらに話していたことが、強く印象に残っている。そのような話は、今でも耳にする。今では、どうやら、父はやさしい人だったようだ、とのイメージが定着している。また、そう思うようになっている。これが、父に対する僕の精一杯の記憶であり、印象である。

戦前のことについては、父の印象とは別に、兵隊さんの様子が鮮明に印象に残っている。その頃は、風雲急を告げる時となっており、防衛のため兵隊がどっと本土から沖縄に派兵されて来たようであった。兵隊が隊列をなして、「歩調とれ！　頭《かしら》右！」と緊張した号令一下、「ドッ、ドッ、ドッ」と軍靴を足音高く響かせて通り過ぎる様子等が、鮮明に記憶に残っている。他方、日頃の兵隊さんにもよく出会うことがあったが、その時よく頭を撫でては「坊や、おりこうね」と言っていたことが記憶に残る。おそらく、幼い僕を見て、本土から戦地の沖縄に送られて来た兵隊さんは郷里に残した妻・子を想起したのであろう。とにかく、兵隊さんによく頭を撫でられたことが印象に残っている。

さらに、軽便鉄道に乗って、中頭郡の親戚の家に行くことがあった。汽車に乗った経験が記憶に残っており、今にして思えばきわめて貴重な経験だったのかも知れない。

父戦死　写真すらなく　何もなし
思い浮かぶは　幻の顔

## ロ・母の記憶

母に関しては、戦前のことは記憶にない。まことに幸いなことに、母は戦火の中で死を免れ、地獄のような戦後も生き抜いて、長寿を全うして十数年前に他界した。

思えば、母の一生はただ涙である。明治生まれの古い世代で、沖縄中部の田舎出身の母が首里出身の父の元に嫁いで来るにあたっては、何らかの事情があったかも知れないと思われる。が、その事情は僕にはわからない。首里・那覇の人が田舎に嫁いで行ったり、あるいは田舎出身の人が首里・那覇に嫁いで来るのは、一門からの破門や絶縁にもされかねない慣習がまだ消えきらない時代である。その心労は知る由もないが、母は父に対して両手をつき跪《ひざまず》いて挨拶することもあったような話を耳にしたことが記憶にある。

記憶の薄い戦前のことは別にして、戦中・戦後の母の人生は正に生き地獄。すべては、戦争が原因である。そのことは、時折、口をついて出てくる母の言葉がすべてを如実に言い尽くしている。「お父さんはいいさぁ、むる・わんにんかい・うっかぶしてぃ」と。「お父さんは極楽でいいさぁ、苦労の一切を私に負わせて逝ってしまって」と、よく寝静まった暗闇の寝床から母の呟《つぶや》く声が漏れて聞こえていた。

母の苦労のはじまりは、父の戦死である。時に、父は四十歳、母は三十八歳である。父は民間人であり、戦況が厳しくなって敗戦濃厚となった戦争末期に、祖国防衛のため急遽召集されて行った軍属である。どの部隊に属していたかも詳らかではないが、それ以外のことも一切不明である。一番肝心な何処で亡くなったかさえも、不明である。そのため、夜中など寝静まった時に、神に願うような呟くような母の声が聞こえた。「おとうさのぉ、いちちょうがや」(お父さんは生きているだろうか)と。また、夜中に飛び起きて、「あぬうとぅ、おとうさんぬくつぬ　うとぅ　あらんがやぁ」(あの音はお父さんが帰って来る靴の足音じゃないかね)と、つぶやく声が寝静まった中で聞こえた。その呟きは、僕が高校生の頃まで続いていたから、終戦後約十年間ほども帰りを信じ願って待ちわびていた。

それでも、諦めきれなかったのであろう。今度は、父が死んだと言われる場所を探し求めて、あちこちの場所やウガンジュ(御願所)を拝み始めた。それは、はじめは激戦地の沖縄県南部が中心であったが、ウガミ(御願み)は次第に増えかつ遠くまで行くようになり、沖縄県の南部から北部にとどまらず、四国・本州・高野山までに広がっていった。すべては、沖縄独特の「ユタ」(巫)の言うままだった。誰かに救いを求めようにも求めることのできない母の心境はいかばかりだったかと思うと、心が痛むばかりである。

その頃は、頼みの長男は約十年間の社会生活を経て苦学の末本土の大学へ進学して行ったため、沖縄には不在であった。その上、三男や四男までも本土の大学に進学していたため、郷里には不在だった。沖縄では、長男が次男・三男よりも、一目おかれる風習がある。その考えは、古い世代ほど強い。明治生まれの母も、個人差は別にしても、長男崇拝傾向が強かった。それは、沖縄の風土にも根差した独特の歴史的社会的慣習でもあるから、非難や批判を超えた親の心情である。その心情は、伝統的に、血の中に流れているから、本質的または本能的ですらある。長男尊重や重視の思いが強いほど、長男不在のショックは大きいはずである。母は、相談しようにも長男は親元にはいない。やるせない親の気持ちは、察するに余りある。批難する前に、ユタに頼らざるを得ない母の心境を思えば、言葉がない。

つまり、父戦死で帰らぬ人を帰るまで待っている心労はいかばかりであったかということである。裏をかえせば、母の御拝みは、この世の苦の海に溺れて浮き袋となる父を探し求めて頼らんと踠《もが》き苦しむ母の姿そのものである。母の苦しみのすべての原因は、戦争である。戦争が父を奪ったことにある。父を求める母のその姿は、晩年まで変わることがなかった。

父戦死　兄姉病みて　乳飲み子背負い
逃げ惑う母を　誰か助けん

大戦で　父弟斃《たお》れ　兄姉病《あにあねやまい》
母を思えば　震えとまらず

## （3）家族と兄弟

### イ．家族の様子と避難

父は戦死であったが、幸いにも、奇跡的に家族は命を救われた。終戦時の昭和二十年六月二十三日の姉や兄弟の年齢は、長女十五歳、長男十三歳、次女十一歳、次男九歳、三男六歳、四男二歳、および五男七カ月である。

長男は戦争中に病気になり、終戦直後の姉もまたそうである。四男と五男は栄養失調で衰弱。かろうじて病気を免れたのは、次女と次兄と三男だけであった。つまり、母にとって、もっとも頼りになるはずの長女と長兄が病気で、弟達二人は乳飲み子である。他の次男と三男も、足手まといでしかない。辛うじて、助けとなれたのは次女だけである。頼りになるはずの長兄と長女は頼れるどころか重荷となり、母は二人の乳飲み子を抱え、他の者も足手まといである。助ける親戚は、一人としていない。沖縄中の誰もが、必死である。母は天を仰ぐしかなかったと思われるが、否その余裕すらもあろうはずがない。母は前に乳飲み子を抱っこし背に長男を背負い、四男の弟は次女が背負って、小学校二年生の次男と幼稚園児の三男の僕は母の跡を必死について行った。これが、母や家族の姿である。

## ロ．戦争中の様子～避難と防空壕～

しかし、戦争中は、なお厳しい状態だった。というより、まさに生き地獄である。食糧もなく、弾丸の中を壕から壕へと避難し、生死の境を逃げまどった。

まず、昭和十九年十月十日の空襲である。ここから家族の受難が始まった。十月十日は、確か午前のことだったと思う。朝御飯を終えた頃、家の外の方で急に騒がしくなってきた。外に出て空を見上げると、爆弾が破裂する音と共に爆雲が広がっていた。当初は友軍の練習とばかり思っていた人達も慌てだし、「これは練習じゃない！　敵機の空襲だ！」と騒ぎ出して、友軍は高射砲を空に向けて打ち出した。ちょうど「一中」(沖縄県立第一中学校）に入学したばかりの長兄が、登校の準備をしていた時である。肝の据わった長兄は、「うれー、ぬうんあらんさ」(それはなんでもないよ）と泰然としていた。

しかし、外の騒々しさが大きくなり、空からも地上からも爆音や射撃の高射砲の音が激しくなるに及んで、ことの重大さに青ざめた。

その頃は、日頃からしきりに防空頭巾のかぶり方、避難の仕方等を教えられ、訓練があった。その仕方は歌にして、歌いながらもよく教えられた。かすかな記憶をたどれば……。その歌の歌詞は、次のようであったと思う。

空襲警報　聞こえてきたら
今は僕達　小さいから
大人の言うこと　よく聞いて
あわてないで　騒がないで　落ちついて
入ってみましょう　防空壕

この歌は「入ってみましょう『クンチャバコ』」などと、戯れ歌としてよく歌われた。クンチャバコとは棺のことである。

入ってみた防空壕は、家の下に掘られた防空壕であった。国か県からの指導によるのか、防空壕は家の真下にあった。しかも、那覇の密集した住宅地である。家から離れたくないという思いもあったかも知れない。しかし、その防空壕には入ることができなかった。狭い上に、水が溜まってしまっていたからである。

つぎに、逃げ込んだのは、「墓」である。当時は、ほとんどが亀甲墓である。墓の中は広い。生きても死んでも墓が一番安心できる場所との思いがあったのだろうか。とは言っても、何家族も入れる広さではない。それに、那覇は人口密集地で攻撃のターゲットにされているはずであるから、危険きわまりないと察したのだろう。墓から抜け出して、親戚のいる宜野湾に向って逃げ出した。暗闇の中の避難行、行軍ならぬ行民である。かの悪名高い当時の知事が、避難してきたのも宜野湾の普天満神宮の洞窟である。

父はすでに召集されているから、もちろんいない。ただ、母について行くだけである。いや、その意識ももちろんない。本能的に母の跡を追うだけである。宜野湾に逃げて行くのに、那覇からどのルートを通ってどれ位の時間をかけて辿り着いたのか、かいもく分からない。未だ幼稚園児であり、かつ夜の逃避行でもあるから、分ろうはずもない。宜野湾に着いたことだけは、確かである。暗闇の中を隠れながら進むのであるから、迷いながらの一歩一歩の前進である。時折、照明弾が上空に打ち上げられると、一瞬空が明るくなる。その時、母は言った。「トォ、ナマヤサ！」と。「さぁ、今だ」と言った。照明弾があがれば、敵の目から逃れるために本能的に必死に身を隠すのが一般であるはずである。しかし、母は「なまやさ」と言って進む。母は、もともと度胸があった。それでも、その行為は無謀にも映るが、致し方なかったのであろう。父はなく、母は一人で乳飲み子や足手まといの子供達を抱えて弾丸と闇の中を遠くへ逃げ隠れて行くのだから、捨て鉢の心境になったとしても不思議ではない。

宜野湾に辿り着いて、親戚の家に身を寄せることになった。その親戚は、家族はお婆さんとその息子夫婦であったが、小さな店を構えていた。お婆さんと家族は純粋に首里の人であるが、ある事情のため宜野湾に移り住んでいたのだった。聞くところでは、お爺さんが女をつくったために、お婆さんは嫌気がして首里から人知れず宜野湾に都落ちして身を隠していたそうである。こういう話は、沖縄のどこでも昔からよく耳にする。そのような時、一般に、女性すなわち本妻の採る道は、嫌になって国頭郡のヤンバルや離島に逃げ隠れるか、または本土に逃げて身を隠すことのようである。親戚のお婆さんは大変な財産家であり、そのため比較的首里に近い宜野湾に、しかも広い屋敷に住み得たのであろう。

その屋敷は広く、道に面した店の裏側には広い庭があって、そこには井戸があり、ミカンやボンタンが大きな実をつけ、その奥は竹藪になっていた。僕達はよく可愛がってもらった。大きなボンタンの実を見たのも初めてであり、その大きさに驚嘆し、ボンタンアメも食べた。ボンタンアメはお菓子の代名詞であり、一番甘くおいしい。「ボンタン飴あまい、甘いはお砂糖……」などとよく歌いながら、食べて遊んだ。

遊びで一番印象に残っているのは、蝉とりである。木々の間には、大きな蜘蛛の巣があり、その大きさに驚きかつ恐がった。蜘蛛の巣は、非常に粘着力がつよい。その蜘蛛の巣を長い竹に巻きつけて取り、その竹の先を蝉や蝶々にくっ付けて取った。蜘蛛の巣の強力な粘着力でいったんくっ付いたら、いかにバタバタしてももう逃げられなかった。捕ったセミに糸を括りつけて飛ばしたりした。

しばし、爆撃がおさまった頃、母は飴をつくって売りに出ていた。何の財産もなく、また援助する人もなく、女手一つで七人の子供達を育てるのは並大抵のことではない。一人で飴をつくる手作業は、根気が要る。砂糖を溶かして飴状にし、それを柱に掛けて引っ張り伸ばしては叩く。それを何度も繰り返して、ちょうどよい硬さになったところで飴玉の大きさに挟みで切って、それを粉でまぶして仕上げる。その飴を入れた籠を頭に乗せ、背には赤子を背負い、弟の手を引き、まだ学校に行かない僕を連れて、売りに出て行った。場所は、兵隊さんのいる所だった。出掛けたら、夕方帰ってきたが、よく売れたのかどうかは知る由もなかった。なぜ売りに兵隊さんの所に行ったのかは、解らない。そこに父がいたからでもない。父に会った記憶がないからである。兵隊さんはよく買ってくれたからに違いない。母独特の商売感覚からか。それにしても、なぜそこに行ったのかは、よく解らない。子供連れの母の姿が故郷に妻子を残して出征して来た兵隊さんの心情に相通じるものがあったのかもしれない。

とにかく、田畑があるわけでもなく、財産もなければ、助ける人も一人とていない田舎で、母が一人で大勢の子供達を育てるのに如何に悪戦苦闘したかは想像を絶する。思えば、それはやがて来たるべき地獄の地上戦のもたらす苦難への序章だったのかも知れない。

苦しくも長閑な田舎の生活は、長くは続かなかった。十月十日の空襲から、数か月経った頃だろうか、海・空・陸からの攻撃が激しくなって、海からの艦砲射撃や空からの爆撃が激しくなり、爆音は耳をつんざかんばかりであった。「ヒュッヒュッ」と風を切って爆弾の飛んでくる音も身近に頻繁に聞こえ、明らかに敵は上陸し、地上戦に突入していた。家族や親戚は、竹藪の中の避難壕に逃げ隠れた。防空壕には、親戚のお婆さん家族、従姉妹の伯母さん家族、および僕たち家族の三家族が隠れた。敵兵が行き交い弾が飛び交う中では、もはや外に出るのは困難であり、それどころか敵兵に気づかれたら死を意味する。息をひそめ、煙も絶対にたてず、ただじっとするしかなかった。

この頃から、特に水や食料の入手が困難になり、命を繋ぐのが命がけとなった。この時以後、何を食べたかはまるで記憶にない。はっきり憶えているのは、瓶に米を入れて竹棒でついて糠をとっていたことである。それで炊いたわずかなお粥を大勢で分け合って食べていた。それ以外は、食べた記憶がまったくない。また、それ以後は、何一つ食べた記憶がない。

何よりも困ったことは、と言うよりもっとも深刻な事態は、長兄の病気が重くなったことであった。長兄は熱にうなされ、水をしきりに求める。しかし、外はもう敵兵が行き交い、壕から外に出るのは死を意味し、きわめて危険である。恐ろしくて、誰も水汲みに行くことはできない。しかし、母は長兄のため水汲みに外に出て行った。母は強しという。自らの命に代えて子の命を救うために、出て行った。僕は、母について外に出た。母が身をかがめて井戸に近づくと、そこには敵兵がいるではないか。万事休すである。固唾を飲んでじっとしゃがんで息を凝らしていると、どれほど時間が過ぎただろうか。地獄に仏である。なんと敵兵が立ち去って行ったではないか。敵兵が母に気づかないはずがない。敵兵と母は、目と鼻の先の距離だったからである。それなのに、なにゆえ、去ったのか。ただただ、不思議である。おそらく、アメリカは民主主義の国、戦場にあっても、「子女や民間人には害を与えるな」というヒューマニズムが徹底していたからかも知れない。井戸には、また「毒物」も撒かれなかったようである。戦時中は敵兵によって、よく井戸にヒ素などの毒物が撒かれることがあったからである。二つの幸運が重なって、ここの壕での命は救われたのだった。

しかし、ここの壕は民間人が掘って造った簡便な壕である。しかも、敵兵が身近に迫っていることは明らかであり、危険を感じたのであろう。壕から次の避難場所の壕、いわゆる「ガマ」へ移動することになった。そこは、鍾乳洞の自然壕であった。

その壕は、入り口が大きく開いていて、中から入り口の方を見ると、空がよく見えた。来てみると、すでに多くの人たちが避難していた。避難民は、中の方で縮こまって身を細めてかたまっていた。入り口には、班長らしき人が見張り番のように立って、監視していた。班長は特別の権限があたえられているのか、威勢がよかった。

班長は、時折、「我が友軍は南方海上にて敵艦轟沈せり！」等と、入り口の高い所から低い所の内側の避難民に向かって声高に誇らしげに戦果を繰り返し宣伝していた。その時、母は言った。「ムル　デマヤサ！」と。すなわち、「すべて、デマだ」と。その頃には、すでに敵は上陸し、空からは敵機が低空飛行をして壕の入り口を狙って機関銃で射撃を繰り返し、友軍の戦況の劣勢は明らかだったからである。飛行機からの射撃の止むほんのわずかな間隙をぬって、班長の宣伝はなされた。しかし、班長がいかに戦果を宣伝しても、それはむなしく白々しく聞こえ、爆音や攻撃は激しくなる一方であるから、避難民は負け戦を敏感に感じ取っていたのであろう。しきりに、あちこちでデマだ！　の声が聞こえた。デマという言葉を耳にしたのは、この時がはじめてであった。

壕に入ってから幾日も経たない内に、壕は敵兵に完全に包囲された。壕の入り口で、大勢の敵兵の声がしきりに聞こえるようになり、降参を呼び掛けていた。「出て来なさい！　来なければ撃つぞ！」と。その声は日本語であったが、それは明らかに日本人のアメリカ二世の声だった。

しかし、その声に応ずる者は一人もなく、みな恐怖と不安のあまり顔を見合わせるばかりであった。避難民からは何の応答もない。終に、壕の入り口から敵兵の機銃掃射がはじまり、手榴弾が投げ込まれ、果ては毒ガスまで撒かれた。死者がでて、咳き込み、壕の避難民はパニック状態になり、さらに奥へと追いやられていった。

自然壕である鍾乳洞の入り口は、やや広く、余裕すら感じられた。しかし、奥へ奥へと撤退するにつれて、次第に狭く険しくなり、命が危険にさらされるようになってきた。鍾乳洞の中は、上（天井）も下（地面）も鋭い釘のような石灰岩が突き出していて、まるで針の蓆《むしろ》で針地獄である。その上、狭く、低く、暗い。幼稚園児の僕が通れるかどうかの狭さ低さである。ローソクに火を点けようとしても、明かりが一瞬ついたかと思えば一瞬に消えたりする。つまり、明らかに酸素不足である。毒ガスを撒かれて奥へ奥へと撤退して来た奥が、この状態である。途中、赤ちゃんや子供の泣き声が止まず、その声もいつの間にか次第に遠ざかっていった。つまり、息絶えて逝ったのだった。おそらく、毒ガスと酸素不足と栄養失調のために。

この鍾乳洞はどこまで続いているのか、また出口があるのかどうかも解らない。さりとて、戻ることはもはや許されない。助かるかどうかの道は、ただ一つ。奥への後退あるのみである。必死に、親の後をついて行くばかりである。すると、終に、湖か池に出て来たのだった。鍾乳洞の中のことであるから、ひょっとしたら大きな水溜りであったのかも知れない。壕の中に湖があろうはずもない。が、あまりにも大きく思われたので、湖という印象が強く残っている。

池が見えて、固唾をのんだ。助かるかも知れないとの望みがでてきた。池の所は空気が違い、暗がりの中であっても明るさがほの見え、出口の気配が感じられたからである。入り口は毒ガス、出口は新鮮な空気、その出口らしき所にたどり着いたのだから、助かったとの思いがこみ上げたに違いない。しかし、子供がその池の中を渡るのは至難である。溺れそうなほど水に浸かりながら、夢中で母の後をついて行ってやっと渡り切ったのだった。

鍾乳洞の壕から脱出したら、外は暗闇である。どこへ行くのか。安全な壕や避難所があるのか。それは、何処なのか。一難去ってまた一難。壕から脱出した人達は、みなバラバラ。子供達は、母の後を追うのみ。やや広い道に出て、道の下水道の中を身を隠すように進んでいたら、時折照明弾が破裂した。一瞬道が明るくなると、母は「トォ、ナマヤサ」と、今ぞとばかり身を屈めながら勢いを増して進んだ。その時、車のヘッドライトで道を照らして、ジープが通り過ぎて行った。明らかにアメリカ兵である。またしても、地獄に仏である。まともにライトで照らされたら、夜とはいえ人かどうかの判別はできたはずである。にもかかわらず、何の銃撃も受けることがなかった。おそらく、乳飲み子を抱き長兄を背中に背負い、子供の手を引いて必死に逃げ惑う母の姿が、きっと目に映ったのであろう。民間人には害を与えるべからずのヒューマニズム精神が、末端まで徹底していたのであろう。

しかし、暗闇の中を進む間中、どこからともなく絶えまなく機関銃の弾が耳元や背中、体の前後をピューピューとかすめていった。沖縄戦中、米軍は沖縄の人に対して一人当たり約五〇〇発の弾を撃ったと言われる。僕達親子が逃げ惑う中で、数十発や数百発の弾を受けたとしても不思議はない。耳元をかすめて行った弾の恐怖は、約七十年経った今日でも、なお耳底に生々しく残っている。この弾丸の雨の中をくぐってやっと、また別の自然壕に辿り着いた。

その壕にもまた、すでに多くの人達が避難していた。先に来た人達は、壕の中でも比較的安全な奥の方の良い場所を確保して、身を潜めていた。遅れて後から逃げ込んで入って来た人達は、危険度が高く恐怖感の強く感じられる入口に近い所で我慢するしかなかった。

この壕でも生活は、と言うより生き方は変わり様がなかった。持って逃げれるような食糧等あるはずもなく、着の身着のままである。子供を抱き背負い、守るだけで母は精一杯である。

いや、それこそが大変なことである。ましてや、それ以外のことができるはずもなく、物資の持ち運びのできるはずもない。瓶に米を入れて棒切れでつついて糠をとって、お粥を炊くのがやっとのことである。それも、毎日あるわけでは無論ない。何日間に、一度である。

このような状態が、どれほどの期間続いたのであろうか。母が那覇から避難のため出た時から、いつも言う言葉があった。それは、「シネー　ムルトゥムヤサ」である。その意味は、「死ぬ時は、諸共だ。みんな一緒だ！」ということである。母としては、至極当然の感情であり、思いだったのであろう。我が子と共に死ぬのは生みの親として母の本能的なものなのであろう。また、ある「事件」を通して、父と母が大きく意見が対立。それは、戦争末期、子供達を本土に疎開させるべきか否かで、大変な言い争いになったそうである。父は疎開させるべきだと主張し、母は疎開に猛反対した。その時の母の思いは、本能的に達観していたのであろう。「シネー　ムルトゥムヤサ！」と。それは、母親としての、全存在の本質から出てくる痛切なる思いだったのであろう。母性本能というより神々しささえ漂う。もし疎開していたら、かの「対馬丸」事件に遭わずに済んだという保障は何もないのである。

だから、母は逃げる最中や避難している時も、いつも「ムルトゥムヤサ」という言葉を口にしていた。この言葉は、生の極限で生きている人、死と隣り合わせで生きている人にしか言えない言葉である。だから、その言葉は自暴自棄に聞こえながら、必死に生き抜く覚悟の心であり、言わば祈りの言葉でもあった。おそらくは、父がなく母は一人で大勢の子供達を守らなければならないため、いつも覚悟を決めて「ムルトゥムヤサ」と意味の解らない子供達に呟いて、わが身を奮い立たせていたのかも知れない。孤立無援の一人身の母としては、頼る術も全く行き着くところはそれしかなかったのである。いわば、絶望の彼方の諦めである。諦めとは真理にめざめることなのだ。父は出兵、二人の乳飲み子、頼みの綱とする長兄は病気、残りの子供達も足手まといの兄弟だけである。いったい、神さまは母一人にどうしろというのだろう。逃げに逃げてきた壕での有様は、これが地獄でなくて地獄はどこにあるというのだ。もう、この状態は、人間の極限状態である。

この壕にどれほどの期間潜んでいたかは、記憶にはない。しかし、ある日、突然に、壕の入り口で、人の気配がした。やがて、日本語ではっきりと声が流れ、聞こえた。「みなさん、戦争は終わりました。はやく壕から出て来なさい！」と。壕の入り口まで敵兵が迫って来たことに、壕の中の避難民はただ恐れおののくばかりである。応答も行動も、示すことができない。敵兵の何度かの声が流れ、終に最後通告となった。「皆さん、戦争は終わりました。出て来なさい。これが最後です。もし出て来なかったら、毒ガスを撒いて爆破します！」と。

この最後通告の声に、壕の中は何やら慌てふためいて、老人や年輩者が相談。終に覚悟し意を決して、一人の老人が棒切れに白い布を巻きつけて、その棒を高く掲げて入口に向かって歩いて出て行った。危険のないことが解ったのか、老人の手招きで腹をくって、壕の人達もみんな、その老人の後を追って、ぞろぞろと外に出て行き、捕虜となったのだった。一人の老人の勇敢さが、大勢の人の命を救ったのだった。

## （4）捕虜と収容

恐る恐る外に出てみると、すでに多くの避難民が原っぱ一杯に集められていた。夕闇がせまり、辺りは暗くなりかけていた。壕から出て、最初の出来事は、みんなに「キャンディ」が配られたことだった。毒物ではないかと、半信半疑であった。みんなにつられて、恐る恐る食べてみると、何とも言えぬおいしさと味！　あの味とおいしさは今も忘れられない。その味は、まるで地獄から極楽に来たような思いのする味だった。

捕虜になった後、まず家族が送られて収容されたのがコザの「嘉間良《かまら》」であった。そこは、現在のコザ十字路と胡屋十字路の中間よりやや胡屋十字路寄りの所にある。テントが張られ、ベッドも備え付けられていた。病人や負傷者の治療のための野戦病院も兼ねていたようだ。長

戦後、最初にして最大の病院となったコザ病院のはしり嘉間良病院。
簡易ベッドにテントのお粗末なものだったが、戦争中のころとしては、
ぜいたくな休息所といえた。(5月15日)

終戦時の嘉間良病院

兄は、そこのベッドで横たわり、看病された。

収容所にいた期間は明らかでないが、ほどなく病人でない人達は、近くの村々の家々に分散収容されていった。僕達家族が住むことになったのは、忘れもしない「越来《ごえく》」村《そん》の字越来である。そこは、嘉間良から歩いてほぼ一時間弱の所であり、道一つ隔てた隣村は美里村であった。

捕虜となり　身を寄せ暮らせし　越来村
幼き日の　想い出は尽きぬ

宜野湾で壕から出たところを捕虜となり、運ばれて収容されてきたのが「コザ嘉間良」である。ここには、野戦病院があり、治療や療養もなされた。長兄は戦争中から病気になり、マラリヤにも罹って、しばらくここで療養していた。家族の他の者達は越来村に強制的に割り当て移住させられていた。越来村から、長兄の見舞いに通う日々が続いた。

嘉間良病院は戦後の最大の病院であり、コザ病院となった。県民の多くの命を救った嘉間良・コザ病院。コザは守礼の邦ならぬ「守命の邦」である。

# II

# 越来時代

（昭和二十年五月～昭和二十三年八月）

## 1　収容と越来村

「越来村」は戦後の第一歩をしるした村であり、想い出多き忘れられない村である。

越来村は、奇跡的に戦火をまぬがれていた。驚くほど緑が豊かに残る静かな村であった。村の中は、戦禍も見られず、家は瓦屋根で大きく、広い庭や屋敷の周りには蜜柑の木が茂っていた。道も整い、村の中のあちこちにも畑があったが、周辺には大きな畑が広がっていた。一口で言えば、越来村は豊かな農村の印象が強かった。

家族の入ることになった家は、大きな瓦葺きの屋根の家だった。典型的な農家の家で、母屋の前の左右両側にも家があり、庭の右隅には井戸があった。家の周囲は広い庭となっていて、周囲には蜜柑の木が植えられていた。母屋の中には、七家族ほどが住むことになった。小さな一つの部屋に三家族が同居し、手足のやり場のないほどであった。収容されて住んでいる人達は、那覇の出身者等を中心に沖縄南部地方の出身者が多いようであった。沖縄の中でも、激戦の地が首里・那覇等の南部が中心であったから、被害者が主に首里・那覇の南部の人が多いことは想像に難くない。小さい部屋で大勢が押し合いへし合いの、その日暮らしであった。

## （1）食糧事情

食事については、三度の食事というものはもちろんない。とにかく、食事というものはいっさい何もない。やっと配れてきたのは、ポテトチップスのような乾燥ジャガイモにメリケン粉であった。ジャガイモはそのまま食べ、メリケン粉は団子状に作ったいわゆる「メリケン・プットゥルー」（ダンゴ）にして食べていた。

それ以外の食べ物として、記憶にあるのは「残飯」であり、「芋」や「蜜柑」である。一番簡単に手に入ったのは、芋であった。村の周辺には芋畑があったから、その芋を掘り出して食べ、持ち帰って食べたりしていた。しかし、芋ほりは簡単のようではあったが、危険がともなった。終戦直後ゆえ、治安や世情も安定していない。こんなことがあった。ある日、お隣の美里村の芋畑に、親戚の首里のお婆さんと芋ほりに出かけた。用心をしながらも芋堀に夢中になっていると、約二、三十メートルほど離れた土手の陰から、突然に黒い巨体の男がこちらをめがけてニョキット立ち上がって来た。黒ん坊だ！　お婆さんと僕は真っ青。無我夢中で、一目散に逃げ帰った。その事件以来、芋掘りは危険で怖くなり、行かなくなってしまった。外人によるレイプ事件が多発していたからである。

しかし、残飯を手にするには、もっと危険が伴った。運が悪いか、間違えば、銃殺である。家の周辺には残飯等があるはずがない。食事は何もないのであるから、民家に残飯が出てくるはずもない。残飯がある場所は、言わずと知れた金網で囲まれた基地内のコーナーに設けられたゴミ捨て場であった。基地であるから、常時基地周辺を兵隊が見張っている。米兵によって、地元の人間が犬猫のように扱われていた頃である。万が一でも見つかれば、命はない。たちまち、銃殺である。当時は、まだ野山に隠れていた友軍の残兵が食糧を求めて出没して、よく銃殺されていた頃である。ゴミ置き場は、土手の上の高台に金網の張りめぐらされた基地の片隅にあった。土手の下側から草むらに身を隠すようにして残飯置き場の近くまで身を寄せ、土を掘って金網の中側にある残飯を抜き出して取る。残飯は油紙に包まれた肉類が主であった。この残飯あさりが、得意な家族や友がいた。この友に誘われて行ったのだったが、何度も行くことではなかった。残飯の汚さよりも、怖さが大きかったからである。後日談であるが、残飯あさりの上手だった友が、後に中学校の校長になったと知って驚いた。

飢えをしのぐために、何でも食べる。食べられるものはないかと血眼になっていた頃のことである。蜜柑の入手が、一番手っ取り早い。庭にあるからである。シークァサーもあったが、不思議とそれを食べる者はいなかった。あまりにも渋いからである。ただ、熟したシークァサーは食べられた。蜜柑はいわゆる「カーブチャー」で、大きく甘かったが、その入手は手っ取り早いとは言っても、なかなか厄介であった。というのは、家主のお婆さんが人一倍うるさい意地悪ばあさんであり、自分の家を大勢の避難民に乗っ取られてただでさえ不機嫌である上に、大事にしている蜜柑まで取られては怒り心頭だったからである。お婆さんの気持ちは、今にして思えばよく解るが、飢えをしのぐため、僕たちも背に腹は代えられない。目を盗んでジャンプして取ったり、パチンコで射落して取ったりした。多くの子供たちがそうしたが、一番上手で誰にも僕は負けなかった。つまり、お婆さんによく叱られ、何かがあったら「うれー・へしき・ぬ・さんなんやさ」と言われていたようだ。「それは・へしき・の・三男の仕業に違いない」と、いつもニラマレテいたのだ。蜜柑をパチンコで射落とすのは、半ば遊び気分でもあり真剣でもあったが、とにかくみんなでよくやった。射落とすのはなかなか難しかったが、それだから楽しくもあった。

つまり、その頃は食べる物は何もなかったのである。

治安も悪い。というより、治安がない頃である。蜜柑の木に空き一斗缶をぶら下げて、何かあったらカンカンと叩き鳴らしていた。よく起こったのは、外人が夜な夜な女を襲って来たことだった。襲ってくる外人の皮膚の色は、いつも決まっていた。カンカンのお蔭で、災難が起きなかったのは幸いであった。

ただ、痛ましかったのは、夜半銃声が聞こえることがあった。その場所は、いつも決まっていた。村の周辺には小高い丘の松林があり、そこから村への入り口にはMPの見張り所があった。銃声が聞こえるのは、その「見張り所」辺りであった。銃声の度に、「また、やられたか」の思いが頭をよぎった。夜が明けて行ってみると、やはり悲惨な光景が目に入った。友軍兵が手榴弾を投げる構えをしたままの姿で、息絶えていた。中には、民家まで腸を出して這いつくばって水を求めて来た兵隊さんもいた。夜になると、友軍の残兵が食糧を求めて村に入って来ることがしばしばだったので、痛ましい事件が起きたのであった。この頃は、終戦直後とは言え、戦争の末期的状況がなお続いていた。

その頃、食糧を求めて、南部へ行ったことがあった。今の「ひめゆりの塔」のある辺りである。いわゆる三和村となる前の村々である。人の気配は全く見られず、道々で目にするのは牛・豚・山羊等の死骸であり、それに混じって人のそれも散乱し、目を覆わんばかりであった。種々の慰霊塔のできる前の、正に終戦時のことである。家族では、長姉と僕がトラックに同乗していた。

とにかく、避難中は何か物を食べた記憶はなく、戦後も大勢の家族に乾燥ジャガイモがわずかに与えられるだけであった。つまり、その頃は食べる物は何もなかったのである。

食糧に劣らず、否、より大事なのが水の確保であった。まさに、命の水である。幸い、水は徒歩で約十五分の所に半ば自然の井戸があった。井戸は二つ仲良く並んでいたので、「タァチュウ・ガー」と呼ばれていた。タァチュウとは二つという意味であり、「ガー」は「カー」すなわち井戸の意味である。乾燥ジャガイモの空き缶二つに紐をつけそれに棒を通して、缶に水を入れて肩に担いで運んだ。炊事や洗濯等、生活に必要な水はすべてこの水を利用したから、一日に何度も運んだ。運び役は、次女・次男・三男であった。

一日の仕事が終わってやっと寝床についた時など、時折、暗い蚊帳の中から母のつぶやくような声がもれてきた。「チュウ・ヌ・ヒィン・クラチ！」と。そのつぶやきは、ホッとしたような祈っているようだった。「きょう・の・日も・暮らせた！」と言うその一言のつぶやきには、当時の母のすべての状況と思いが込められていた。無意識ながら、「一日生涯」の一日を暮らし、そのような思いの日々だったのだろう。

父が亡く親戚もなく　助けなく
乳飲み子病みし子　抱え母生き地獄

## (2) 小学校入学　〜越来小学校〜

いつの頃からか、学校が始まった。学校は「越来小学校」。僕は、終戦直後の小学校一年生である。生まれて初めて、学校に入って学ぶ。学びの第一歩である。最初の学校は、福木に囲まれた小高い丘の木陰であった。そこは、やや斜面になっていて、木洩れ日が射し込んでいた。いわゆる、青空教室である。この青空教室は、一年生だけの教室のようであった。最初に習ったのは、確か英語の「ABCの歌」と「五十音」、それに「さいた　さいた　さくらが　さいた」の読本。国語と英語を、同時に教わった。先生は「目取真　先生」というお名前だったと記憶しているが、確かではない。はっきりしていることは、女性の先生だったことである。児童が何人ぐらいだったかもおぼろげであるが、二クラスの約百名前後だったと思う。

学校の場所は、何度か移転した。青空教室の期間はどれほど続いたかは定かではない。二度目の学校の場所は、広い運動場もある所だった。あのMP見張所の近くである。運動場の周りには、大きな松の木が生えていた。ここの学校は、小学校だけでなく、高学年の生徒の学校でもあったようだ。体格が大きく、身長の高い大きな生徒も、混じっていたからである。六・三制の学校改革が行われる前の状況だったのかも知れない。

しかし、ここの場所も長くは続かなかった。二度目の学校は村のはずれにあったが、三度目の学校の場所は最初の青空教室に近い所だった。狭いながらも運動場があり、そこから奥まった所に教室はいくつか並んでいた。茅葺屋根の小さな教室だった。ここは、記念すべき場所の学校である。というのは、はじめて、この時の学校の場所で、運動会や学芸会が行われたからである。

特に、印象に残るのは、一年生の時の学芸会である。演じたのは、「サルカニ合戦」。これは、よく知られた御伽噺をオペレッタに脚色したもので、歌いながら芝居を演じる楽しい劇である。内容は、誰もが知っているとおり。主役は、「サル」(猿)と「カニ」(蟹)である。蟹が食べずに大事に持っていた「おにぎり」を、猿が悪知恵によって自分の持っていた柿の種を世界一とだまして、交換する。蟹は、食べたいおにぎりを今は我慢して柿の実と交換に差し出す。蟹をだました猿は、おにぎりを腹一杯食べて寝る。蟹は柿の実を大事に育てて大きな柿が実ると、蟹が木に登れないのをいいことに猿は柿を独り占め。猿を征伐すべく蟹の応援者が次々現れて、終に猿は臼に取り押さえられ万事休すで、幕がおりる。校庭にこしらえられた野外舞台には大勢の観客がつめかけて拍手喝采がなりやまなかった。その中には他校の多くの先生方もいた。

後日談であるが、この劇が演じられたのは正に終戦直後のことである。昭和二十年十二月二十三日である。何処の小学校でも、この演劇を試みたが実現できずに終った。それを、越来小学校で僕たちが実現したので、周辺の小学校に大きな勇気を与えたそうである。その話を、当時の先生だった親戚の方から聞いて、ノスタルジアを感じた。ちなみに、「猿」の役は「大山朝好」君、「蟹」の役は僕であった。同君は後日、医学部に進学し、医療の道に進んだ。ただ、同君は、二年生の時に隣の小学校に転校して行った。僕も二年後には、転校となった。

三度目の学校移転場所が、今の「越来小学校」のある場所である。移転は、三年生の時であった。この頃になると、学校も学校らしくなってきていた。一年生から六年生までの全児童が一つの学校にはじめて勢ぞろいし、教室も運動場も一つの学校としてまとまった。ここでも、教室は相変わらず茅葺き屋根であったが、トタン屋根に変わった教室もあった。運動場は非常に広く、のびのびと遊べた。隣には、ウガン山があり、「フートー」(「フトモモ」)という名の珍しい果物があった。フートーは美味しかったので、一年生の頃からよく取りに行ったものである。

三年生の時の担任は、「崎原澄子先生」であった。中年の女性の先生であったが、崎原先生は非常に個性的で迫力のある先生であった。授業中、話し声やよそ見でもしようものなら、声よりも早く白墨《チョーク》が瞬時に矢のように飛んで来た。授業中は、いつも緊張し、それは極限状態にあった。小学校や中学校を通して見ても、これほど迫力のある先生に出会った経験がない。幸いにして、僕に白墨が飛んできたことは一度もなかった。

三年生の時のことで、印象に残るのは、学芸会である。ずいぶん学校らしくなり、娯楽設備が何もない頃であるから、学芸会は殊の外大賑わいだった。見物には、保護者や地域住民はもとより、学校帰りの中学や高校生も来ていた。場所が校庭であるから、まるで野外劇場だ。僕達が演じたのは、「浦島太郎」であった。僕は「亀さん」の役だったが、大評判だった。

学芸会の時、一番驚いたのは、一人の女の子の歌う歌だった。色白で可愛い上に、歌が上手であり、いろいろな珍しい歌をよく知っていた。聴いたこともなく、習ったこともない、僕達の知らない歌を、随分知っていることに驚いたのだった。たとえば、北原白秋の「砂山」など。間もなく分かったことは、彼女は本土から引き揚げて来た転校生だった。この子の母親を見て、すぐ納得した。色が白く、明らかに本土出身者の顔をしていたからである。

越来小学校の頃、僕は一年生の頃からよく学芸会に出ていたためであろうか、顔をよく覚えられ、みなさんから可愛がられて、「かわいいぐゎー」と呼ばれていた。

なお、僕が本土で就職して間もない頃、崎原先生にご挨拶のためコザに行き、お目にかかって食事を共にしたことがあった。その頃は、御定年が近い年齢だったが、往年の面影は和らぎ、やさしい先生に映った。

ここで、越来小学校について、簡単にレビューしてみよう。

### (3) 越来小学校の歴史

越来小学校の歴史は、長い。明治十五年の創立である。その後、同十九年に美里小学校と合併、同三十五年に分離独立し、戦後は昭和二十年七月十二日に創立され、同二十一年一月二十九の校名の改称を経て同二十一年十二月二十日に現在地に移転し、今日に至っている。創立から現在(二〇一五年)まで、一三三年になる。その間、校名・場所等も変遷が見られる。

まず、「校名」は、明治十五年の創立当時は「越来小学校」であり、同十九年には「美越小学校」に変わり、また同三十五年には「越来尋常高等小学校」、さらに昭和十六年に「越来国民学校」と改称されている。

第二次世界大戦後は、昭和二十年七月十二日に「コザ第一小学校」として創立され、翌年の同二十一年一月二十九日には「越来初等学校」に変わって、同二十六年に「越来小学校」と改称されて、現在に至っている。現在の校名が一三三年前の創立当初の校名と同じになっているのはな

越来初等学校　昭和24年現在地に移転直後の頃
（囲いは鉄条網、みな裸足、帽子はめずらしい）

んとも興味深い。

また、終戦時の「コザ第一小学校」の名称も、興味深い。誕生からわずか半年余（六ヵ月十七日）の命であるから、終戦時の「落とし子」と言うべきか。しかし、それは偉大なる落とし子である。というのは、第一小学校は沖縄終戦の昭和二〇年六月二十三日からわずか十七日後の同年七月十二日に創立されているからである。いわば、終戦後の小学校教育復活の象徴的存在であるから、その意義は計り知れない。「コザ第一小学校」の誕生と消滅は、かの聖句の「一粒の種」を彷彿とさせる。すなわち、「一粒の麦、もし地に落ちて死なずば唯一つにてあらん。もし死なば多くの実を結ぶべし。その命を惜しむものはこれを喪いその命を惜しまざるものはこれを保ちて永世に至るべし。……」（「ヨハネ伝」十二章二十四節）

の聖句である。儚《はかな》い運命の「コザ第一小学校」が自らは死して残した心は永遠なりということであろう。今は世に名も知られぬコザ第一小学校には、去る大戦による空前絶後の壊滅的廃墟のなから、不死鳥のごとく即座に蘇えって羽ばたいた越来市民の不撓不屈の教育に対する燃えるような思いが、宿っている。そのフェニックス精神は、肝に銘じて、永久に忘れるべからずである。

つぎに、「場所」の変遷が見られる。明治十五年の創立当時の場所は「越来三四七番地」で、「現幼稚園舎北側」である。それが、同十九年には美里小学校との合併により現在地字越来二二八番地の美里郵便局隣に移り、さらに同三十五年には現在の「字上地二三四番地」に移って分校が独立校(「越来尋常高等小学校」)となる。終戦直後の昭和二十年七月十九日の「第一小学校」の時は「現越来中通り付近」に移って、同二十一年十二月二十日に現在地の「越来四〇八番地」に移転し、現在に至っている。

度重なる場所の移転は、学童の減少・増加のために合併・分離独立が行われたからであり、それに加えて終戦直後の一時的混乱のためである。

したがって、僕は、越来小学校の歴史からすると、終戦直後の一年生であるから、二十年七月十九日に入学した「コザ第一小学校」の新入生であると共に翌年の二十一年一月二十九日に改称された「越来初等学校」の新入生でもある。本土の制度に従えば、「国民学校」最後の一年生でもある。一年間に三つの学校名を経験したことになる。

終戦直後の昭和二十年代に教育関係者が一番困ったのは、校舎教室・教員確保・教材教具確保・学童登校奨励等であったようだ。戦前の校舎は昭和十九年六月三〇日に日本軍に収用され、それも昭和二十年三月三十一日に爆撃により灰塵に帰している。戦争終結の六月二十三日からわずか十九日後に、「コザ第一小学校」が創立される。終戦直後の大混乱の最中、電光石火のごとく設立されているから、まさに奇跡的であり、驚嘆のほかない。校舎教室はじめ、教具、教材、および教科書等、いっさい無の状態である。その当時の学校現場の困難な様子は、つぎの一文に見られる。昭和二十年七月十二日に、「コザ第一小学校」は、「開校はしたが、こんどは校舎がないし、机、腰掛、学用品などもまったく無い。そこで、元の畑を運動場に当て、授業は木の下でやる、というふうに始めました、」。やっと開校はしたものの、一難去ってまた一難の様子がうかがえる。

まず、「校舎・教室」の建設である。教室は福木の木の下や垣根の陰等である。いわゆる青空教室である。ついで、天幕やテントヤーのカバヤー、いわゆる幕舎である。さらに、藁葺きや茅葺きのいわゆる馬小舎教室であり、なおまたトタンやコンセットのいわゆるムカデまたはカマボコ教室と続く。この頃の教室は、おしなべて臨時的・簡便的である。台風が来ようものなら、全壊である。そのため、先生方はいつもゲンノウ(金槌)持参の出勤である。何かが起これば、先生は大工に早変わりである。資材集めやテント・ポールの天辺《てっぺん》まで上らないといけない等、命がけであった。

つぎに、教員確保である。一番の困難をきわめたようだ。軍労務者、衛生部勤務者、裁判所書記、新聞記者、および師範学校や旧制中学の中途者等、教員資格の有無とは関係なく「掻き集めた」そうである。通る人に声をかけて集めたこともあったというから、その困難さがうかがえよう。「一度は、ほんとに路上で女の先生をひろったことがありました」。ガール・ハントならぬ路上のティチャー・ハントである。顔で先生を選べるはずもなく、その資質を見分けるのは神業であるから、あらかじめ評判の人に目星をつけて、その人が現れるのを待ちうけて声をかけたようである。つまり、以前から知っている人であった。困難に輪をかけたのは、軍作業の待遇の評判がよかったことであり、そのため多くの先生が軍作業の経験があるようだ。

先生の待遇は、終戦直後は現物給与であり、後に現金給与に変わっている。その現物給与も、当初は食糧が受けられるという程度のもので、はっきりと現物給与になったのは昭和二十六年四月からである。それでも、戦後の深刻な食糧難の頃であるから、教員は配給がもらえるからとの理由でなった人もいたようである。デモシカ先生のはしりであろう。先生が年間四七〇人ほども辞めて軍作業等に行ったと言われる。口頭辞令の現物給与であるから、教員確保の困難さが偲ばれる。

先生の出勤・帰宅も、命がけであったようだ。泡瀬地方に家のある先生は、帰宅の際は、当時は徒歩であるから必ずコザ十字路を通らなければならない。すると、十字路を過ぎた所で、突然に、外人の数人に取り囲まれたそうである。寒い日など、ポケットに手を突っ込んで歩いていたら、拳銃を隠し持っているのではないかと疑われたのである。あるいは、「女を四、五人連れて来い」と威嚇されたそうである。

## (4) 終戦直後の越来小学校教育の特徴

昭和二十一年代の教科の特徴は、三つ挙げられる。(一)「公民」の科目の設定、(二)一年生から「英語」の科目が設定されたこと、(三)「生産科」として農業、工業、水産の中から何れかを四年生から学習すること、等である。

特に、特徴的なことは、一年生からの英語教育がなされたことである。書き方は四年生から読み方は五年生から始められ、英語の唱歌・動作・遊戯が適宜配される。一年生から四年生はかまだテキストがなく、話し方・聞き方が中心である。五、六年生から教科書が使用された。の「JACK AND BETTY」である。しかし、英語科目は、昭和二十九年に廃止される。英語担当教師の確保は、殊の外難しく、アルファベットの読み書きがやっとできる程度で教壇に立たざるをえなかった所もあったようであり、教員確保のため英語担当教員には給与も一割アップの措置もとられてさえ困難だった。

なお、越来小学校一年生の国語の内容は、次のようであった。

アリガ　ナランデ、　セッセト　トホル。
アツイ　ヒナカノ　コミチヲ　トホル。
マジメナ　カオシテ、セッセト。
「ヤ、コンニチワ。」「コンニチワ。」
デアウト、チョット　オジギシテ、
ソレカラ　ダマッテ　セッセト　トホル。

## （5）家族と学校

学校に関しては、家族では、僕が小学校一年生に入学したが、次兄が越来小学校三年生、次女は五年生に復帰した。二人とも、那覇の上山国民学校から、転校したことになる。長兄と長女は、新制のコザ高等学校に入学した。特に、長兄は一中に入学直後に戦争を経て戦後の新制高等学校への入学となったため、同級生とはずいぶん年齢差があったようである。同級生のほとんどが、長兄より二、三歳も年上だったと耳にした。

コザ高校の歴史は、県下では古い。当時は、田井等《たいら》高等学校はじめ数えるほどの高校しかなく、首里や那覇高校はまだない頃である。もちろん、コザ高校から分離した形の読谷高校や普天間高校（旧野嵩高校）もない。そのため、コザ高校には旧制中学や一高女に在学中だった生徒が入学してきたそうであるから、レベルはきわめて高かったようだ。

長兄・慶雄は、高校には入学はしたものの、学校へ行くことはあまりなく、家にいることがままあった。僕が小学校一年生や二年生の頃も、僕が学校から早く帰ってきても、家にいることが多かった。それは、戦争中に発病した病気がまだ治らないため、家で療養していたからである。その頃の兄の様子に関して、今も脳裏に焼きついていることがある。それは、学校には行かなくても、いつも庭に出ても本やノートを手にして勉強していたことである。あの時から約七十年経った今でも、あの頃の様子は忘れることなく鮮明に記憶している。当時のコザ高校における学業成績については、正確には知る由もないが、耳にしたところではトップクラスに入っていたようである。

姉で長女・初枝も、コザ高校に女学校から入学した。家で働ける大人はなく、子供達の中でも年上の者は病気、年下は乳飲み子二人であり、手助けのできるのはただ一人、長女の姉だけであった。その姉も病み上がりの身でありながら、終戦直後に食糧を求めて南部へ行く等、一家のために身を捨てて働いた。身に着けるものは何もない時代である。所は沖縄、しかも夏の暑い炎天下の中、帽子もかぶるものが何もなく無防備状態で働きに出た。それも、連日である。きっとそのために、姉は脳膜炎を罹ってしまった。もはや働くどころではなかった。

身代わりになったのは、次女・美枝子である。長女が働けなくなったら、その次の年上の者は次女である。次女は、小学校五年生である。戦争中から、姉妹兄弟の中で比較的元気だった者は、次女と次男と三男であった。終戦直後も、三人は、真に幸いなことに、病をまぬがれた。そのため、三人の中で次女が家族の手足となって働いた。三歳になる弟四男の世話、水汲み運搬、洗濯等である。水汲みも徒歩で約十五分ほどかかる所から、一斗缶二個を担いで来るから、小学校五年生の女の子には楽ではない。それに、一日何度も運ぶからなおさらである。その井戸は、あの頃、実に大勢の人が利用し、命を救った神仏にも似た井戸である。その村には、飲み水として避難民の利用できる井戸はここしかなく、正に命の井戸であり、拝みたくなるような大切な井戸である。そのため、ここでの洗濯ははばかられた。洗濯も、家でできるわけではなかった。家の門の側に井戸はあっても、なぜか使うことは全然なかった。家主のお婆さんが目を光らせていたこともあったかも知れない。

そのため、洗濯は近くの「クムイ」(溜池)で洗ったりした。越来村は農家の村であるから、村の中であってもいくつかの溜池があった。その溜池は、意外と広く深く、水も豊富だった。そこで、洗濯等もやっていた。子供が泳いだりもした。

極限の困窮状態では、その負担はどうしても年上順になる。そのことは、如何ともし難い。長女と長男が病気か病み上がりで、その負担は次の年上である次女にのしかかってくるのは、痛ましい限りであった。次女は母代りに働かねばならず、学校へ通うこともままならなかった。義務教育も受けられず、終に外で働きだした。義務教育の中学校すらも卒業もできなかった。

次の年上となると、次男・慶弘である。年上とは言っても、まだ次男は小学校三年生。せいぜい、できるのは水汲み運搬と庭掃除ぐらいである。というより、僕と喧嘩するぐらいであろう。何も、できるはずがない。ただ、次男は姉妹兄弟の中では、一番器用であった。言ってみれば、芸術的センスに優れていた。絵や工作類が上手である。そのため、捨てられたビールの空き缶を利用して巧みに灰皿を作って売ったり、またススキを取ってきて箒等を作っては売ったりしていた。小学校低学年であるから、手助けには限界があり、やむをえなかった。

比較的元気な兄弟二人の内、一番年下は僕、すなわち三男である。その時は、小学校一年生。つまり、何の役にも立たない者である。水汲みや庭掃除はもちろんしたが、だいたい兄についてて行ってまねることぐらいである。つまり、次兄の見習いである。見習いと言っても、次兄には遠くおよばなかった。せいぜいできるのは、隣屋敷に住む家族の兄弟は残飯あさりが得意であったが、彼らについて行って残飯あさりをやるのが関の山だった。もちろん、戦果が一番乏しく悔しい思いをしていたのがいつも僕であったことは言うまでもない。

四男の弟・慶四郎は、終戦時は二歳か三歳である。病はまぬがれたものの、戦争中食糧は何も口にするものがなく、戦後も事情はまったく変わらなかった。そのため、終戦後は、極端に栄養失調状態であり、兄姉から同情を集めた。いつも、寒そうに片隅でじっと一人で我慢して、親や兄弟の帰りを待っていた。時折、待っている中に外で寝込んでしまうこともあった。また、兄や姉が帰ってきても、弟の姿が見当たらず、大騒ぎとなって、辺り一帯を探し回ることがままあった。弟は、ほとんど一人ぼっちであった。

一番下の弟・五男「慶勝」は、乳飲み子であった。戦争中はよく耐えたが、終戦直後も食糧事情は変わらず、食糧ゼロの状態であったから、いろいろ手をつくしても、母もどうすることもできなかったのであろう。母乳もミルクもなく、栄養失調による衰弱がはげしく、終に帰らぬ人となった。後に、真夜中に、時折、母のつぶやく声がもれ聞こえた。「ヨシカツヤ　イチチョウレ　イクチ　ナトウタガヤ」と。「『慶勝』は、生きていたらいくつになっていただろうかね」、と。末っ子をなくした母の思いは、いかばかりだっただろうか。

## (6) 兄弟と苦労

顧みて、家族が困窮の時、一番苦労するのが年上、すなわち兄・姉であり、一番楽をするのが年下、すなわち弟達であろう。各年齢に応じてそれぞれの苦労はするとは言え、やはり年上の長男等は一番苦労を背負う。わが家に関する限り、苦労は年上順と言える。意図したことではないが、自然の摂理なのかも知れない。年齢の差は、人為的にはどうすることもできないからである。

年下の弟達は苦労は比較的少ないが、他方兄達から得るところは大きい。弟達は得をするのだ。兄達が何気なくやっていることが、自然に身についていることが多々あるからである。苦労なき楽しき自然な学習というべきか。たとえば、長兄は英語や漢文等を口誦したり、県立一中時代の歌等もよく歌っていた。それを何気なく聞いていても、おのずからいつの間にか僕の記憶にとまり、それが英語の勉強になったり、歌等も友達の知らない歌も知るようになったりしている。いわゆる、「アトゥ　マサイガ　フー」である。後生れの方が優れて得をするという意味である。言うなれば、兄達は家族学校におけるある種の先生であり、弟達がもちろん児童・生徒である。

後日談であるが、長兄は数年後元気になり、高校卒業後いろいろな職業を昼夜の区別なく働き、父親代わりに涙ぐましい努力で家族を支え、大学進学も果たした。一家の生活が何とか目途が立ち、勉学資金も蓄えた上でのことだった。高校卒業後、約十年も経っていた。長兄には、大学受験資格がなかった。学制が変わり「一中」一年生から「新制高校」に移ったために、飛び級のように早く卒業した。そのため、大学受験資格に必要な就学年数が不足。したがって、大学受験資格を得るための検定試験を受けなければならなかった。優等で卒業しても、受験資格がないというのは、いかにも皮肉であり、矛盾である。学制の制度改革が原因とはいえ、過渡的措置が取られなかったのは制度の欠落であると言われても、致し方ないであろう。とにかく、働きながらも、大学受験資格検定試験を突破し、さらに本命の大学入試も突破したのだった。向学心を実現した兄の歩みが、家族や弟達にとっても大きな励みになったことは間違いない。次兄も、長兄とほぼ同じ人生行路を進んだからである。つまり、いわゆる受験浪人とは違い、働きながら、大学進学を果たしたのだった。

僕は、小学校三年生の二学期に、事情により他所に転校して越来村を離れることになる。終戦直後から離れるまでの三年間、越来村での暮らしに変化はなかった。少なくとも、毎日の生活に何か特別の変化が起きたという記憶はない。

食糧事情は何一つ好転することがなく、変わることは何もなかった。相変わらずの乾燥ジャガイモとメリケン粉に粉ミルクの配給だけだった。近くに野菜畑があったが、それを取って食べるということもなかった。親戚がいるわけでもなく、みんな大変な時期であるから、たとえ親戚がいても、どうしようもなかったであろう。しかし、この時に限らず、以後もずっと親戚から何らかの援助をしてもらったことは終ぞ一度もなかった。

しかし、唯一の例外があった。四面楚歌ならぬ四面無援助の中で、母方の遠い親戚のおじさんが肉を持ってきてくれたのだった。屋号は確か「ンタナミグァ」と言った。稲嶺姓で、中頭郡の北谷の人である。北谷から越来まで、乗り物が何もない頃に、徒歩で持って来てくれたのだ。病人を抱えて元気をつけてやる食糧が何もなく、極限的な苦しい状況にあった時に頂いたから、母の喜びと感激は大変なものだった。母はことあるごとに、子供たちにこのおじさんの話を言って聞かせ、「ウンジェ　ワシリテー　ナランドウ」と、口癖のように言っていた。「恩義は忘れてはいけないよ」と感謝の気持ちは、最後の最後まで変わることがなかった。僕たちも、「お盆」と「暮れ」にはおじさんへの挨拶は欠かさなかった。

## (7) 収容家族の様子

終戦時は、何よりもまず親戚や知人の安否を確認しあうことがよくあった。その度に、「ヤーフンヌ」と言うため息まじりの声や嘆きの姿を目にし、よく耳にした。ヤーフンヌとは「お気の毒に」という方言で、悲しい時に年配の女性の口からよく出る言葉である。その言葉は、終戦後からしばらくは、消えることがなかった。

収容された家に住む家族の関係者の安否が解ったのだろうか。瓦葺き屋根の一軒家とは言え、ぎゅうぎゅう詰め状態で住んでいた多くの家族も、あの家族この家族と次第に出て行った。首里・那覇や南部の人達が多かったようだ。残ったのは数家族になったが、その家族は一家の大黒柱である主人の戦死した人達がほとんどであった。帰るに帰れぬどうにもならない事情があったのであろう。我が家に関する限りでは、父戦死の上、兄・姉の病気の看病と幼い子供たちの世話をしなければならず、他に助けてくれる人とてなく、すべてが母一人にかかってきたため、動けるはずもなく、どうしようもなかった。おそらく、この家に最後まで御厄介になったのではないかと思う。

一軒家に大勢の家族が住んでいたから、子供も多く、まるで小さな学校のようでもあった。小さな小学校一年生から大きな中学生まで、大勢がいた。その子供達は、みんな一緒になって遊んでいた。外に出て行って遊ぶ所もないから、俄然庭で遊ぶしかなかったのであろう。みな、よそ者であり、周辺のことに疎く、何かと要領が解らなかったのかも知れない。庭がごったがえすほどであった。

## (8) 遊び

その頃の遊びとしては、遊べるような運動場はなかったので、そこで遊ぶことはほとんどなかった。近くの芋畑で相撲をとったり、「ムートゥ」(沖縄レスリング)したりした。砂地はなく、芋畑で遊ぶのは、芋畑では蔓がマット代わりなって、クッションの役を果たすからである。腹が減ったら、芋を掘り出して食べたりして遊んだ。僕は、沖縄相撲やムートゥ等をやっても、負けることはなかった。

コーレグース（キノボリトカゲ）

また、よくやって遊んだのは、パチンコ（ゴムカンと言った）でメジロや蜜柑を射落とすことだった。メジロは外れたら飛んで逃げるから、射ち落すのはなかなか難しかった。一発勝負である。対蹠的に、蜜柑は動かないから、何度か試みたら成功することがあった。こちらは、飢えを満たすためでもあるから、単なる遊びではなく、真剣さが違った。ミカン取で一番の敵は、家主のお婆さんに見つかることだった。ヒステリックに怒るからである。しかも、よく監視していたから。蜜柑が風で落ちたりしても、何かが起これば、いつも僕のせいにされていた。僕は、それほどにミカン落としに夢中で、その名手だった。

さらに、みんなでよく遊んだのは、蝉を取ったり、コーレーグース（キノボリトカゲ）や昆虫を取って喧嘩させたりして遊んだ。蝉はいろいろな種類の蝉がいて、沖縄にしかいない珍しい独特の蝉もいた。方言では、「ゲーンナー」と言っていた。いわゆるオオシマゼミである。夏の終わり頃に鳴き、何とも物悲しい鳴き声であった。コーレーグースーにもいろいろな種類がいた。大小や形の違い、また色の違いなども種々だった。昆虫類では、カナブン、カマキリ、蝶々、およびトンボ類をよく取った。真っ赤な赤蜻蛉取りが、おもしろく楽しかった。人指し指を蜻蛉に向けてその指を円を描くようにクルクル回して近づき、さっと素早く捕まえる。成功率は五分五分だった。だから、おもしろかった。

越来村は、中頭郡の中の中頭郡である。つまり、越来村は中頭郡の他の市や村に東西南北が囲まれているのだ。東は美里村、西は嘉手納村、北は石川市(旧)、南は北谷村や北中城村等に取り囲まれている。越来村は、完全に、沖縄の盆地である。表現を変えれば、沖縄の中心地である。しかし、いわゆる盆地ではなく、高台になっている。細長い沖縄県では、どの市や村も海に面しているものである。しかし、越来村だけは、例外である。

越来村は、まったく海に面していない。面してなくとも、全然気にならないのが、さすがに沖縄である。つまり、越来村からは、沖縄的尺度をもってすれば、海は遠い。となると、夏の遊び場所として俄然頭に浮かぶのが、川である。川には、三十分か約一時間もすれば行けた。真夏の暑い日等、よく川に水遊びに行った。川とは言え、深い所があり、一年生の僕はまだ泳げず、用心しなければならなかったが、何よりも用心しなければならなかったのは、襲われることだった。その川は隣村との境目にあったので、縄張り争いが起きて喧嘩になることもままあったからである。相手が大きいか多勢の時は、逃げるが勝ち。同格なら、戦いの始まりである。喧嘩の結果がどうなったかは、知らない。というのは、喧嘩になった時、いつも「君はいいから、帰りなさい」と言われて、その場を去ることがしばしばだったからである。帰りなさいは、味方からも言われたが、敵からも言われたから不思議だ。一年生では喧嘩にならないとでも思ったのか、なぜか不思議だった。しかも、一年生の時に限らないから、なお不思議である。

つまり、あの頃の遊びは、すべて友達同士で遊び、自然が相手の遊びであった。人工的な遊びは一切なかった。まだ、終戦直後であり、物は何もなく、通貨がない頃である。

終戦時　暮らし遊びし　越来村
緑あふれて　人はやさしき

次頁の写真は、越来村の原風景の写真である。写真の中の道はよく通った所である。この道には、終戦時の沖縄のさまざまな歴史的一面が詰まっている。この田舎道には街灯がなく、松の木が生え生い茂る藪道であるから、夜は暗い。

農道から越来に通ずる道、正面に西森(今の西森公園)、道にそって豚舎が並んで 越来村の原風景である。この道を通りきると越来小学校があった。

越来村の原風景

終戦直後の頃、外人によく襲われた所であり、いちばん危険な場所でもある。特に、女性の体を狙った性犯罪がほとんどである。あの頃、「今日もか！」と、嘆きのため息か無念の声がよく耳に入った。

他方、この道は川を隔てて嘉間良の村につづいているから、生活道路であり、裏の十字路でもある。この道を十数分下った所に川があり、そこでよく夏には泳いだりした。後に、中学生になって、この道を通ってコザ中学校へ通学した。この道を上がったら越来小学校に通ずる。つまり、通学路である。後に、アルバイトとして新聞配達をした時の取次所も、この道を通って嘉間良に行く。もちろん、嘉間良の野戦病院もこの道を下りて行った所にある。

言ってみれば、主要道路であり、命の道・生活の道である。もっとも、終戦時の越来村を感じさせる原風景である。

# Ⅲ

## 伊平屋島への旅立ち
（昭和二十三年九月～昭和二十三年十月）

## 1　伊平屋島へ渡る理由

伊平屋島へと旅立ったのは、終戦後間もない昭和二十三年八月末頃である。小学校三年生の一学期が終って夏休みも終わりに近づいた頃だった。

当時、終戦で収容されて住んでいたコザの越来村に叔父さんがやって来て、私と五年生の次兄を引き取って行ったのだった。

叔父さんは、正確に言えば、私の祖父いわゆる御爺さんの弟の子供である。つまり、叔父さんは私の父と従兄同士である。私の祖父は長男で、叔父さんの父親は三男である。「三男お爺さん」の名は「慶良」であるが、ここでは単にお爺さんと言えばこの「三男お爺さん」を指して呼ぶことにする。というのは、私の直系のほんとうのお爺さん、すなわち「本お爺さん」は早く亡くなられたそうなので記憶になく、お爺さんと言えば三男お爺さんしか記憶にないからである。また、叔父さんは父とは兄弟のように仲良く育ったそうだから、三親等の叔父さん以上に親しいからである。

なぜ、私達兄弟が伊平屋島に引き取られて行ったのか。その理由は、明確ではない。それでも、考えてみれば、いくつか思い当ることがある。

幼き日母と別れてなぜ行ったか
日々汗と涙のあの島へ

## (1) 生活上の理由

一つは、生活上の理由である。

終戦直後の頃であり、我が家の生活が困窮を極めていたことが挙げられる。繰り返しであるが、家族構成は母と子供七人の八人家族。父が戦死、子供は五男二女の七人。僕は三男で、兄二人に弟二人、姉二人の七人兄弟である。終戦時は、一番年上の長兄は旧制中学（沖縄県立一中）一年生で、長女の姉は県立女学校三年生であったが、二人共戦争中から戦後もずっと病気であった。三男は終戦直後に入学した小学校一年生であり、次兄(二男)は小学校三年生で、弟(四男) は三歳、さらに五男の弟は乳飲み子の一歳未満で、次女の姉は小学校五年生であった。

兄姉が病気のため、家族の中で働ける者は一人もなく、弟の僕達ができるのはせいぜい水汲みぐらいである。他の人達も、みんな、大変な世の中だったから、助ける人は親戚とて一人もなかった。終戦直後の混乱の状況下で、病人の子供二人に乳飲み子二人を抱えた母一人の姿を想えば、事情はすべて解るであろう。五男はしばらくしてこの世を去った。

つまり、生活が苦しく、極限状態だったことが、引き取られた理由として考えられる。伊平屋島へ行けば、ここよりはまだましな生活ができるに違いないとの思いからであろう。俗な言葉でいえば、口減らしである。しかし、そのことは、母がお願いしたのではなく叔父さんから申し出たことと考えられる。なぜなら、叔父さんは、病弱であり、その時も当時コザにあった病院から退院して伊平屋に帰る途中に立ち寄ったに過ぎなかったからである。

## (2) 教育上の理由

二つめは、教育上の理由が挙げられる。

父がなく、生活も困窮した戦後の混乱状態の下では、母は子供の教育どころではなかったはずである。母は、あの激しい戦禍を逃れて生き残った子供たちを抱きしめて離さぬ思いが強かったに違いない。その思いは、乳飲み子で一番下の弟を栄養失調で亡くしたのだから、なおさらであったであろう。その上、伊平屋島は沖縄本島北部の絶海の孤島である。その伊平屋島が、沖縄本島中部の学校より教育が進んでいるとは、常識上は考え難い。

それにもかかわらず、伊平屋島に遣《や》ったのは、将来の教育のことを考えたからであろう。というのは、伊平屋島本島には小学校と中学校が一つあり（伊平屋島のまた離れ島の「野甫」にも後に小学校が一つ新設）、叔父がそこの校長として勤めていたからである。叔父は、師範学校を卒業後、嘉手納等の沖縄本島中部の小学校を経て、終戦時は、伊平屋小学校に勤務していた。母は、おそらく教師である叔父に我が子の教育を託したのであろう。このことは、想像に難くない。充分に考えられることである。

もっとも、沖縄では長男重視傾向がきわめて強い。古い世代ほどその傾向があるが、明治生まれの母も例外ではなく、僕と次兄の二男・三男の将来に対しては気が楽だったことも考えられる。しかし、次男・三男軽視の慣行があったにしても、そのような因習的な考え方から、気軽に僕達を託したとは思えない。当時の状況を思えば、実際には何にも考えられない状態であったというのが真実であろう。

とにかく、このままでは将来どうなるかもわからぬ二男・三男の子供のことを考えて、母は叔父に教育のため引き渡したと考えられる。

## (3) 労働力の確保

三つめは、働き手の確保のためである。

叔父は僕達を引き取って行きはしたものの、僕達が住むことになった家は叔父と一緒の家ではなく、「三男お爺さん」(以下、お爺さんと呼ぶ)の家であった。沖縄の辺鄙な北部地区等の学校には、きまって校長住宅があった。伊平屋小学校も例外ではなく、学校は字「我喜屋」村にあって、学校の裏に校長住宅があった。叔父は、この校長住宅に住んでいた。他方、叔父の父であるいわゆるお爺さんの住んでいる所は、隣村の字「前泊」村であった。僕達は、このお爺さんと一緒に暮らすことになった。つまり、僕達をコザから伊平屋島に引き連れて来たのは叔父であったが、実際に僕達が生活を共にしたのはお爺さんとお婆さん夫婦であった。

お爺さんには地元出身の妻であるお婆さんがいたが、子供がなく、お爺さんの子供は叔父さんだけであった。その叔父さんの生みの親、いわゆるほんとうの母は地元の出身ではなく首里出身の人であって、結婚前の姓は「真栄城」と言ったが、ある事情のため東京に行き、関東大震災に遇って亡くなってしまったのだった。そのため、叔父さんには兄弟がなく、また叔父さん自身にも子供がなかった。

要するに、お爺さん夫婦は年老いていて働くのは大変であり、子供は一人息子の叔父さんしかなく、その叔父さんも学校勤めの上健康に恵まれなかったため野良仕事は非常に無理であった。そのため、お爺さんを助ける働き手として僕達兄弟二人が連れて行かれたに違いない、と考えられる。

## （4）養子縁組

四つめは、養子縁組のためである。

お爺さんには子供は叔父さん一人しかなく、叔父さんには子供がなかった。特に、叔父さんは病気のため子供ができないことが若い時から解っていたようだ。他方、僕達の家族は兄弟が多かった。そのため、叔父さんは父に対して、戦前の頃から、僕達兄弟の中から養子が欲しい、と熱心に要望していた。父と叔父は兄弟のように育っていたため、お互いに気兼ねなく話し合っていたそうだ。そこで、まだ僕が幼かった戦前の昭和十八年頃に、叔父さんが僕達の那覇の実家にやって来て、父に対し三男の僕を養子として伊平屋に連れて行きたいと懇願した。叔父の熱望に対して、父は「五歳ではまだ幼いから」と言って、いったん断ったそうである。そのことは、母から何度も聞かされたものである。そのうち、太平洋戦争が勃発したため、話はしばし遠のいた感があった。

しかし、終戦となったため、戦後の混乱の中を叔父は伊平屋島からやって来て、当時コザにあった中央病院で病気療養し、その帰りに僕達家族が無事であることが解ったため、再び養子とすべく連れて行ったと考えられる。その時は、父は戦争から帰って来ず戦死したと思われていたため、その場に父はいない。そのため、父のいた戦前の場合とは様子が違い、叔父は難なく引き連れて行ったと思われる。

ところで、伊平屋島に渡ったのは三男の僕と二男の次兄であるが、二人の中誰が養子になるかは宿命的かつ決定的であった。もちろん、三男の僕である。なぜか。それは、昔からの沖縄の慣わしのためである。お爺さんは三男であり、他方、僕も三男である。だから、三男は三男が嗣ぐというのが、位牌を嗣ぐ時のしきたりだというのである。このことは、伊平屋に行ってからも、耳にタコのできるくらい言われたものである。したがって、お爺さんの可愛がり方は僕と兄とでは違っていたようだ。同じことは、母も僕に始終言っていたものである。

要するに、伊平屋島へ渡って行ったのは、経済的・生活的・教育的理由に加えて、労働力確保および沖縄的な養子縁組の宿命的理由からであったと考えられる。

何ゆえか　絶海の孤島に　島流し
貧しさゆえか　教育のためか

# 2　伊平屋島に着くまで

## (1)　渡久地港と旅館

さまざまな理由から、叔父に引き連れられて伊平屋島に旅立つことになったのだったが、どのようにして渡って行ったのか。考えると、興味が尽きない。

叔父がコザの「越来村」に引き取りに来たのが、僕が越来小学校三年生の一学期を終えた夏休みの頃である。ちょうど終戦後間もない昭和二十三年の夏の終わり頃であり、交通機関も未だなく、何処へ行こうにも動けない時代である。伊平屋島に渡るには、沖縄本島北部の「本部《もとぶ》村」(現本部町、以後同じ)の「渡久地港」まで行き、そこの港から乗船して出発するのだった。

越来村を出発して、どのようにして渡久地港まで辿り着いたのか、まるで記憶がない。「石川」まで行き、そこで乗り換えて宜野座を経由して名護を通って行ったのか、それとも「仲泊」に出て恩納村を経由して西海岸線を通って行ったのか、何れのルートを通って行ったのかは判然としない。何処へも行ったこともなく、弾の飛び交う暗闇の中を逃げ回って終戦を迎えたのだから、本部行きはまるで宇宙旅行のようなものであったのだろう。とにかく、どのように辿り着いたかは不思議と記憶にない。しかし、ただ本部の渡久地港に着いたことだけは鮮明に記憶している。

渡久地港は本部村と上本部村に囲まれた入江を思わせる穏やかな湾である。遠く沖には伊江島が見え、港にはなぜか多くの漁船が停泊していた。本部村の渡久地は北部一の港町であり、離島への発着港でもあるので、湾周辺には旅館が建ち並んでいた。

叔父と共に僕達兄弟は本部に辿り着いて、渡久地の港旅館に泊まって、翌日の伊平屋行きの乗船を待つことになった。

宿泊した旅館は、港の一番奥まった所にあった。二階建ての木造瓦屋根の昔風の建物であったが、終戦後間もない当時の建物としては、上等なものだったのであろう。越来では、一つの瓦家に何家族も住み収容所の延長のようであったから、それと比べればこの旅館はパラダイスのように感じられた。食事も、はじめて食事らしい食事をした思いだった。料理は何が出されたか細かいことは記憶になく、また大したものはでなかったかも知れないが、とにかく生きていてはじめて食事をしたという記憶だけは確かである。収容されて伊平屋に行くまでの越来村での食事はあるかないかの日々であり、食事のあった時も配給された千切りのジャガイモとメリケン粉をこねて作った団子を食べるのがやっとのことであった。とにかく、一度も食事をしたという記憶がまったくなく、ギリギリの死線上の生活であったから、旅館の食事が驚くような御馳走の食事に映ったのも無理からぬことだった。

驚いたのは、旅館に対してばかりではない。海も山も、生まれてはじめて見るものばかり。すべてがめずらしかった。というのは、物心ついたのが終戦直後の頃ゆえ、終戦後に目にしたものはすべてがめずらしく、見るもの聞くものすべてが僕の原始的記憶の第一歩となっているからである。特に、港に停泊していた船はめずらしかった。

旅館に一泊すれば、翌日は船に乗って伊平屋島に向けて出発のはずであったが、翌日になってみたら、出発は延期となった。理由は、台風の接近のため海が荒れて「船」の航行は危険とされたからであった。早く船に乗ってみたい、乗って行ってみたいという思いが強かったが、反面それでも落胆することはなかった。それは、荒れる海への恐怖よりも、それにもまして渡久地の新天地でもっと遊べるとの思いが強かったからである。

何よりの楽しみは、旅館のすぐ近くの海岸に出て、色とりどりの魚を見ることだった。海面は土手から二、三メートルぐらい下であったが、形や大きさも違うさまざまな色をした魚が泳いでいるのを見て、夢中であった。いくら見ても、飽きることが全然なく、随分夢中になって、旅館の食事時間も忘れるくらいだった。

海岸での遊びでは、夢中のあまり起こった出来事があった。それは、今でも決して忘れられない想い出である。魚等は堤防の土手の上からよく見て遊んでいたが、また停泊している船にも乗っては遊んだりして得意げであった。船の上は、土手とは違ってスリル満点である。何よりも土手の陸からは離れ、海の上でもあり、海は深く、船も揺れる。さらに、船の上でも、舳先の方は一番高く、視界も広く、揺れも大きい。その舳先の方に乗って、船首から海面に足をだらんと垂らして座り、足をゆらゆら揺らして得意げに遊んでいた。船を見るのも生れて初めてなら、船に乗るのも初めてである。幼い頃から人が恐がるようなことを、すき好んで面白がってやるところがある。この船の上の遊びも、そうであった。遊びに得意げに夢中になったのはよかったが、足を揺らして遊んでいる時に、左足の「靴」を海に落としてしまったのだった。しばらく浮いていた靴が沈み始め、ゆらゆらと揺れながらゆっくりゆっくりと小さくなっていく。沈みゆく靴を目の前にしながら、どうすることもできない。ただ、茫然と眺めるばかり。周りには、大人は誰もいない。船の停泊する所だから、海の底は深くて何も見えない。ほんの何分間かのことだ。終に、靴はまったく見えなくなってしまった。いくら泣いてもどのようにしても、もう戻って来ず、どうすることもできなかった。

あの時の悔しさ、失望感は今も忘れ難い。というのは、その靴は「天使の靴」だったからだ。その靴には、母の魂が込められ、またアメリカ人将校の心が込められていたのであった。当時は、終戦直後のことであり、住まいもなければ食べるもの着る物にも事欠き、衣食住のすべてに困窮していた時代である。当然みんな裸足であり、靴を履く者など一人もいるはずがない。ましてや、革靴を履く人がいるはずもない。もしおれば、その人は天使である。そのような時代に、僕は、靴を履いていたのだ。しかも、革靴を。その靴は、母の元を離れることになったためいわば形見として母がくれたものだった。兄弟の中で僕だけが貰ったのであり、そのため他の兄弟からどれほど羨ましがられたことか。その上、その靴は、母の勤め先のアメリカ人将校がわざわざお別れのために母を介して僕に贈ってくれたものだった。その靴は母の形見であり将校の心ゆえ、正に「心の靴」であって、何にも代えがたい宝物であった。もちろん、そのような靴を普段は履くことがなく、母と別れて旅立って来たためにはじめて履いていたのだった。

靴を失ったことは、少年の心には、母の心を失ったかのように悲しく、暗い心が消えることがなかった。当時のことが、今も、時々、トラウマのように想起される。

## （2）渡久地港から出航

話を元に戻そう。

台風の接近のため、伊平屋行きの船の出航が延期されたのだったが、その延期は一日また一日と延びていった。とうとう一週間ほども延びてしまったが、それでも出航するには危ないような悪天候がつづき、好転する気配はみられなかった。一番困ったのは、出航を待つ旅館の泊まり客である。一泊のはずが一週間ほども延期されては、懐具合も次第に底を尽き、動こうにも動けない。ただでさえ田舎の人の懐具合はさびしい。そのような事情を考慮したのだろうか、とうとう出航することになった。八月の終りの頃である。しかし、その先には、無情な運命が待ちかまえていた。

その運命は、出航して渡久地港を出たところで、間もなく遭遇することになった。船が大きく揺れ出したのである。船は揺れるもの。しかし、その揺れは、普通の揺れ方ではないらしい。明らかに、「台風」のためである。その上、船が船である。その伊平屋航路の船は、普通の旅客船ではない。アメリカ軍の払い下げの戦闘上陸用の「舟艇」だった。しかも、その航路は海上の一番の「難所」であり、沖縄近海の航路ではあまりにも悪名高い、恐怖のかの「イヒャドゥ」(伊平屋灘)である。台風に舟艇に難所。航海にあたって、一体ぜんたいこれほどの三つの悪条件が揃うことがあるのだろうか。と思われるような、最悪の状況の中での出航である。船が大きく揺れ、その度に悲鳴が船内に響く。船が進むにつれて揺れはますます大きくなり、悲鳴と共にわめく声も大きくなる。大波・荒波が打ち寄せる度ごとに、「ああ、この波でおしまいだ！」・「もうおしまい！」の声が船内を揺るがす。声は怒声となり、激論となった。「渡久地港に引返すべきだ！」の声、「いやもう引返せない！」に「どうにもならない！」の声が入り乱れる。

## イ．三つの悪条件

まず、もともと伊平屋航路は、沖縄近海でも最大の難所とされている。「イヒャドゥ」があるからだ。第一の難所は、「チィビシ」である。チィビシは本部半島沖で、伊江島と上本部の間の海域である。海峡になっているため、潮の流れが速く、うねりも高い。そこをちょっと進めば、伊是名・伊平屋沖合近くがイヒャドゥである。ここは、荒波が渦巻く最大の難所である。「イヒャドゥ立浪」は、かの民謡の「ぬぶいくどぅち」（「上り口説」）の七番目でも謳われているほどである。

民謡の「上り口説」は、沖縄（那覇）から鹿児島（山川港）までの船の航路の様子を謡ったものである。所要時間は、現在なら飛行機で約一時間、船なら約二十時間であるが、当時は三日以上もかかったようである。航路の途中、波が荒く潮流も早い最大の難所の「イヒャドゥ」を乗り越えて行かなければならないから命がけである。つまり、伊平屋航路は、命がけの航路なのだ。

「伊平屋ドゥ立つ波押し添えて　道の島々見渡せば　七島渡中も灘安く」

（「その名も高く恐れられている伊平屋海峡の高波荒波も乗り切って、道の島々見渡しながら進んでいたら　七島トカラ列島の荒波の灘も無事に乗り越えた」）

次に、ただですら伊平屋航路は難所があって危険をともなっていたが、終戦当時は船そのものが危険だった。船は普通の客船用の船ではなく、なんとアメリカ軍の払い下げ品の「舟艇」、すなわち上陸用舟艇だったのである。舟艇は兵員や戦車・車両の運搬上陸の戦闘船である。そのため、喫水線は浅く船首も平板状である。それは、座礁を避け、上陸時船首が開いて渡し板とするためである。したがって、舟艇は凌波性が悪く、外洋航海能力は低い。もともと、沖合から浜までの戦闘人間運搬上陸船である。つまり、本来、客船ではない。だから、外海航路の伊平屋行き客船としては危険きわまりない船だったのである。

さらに、台風である。台風は生活のすべてに影響を及ぼすはずであるが、特に船舶の航行に対する影響はもっとも大きい。その影響は、時には致命的になることもあろう。台風の影響が大なることについては、あらためて述べるにおよばない。

つまり、海の難所、戦闘用舟艇、および台風。三大悪条件の中での出航ゆえ、危険極まりないことは、火をみるより明らかだった。難所に台風が加われば、難所は致命的難所に変わる恐れがあることは充分考えられる。にもかかわらず、出航したのだった。なぜだったのか。その判断は僕に解るはずもなかった。

船に乗るのはもちろん初めてであり、はじめのワクワク感は何処へやら、港を出た頃から気分が悪くなり、船が進むにつれてますますひどくなって、吐き気がし、終に吐いてしまった。後は、船の大揺れと嘔吐との繰り返しの戦い。船の底の板一枚下は地獄という。未知の伊平屋島へ行かんと心はワクワクしていたのに、見たのはこの地獄との隣り合わせ。

後は、どうなったのか記憶にない。おそらく、恐さと気分の悪さのあまり寝込んでしまって意識が遠のいていたのかもしれない。たとえ意識があったとしても、すべてが未知の世界への経験だったから、何も解りようもない。気がついて見たら、そこは、波静かな湾、運天港であった。穏やかな湾である。どうやら、引き返すか引き返せないの激論と混乱の中、苦渋の選択の末辿り着いたのが、この運天港であった。つまり、引き返すことも進むこともできず、運を天に任せて必死の覚悟で避難して来たのが運天港だったのである。動くも地獄動かぬも地獄の最悪状況の中、よくも運天港まで辿り着いたものである。後日談で、叔父は折に触れて話していた。「あの時は大変だった。あんな危険な船旅は、はじめて。あの船長でなかったら、助からなかった。あの船長だったから救われた。」と、しみじみと興奮気味に述懐していた。

想えば、物心ついてからその時までに命の危機を感じたのは、これで二度目である。一度目はかの戦争であり、二度目が台風の中の伊平屋島行きである。この時から約十数年後に発生したあの痛ましい海難事故の「みどり丸事故」を思うと、震撼とするのを禁じえない。

「みどり丸事故」は、沖縄海難史上最大の事故と言われる。「みどり丸」(302・8トン)は久米島定期船であって、昭和三十八年八月十七日(午後0時五分頃)、那覇市泊港から久米島に向けて出航したが、泊港沖の北西方一〇キロの神山島(俗称チービシ)付近で沈没し、乗船者二二八人中、死者八六人、行方不明者二六人の犠牲者をだした。転覆した事故現場の海域は、前島(慶良間諸島)と神島との中間であり、その海域は潮の流れが速く三角波で有名な海の難所として知られている。その上、当時の海上では、宮古近海を北上した熱帯低気圧の影響のため波が高く荒れていた。大事をとって航路も普段とは違うチービシ東側に変えたそうである。細心の注意を払ってさえ、事故は起きた。

「伊平屋行き」の出航と「みどり丸事故」とは、何れも離島航路の客船であり、季節は夏で八月、しかも出航直後のことである。発生の時期が異なるとは言え、あまりにも両者の状況が酷似している。みどり丸事故の二の舞に遇うこともなく、よくぞ難を逃れ命拾いしたと思えば、感無量である。

## ロ．運天港への避難

### ①　運天港について

次頁の地図によれば、運天港は、沖縄本島北部の国頭郡今帰仁村にある。今帰仁《なきじん》村は本部半島の東側にあって、その今帰仁村と屋我地島(旧屋我地村・現名護市)に囲まれた細長い海峡が運天港である。

運天港の向かいの島は屋我地島で、その沖合の小島が古宇利島《こおりじま》である。上方の外洋は東シナ海、下方の内海が羽地内海である。

運天港は、本部港と共に「重要港湾」であり、三方が陸地に取り囲まれているために天然の避難港として優れているだけでなく、歴史的にもゆかりのある港である。特に、一九七二年の本土復帰以降は、運天港と共に羽地内海も整備されて、台風等の際の避難目的港として利用さ

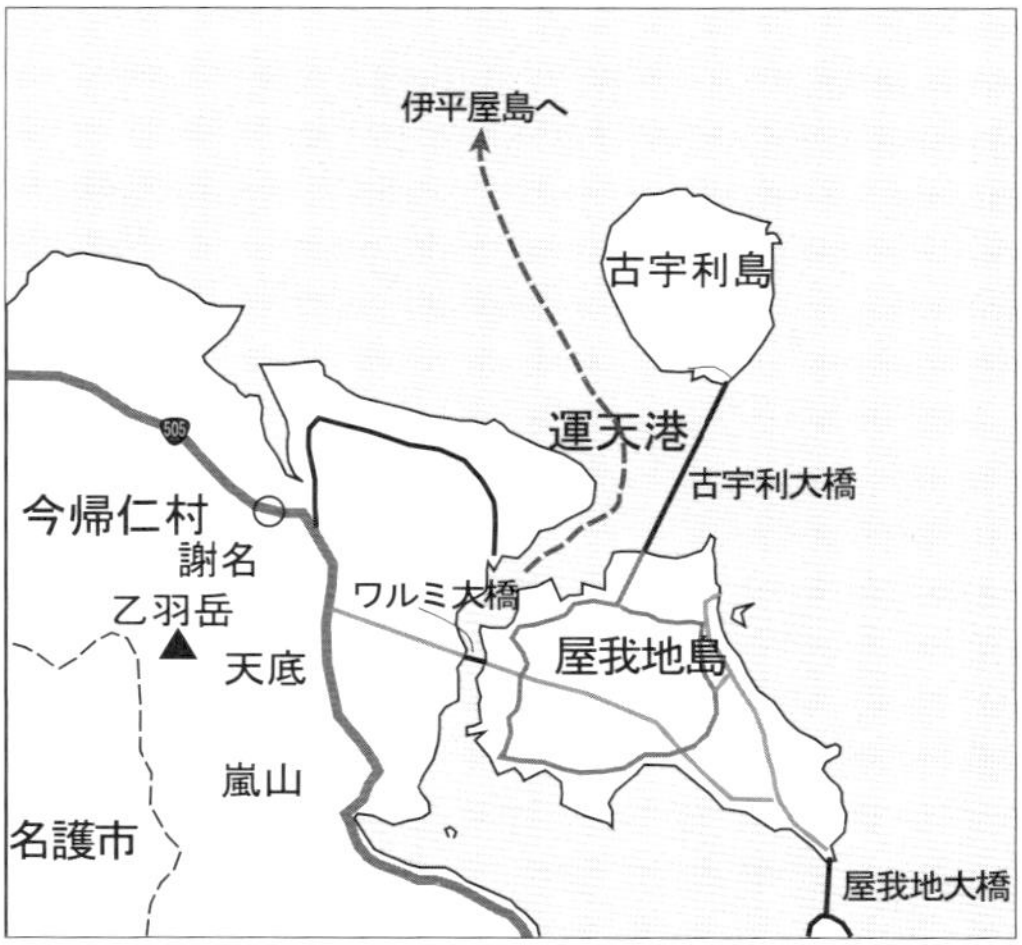

今帰仁村運天港

れている。最近では、一九九〇年から、伊平屋航路の発着港となっている。安全と効率のためのようだ。難所のイヒャドゥをほぼ避け、航路の時間も大幅に短縮されるからである。約五時間要ったのがその半分の時間に短縮される。

歴史的には、まず、十七世紀に薩摩軍の琉球侵攻(いわゆる一六〇九年の慶長の役)の際、沖縄本島への第一歩を印したのが運天港であったと言われる。

つぎに、一八一六年に琉球を訪れた英艦ライラ号の艦長バジル・ホールは、運天港を良港と評価し、「水深が深くあらゆる方向からの風に守られている……」として、どんな激しい嵐の時にも船が安全に停泊できる、と記している。

また、一八四六年に、フランス艦隊が運天港に入港している。交易目的だったようであるが、琉球王府は交易は拒否した、とされる。

さらに、一八五三年に、米国東インド艦隊のペリー提督が、琉球を訪れ、運天港を「大琉球の美しい港」と述べ、「運天村では良質の水が得られる」と記されている。

つまり、運天港は、歴史的にも、停泊港として良港であり、特に避難港として優れていたことが広く認められていたようだ。

八．源為朝伝説

さらに、運天港の歴史的な縁の地に関しては、かの有名な「源為朝伝説」がある。まことしやかに、今日まで伝えられている。

源為朝は、保元の乱で伊豆大島に島流しにされる。そこから逃れ来る最中に暴風雨に遭う。その時、「運は天にあり。なんぞ恐る」と励まされて航海を続け、辿り着いた港が今帰仁の港であった。その港は、運を天に任せて辿り着いた港ゆえ、「運天港」と名づけられた、とされている。

上陸した為朝には威厳があり、その勇ましさの

源為朝上陸の碑

あまり人々は服従する。その後、為朝は南下し、南部の領主大里按司の妹と結婚して、男の子が生まれ「尊敦」と名づけられる。尊敦は成長して、十五歳で浦添按司となり、二十二歳の時に王位の「利勇」を滅ぼす。周りから尊敦は王になるよう乞われて、終に決意して王となって、「舜天」と号した。以来、舜天王統は、三代七十三年間、王として君臨した。

他方、為朝は、妻子を残して一人本土に帰る。「必ず戻るから待っているように」と言い残して。妻は、その言葉を信じて待ち続けた。その待ち続けた港が「待ち港」である。すなわち、「マチミナト」が転訛して「マキミナト」となったという訳である。それが、今の「牧港」とされている。

## 二．運天港での日々

ところで、伊平屋行きに話をもどす。

運天港に避難はしたものの、それからがまた大変であった。一難去ってまた一難である。本部村とは違い、旅館があるはずもなく、あるにしてもまだ台風の中であり、移動は困難であるばかりでなく、本部の旅館で長期滞在のためお金は底をつき経済的にも困難だったに違いない。乗船客は、全員が同一行動をとる必要があるため、港に近い民家に宿泊することになった。その家は昔ながらの沖縄らしい瓦ぶきであり、家の中はそれまで見たこともないほどに広々としていた。その家で、配られた毛布をかぶって寝ては起き、起きては寝るの生活であったような気がする。おそらく、昼の明るい内は恐るおそる外に出て湾の向う側の島（おそらく屋我地）を眺めたり、海に石を投げたりして遊び、暗くなると毛布にくるまって寝ていたと思う。終戦直後のことだから、教科書はもちろん雑誌類等、本らしいものは一切ない時代である。とにかく、読めるようなものは皆無の頃である。仮にあったとしても、夜はランプも何もないから読みうるはずもなかった。

そのような生活がどれほど続いただろうか。出航するまでの強く残る印象は、ただただ非常に長かったということである。運天港での日々は、死の海から逃れた安堵感はあるものの、反面長引く滞在から来る何らかの虚脱感があった。運天港での長期滞在から再び出航して、やっと伊平屋島に上陸した時は、すでに十月初旬頃になっていた。

八月下旬に、叔父と共にコザを出発してから伊平屋島到着まで、実にゆうに一月半も要している。なぜか。一口に言って、すべては台風が原因である。『沖縄県災害史』（五十二年二月出版）に基づく「沖縄気象台」および沖縄県庁「総務部消防災害部」の説明によれば、驚くなかれ、昭和二十三年度に沖縄に来襲および接近した台風の数は三六個である。その中、八月には

「八個」来襲し、九月は「九個」で、十月は「六個」である。とすると、おしなべて、台風は年間を通して一ヶ月当り三個来襲し、八月は約「四日に一度」(３・８７５日)、九月に至っては実に約「三日に一度」(３・３３日)の割合で来襲し、十月も「五日に一度」の割で来襲したことになる。台風のあたえる影響は交通手段に関する限り、船舶への影響がもっとも大きい。

台風が沖縄本島に影響を及ぼし始めてからそれが消滅するまでには数日間かかるとすれば、昭和二十三年の八月および九月に関する限り、八月および九月中一杯は毎日が完全に台風漬けであって、船舶の航海は明らかに危険を伴うことになる。離島航路が小型船であり、そのうえ舟艇であることを思えば、台風の影響は決定的危険を及ぼすと考えられるであろう。つまり、台風の非常な頻度のゆえに、伊平屋到着が異常に延びたのであった。

台風の余波がまだ強く残る中を、よくぞ到着したものである。伊平屋島の港に到着して停泊した船上から見た時の第一印象は、海は荒れ、山があってうすら寒いということであった。その寒さは、伊平屋島は県の最北の地であり、いわば沖縄の北海道であって、台風の影響の未だ残る船上だったからであろう。

上陸して第一歩をしるしたのは、「字前泊」の村であった。そこには伊平屋島の港があり、またお爺さんの住んでいる村だったからである。僕達の伊平屋島生活は、前泊でお爺さんお婆さんと共に始まった。

県北のそのまた果ての伊平屋島
　母と別れてしばし暮らしぬ

眺むれば遠くにかすむ島影は
　天孫降臨の伊平屋島

# 3　伊平屋島の概略

伊平屋島に渡ることにはなったが、いったい伊平屋島とはどんな島なのか。また、何処にあるのか。かいもく、解らない。当時は、まるで、御伽の国に行くような思いだった。現在は、当時とは状況が違ってきているとは言え、その状況は未だ五十歩百歩の感がある。周辺に伊平屋の話をしても、残念ながら知っている人しか知らないという有様である。

そこで、ちょっと伊平屋島のガイダンスをしておこう。

## （1）地理的特徴

イ．位置

伊平屋島の位置は、北緯二十七度二分二十三秒、東経一

北側からの撮影。手前の細長い島が伊平屋島、その南の右手側のやや大きな離れ島が伊是名島。入道雲の下の島影は本島北部辺戸岬。

二七度五十八分七秒である。すなわち、沖縄本島の辺戸岬の北西四十㎞、また那覇市の北方一一七㎞離れた所にあって、鹿児島県の与論島の真西にある。まさに、東シナ海に浮かぶ島であって、有人島では沖縄県最北の島である。なお、沖縄県最北の島としては、無人島の硫黄鳥島がある。

ロ．島の構成

伊平屋島は、二つの島からなる。伊平屋島本島と伊平屋離島の「野甫」である。いわば、野甫は離島のまた離島である。二つの島は、昭和四十八年に新野甫大橋で繋がれている。言わずと知れた「山中橋」である。伊平屋島の形は、北東から南西に細長くのびた形をしている。面積は、伊平屋島本島が二〇・六六㎢で、周囲は三四・二三㎞、また野甫島は一・〇六㎢で、周囲は四・八㎞である。

なお、野甫島の面積は、伊平屋島本島の面積の「五・一％」（1.06㎢÷20.66㎢≒0.051）、伊平屋島本島の各字の平均面積の約二〇・五％である。すなわち、野甫島面積一・〇六㎢÷五・一七（伊平屋本島面積20.66㎢÷字4）≒0.2050。

# 八・山

小さな島に、「山」は八つもある。北から順に、久葉山、ダンナ岳、後岳、アサ岳、前岳、腰岳、賀陽山《がようざん》、および阿波岳である。一番高い山が賀陽山の二九三・九メートルであり、一番低い山は久葉山の百メートルである。約二〇〇メートル前後の山が小さな細長い島の北の果てから南の果てまで縦断しており、伊平屋島は正に「山の島」と言っていいようだ。言うなれば、伊平屋アルプスであり、ミニアルプスである。山は、島の面積の約七五パーセントも占めると言われる。なお、野甫島には、山がない。

沖縄で山と言えば、連想するのは決まっている。ノグチゲラやヤンバルクイナではない。ゲラやクイナと答えたら、山の主が怒り嫉妬する。それは、言わずと知れた「ハブ」公さま。伊平屋島も例外ではない。同島は山国ならぬ山島であるから、ハブの名産地。「ハブドゥクマ」（ハブ所）である。ハブの多いことで知られている。種類は、いわゆる「ハブ」と「ヒメハブ」。ハブは大きいものは2メートル以上にもなり、夜行性であって、昼間は穴等に潜んでいる。他方、「ヒメハブ」は概して短いが、大きいものは七〇㎝にもなり、山の水辺に多いようだ。たとえば、山に接している田圃の畔等である。なお、野甫島には、ハブはいないがヒメハブはいる。

なおまた、ハブの存否は火山脈の有無に関係があると言われていた。伊平屋島には火山脈が通っていないためにハブが棲息し、伊是名島には火山脈が通っているためにハブは生存していない、と。しかし、最近は、その根拠が変ってきているようだ。氷河期に現在の海抜二〇〇㍍近くまで沈没し、その時、高台で生き残ったのが現在の生息地であるされている。

南西諸島における蛇の種類は二十二種類で、有毒蛇は八種類。その中、危険な毒蛇は四種類で、ハブ・サキシマハブ・タイワンハブ・ヒメハブである。

## 二、気候

気候は、温暖である。と言われるが、これは全国的に見れば至極一般的ではあるが、沖縄県内で比較してみれば、印象が異なる。那覇市と沖縄本島北端の国頭村の「奥」集落と比較すれば、最暖温度（最高温度）も最寒温度（最低温度）も約二度または三度の違いがある。「奥」集落よりさらに沖縄県の北端で東シナ海上にある伊平屋島との気温の差は、なおさら大きいと予測される。実感としては、伊平屋島は沖縄の北海道であり、冬は海風や山風が吹き、とにかく寒い。寒い「北風」という言葉も、伊平屋島でこそ実感される。叔父が「伊平屋は寒い」とよく口にしていたこともうなずける。

ホ．人口

人口は、二〇一四年の人口推計によれば、一三二二人であり、人口密度は六〇・四人／㎢である。なお、「国勢調査人口」によれば、平成二十二年度年の世帯数は四七四戸、人口は一二六〇人（男子 651 ＋ 女子 609）である。

ヘ．行政的所属

伊平屋島は、「村《そん》」である。不思議なことに、沖縄県「島尻郡」に属している。村の構成は、五つの「字《あざ》」から成る。北から順に、「田名《だな》」、「前泊《まえどまり》」、「我喜屋《がきや》」、島尻《しまじり》、および離島の「野甫《のほ》」である。この中、前泊は後続の字であって、明治三十八年に田名から分離して現在地に移っている。

元来、「伊平屋村」が成立したのは、明治四十二年（一九〇九年）四月一日である。同年の「島嶼町村制」の施行により、伊平屋側の四つの村《むら》（田名・我喜屋・島尻・野甫）と伊是名側の四つの村（伊是名・仲田・諸見・勢理客）が合併して「島尻郡・伊平屋村」が成立した、とされる。村の名称は「伊平屋村」であるが、村役場が置かれたのは「伊是名」である。

伊平屋村から分離独立して「伊是名村」となったのが、昭和十四年七月一日である。同年の「分村許可指令」により、伊平屋村の一部である伊是名側の四つの字（伊是名・仲田・諸見・

勢理客）が分離独立して、伊是名村が成立した、とされている。

## （2）「伊平屋の七離れ」

伊平屋村と伊是名村の両村は共に離島であるが、離島の中にまた離島があり、かつ多い。合わせて、「伊平屋の七離れ」と言われる。すなわち、伊平屋村側には離島の「野甫島」があり、他方、伊是名村側にもそのまた離島の「具志川島・屋那覇島・屋の下島・降神島」がある。両者合わせて五つの離島に、伊平屋島と伊是名島の各本島自体が離島であるから、その二つの離島を加えて、合計七つの離れ島からなる。

本来、昔から伊平屋と呼ばれていたのは、沖縄の最北端の東シナ海上に散在する列島のことのようだ。列島の全諸島の中で一番面積の大きい島がいわゆる伊平屋島であったために、列島諸島が伊平屋と唱えられていたようである。いわゆる「伊平屋の七離れ」がそうである。七離れとは、上述の伊平屋諸島をさす。

昔の与論島の歌にも、「伊平屋の七離れ　ウチャガティィルミユル」と、謳われたようである。伊平屋の七離れが浮き上がって見えるよ、という意味である。与論島から見れば、島影として映る伊平屋諸島が一つの島として見えて、その島影が抜群の高い山のある伊平屋島として思われるのもむべなるかなである。伊平屋島は、夕日の沈む西の浄土である。

また、呼び方もいろいろあったようである。「えひや」(伊平屋)や「恵平也」(えひや・伊平屋)等がその例である。なお、伊平屋島の地元では、伊平屋島は「クシジィ」(後地)と言われ、伊是名島は「メージィ」(前地)と言われる。「クシ」は「後」の意味であり、また「ジィ」は「地」の意味であるから、「クシ・ジィ」は「後の・地」の意味である。つまり、本島側から見て、クシジィは北側の島である。

七離れ島の中、伊平屋島および伊是名島を除く他の諸島、いわゆる「離島のそのまた離島」の諸島について、簡単に見てみよう。人が住んでいるのは野甫島だけであり、また学校があるのも野甫島だけである。

要するに、「伊平屋の七離れ」列島の中、有人島は三島(伊平屋島・伊是名島・野甫島)だけであり、残り三島は無人島、一島は解消ということになる。というのは、屋ノ下島は埋め立て

伊平屋島の位置　与論島の真西

られて伊是名島と合体したからである。また、ハブが棲息しているのは伊平屋島のみであり、他の島には棲息していない。ただ、野甫と伊是名にも、ヒメハブは棲息している。同様に、当然ながら、学校が存在するのも伊平屋島・伊是名島・野甫島の三島のみである。さらに、伊平屋島や伊是名島以外には、山らしい山がない。ただ、伊是名島にしても、「大野山」、「天城山」、「アーガ山」、および「チンジ山」等があるが、それらは一〇〇メートル前後の山ばかりである。川もないから、地元での水の確保は死活問題であろう。

なお、官庁的表現をすれば、伊平屋島は「遠の島」、すなわち「孤立型離島」であり、野甫島は「接の島」、すなわち「付属型離島」である。孤立型離島とは、「拠点島と距離があり、自立性を有する島」のことである。拠点島というのは、機能的に勝っている島、すなわち交通拠点や都市的な中核的拠点を

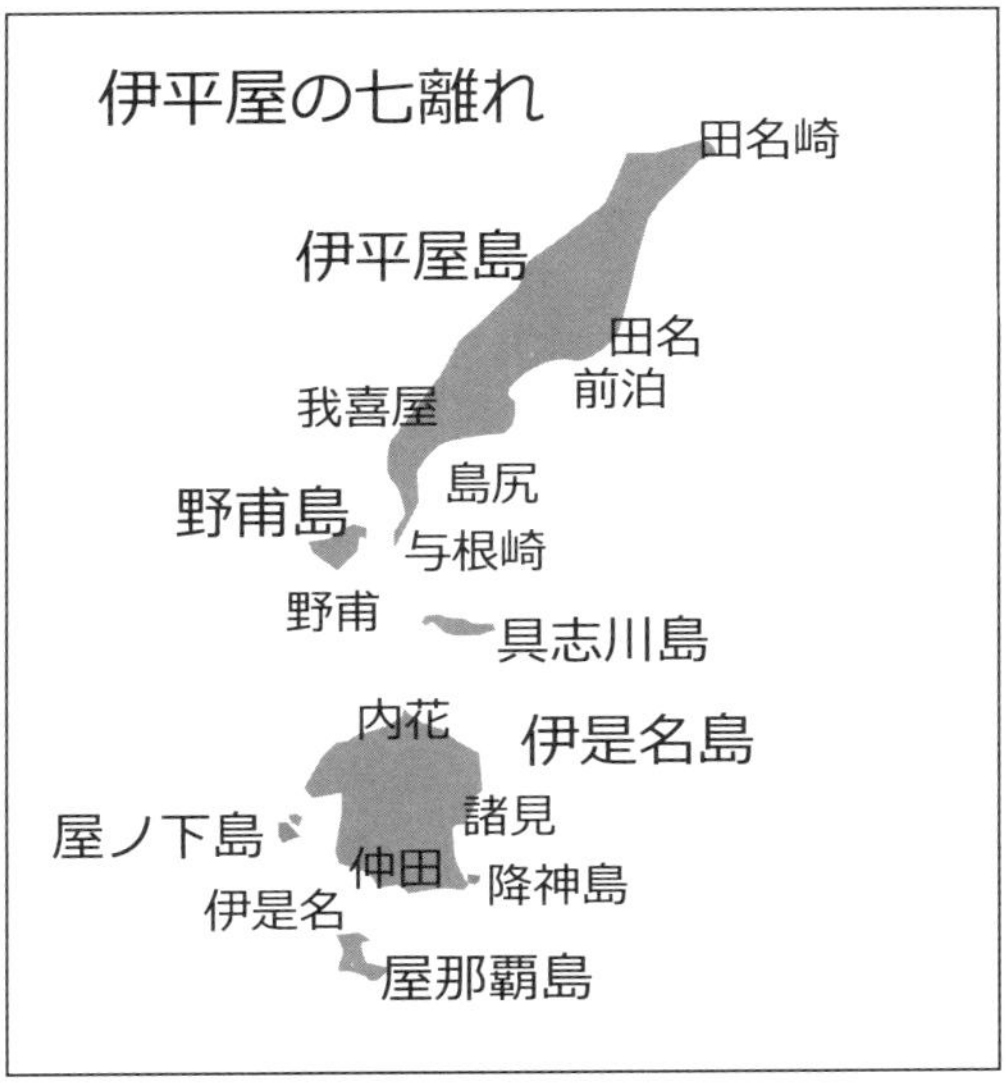


伊平屋列島

有する島のことである。また、付属型離島とは「他の島に近接し、その島に生活維持機能を多く頼る島」のことである。

上述の官庁的な離島の分類は、「地理的区分」と「機能的区分」の二つの規準に基づいて離島を類型化したものである。その類型は、既述の二つに加えて、「拠の島」すなわち「中核拠点型離島」、「近の島」すなわち「近距離型離島」、および「微の島」すなわち「極小離島」がある。極小離島とは、「人口が一〇人以下で、コミュニティの維持が難しい島」のことである。この類型化規準に従えば、伊平屋七離れ列島の中、無人島は「極小離島」に該当すると考えられよう。

次頁の写真(上)は、伊平屋島で住んでいた頃の「字前泊」の集落とその田園風景である。我が家はその中央。写真(上)に見られる山は「アグチャーヤマ」すなわち前岳。下の写真は田名集落。

## (3)「発祥の地」の伊平屋島

伊平屋島は、琉球歴史上、由緒ある島として知られている。まさに、「発祥の地」にふさわしい。というのは、発祥とは「帝王またはその祖先の出生」を意味し、それにまつわる名所旧蹟も伊平屋島には存在するからである。

伊平屋島が「発祥の地」と言われ、歴史的に縁のある島として話題になる場合、その意味は二

字前泊の全景　住んでいた集落

田名集落

つある。一つは「天の岩戸」伝説であり、もう一つは「琉球王統誕生の地」伝説である。

### イ．「天の岩戸」

まず、「天の岩戸」伝説に係る南方説である。その主張者として挙げられるのが、江戸時代の国学者であるかの「藤井貞幹」である。藤井貞幹は、『神武天皇の母玉依姫は、海宮《あまみ》の玉依彦の娘、豊玉姫の妹で、海宮とは、琉球国の恵平屋(伊平屋)島』と唱えているそうである。つまり、海宮の玉依彦には姉妹の娘がおり、姉が豊玉姫で妹が玉依姫であるが、妹の玉依姫が神武天皇の母である。父である玉依彦の「海宮」とは、「恵平屋」すなわち「伊平屋島」を指すというのである。具体的には、伊平屋島の「クマヤー」を指す。クマヤーとは、『籠もる』『屋』のことであり、それは洞窟である。この「籠屋」が「天の岩戸」であり、ここ

「天の岩戸」・クマヤ（籠屋）

に天照大神は隠れたという伝説である。

藤井貞幹は、皇室の系統を説き、「神武天皇は琉球の伊平屋島に生まれ、日本に攻めてきたのだ」と述べて、南方説を唱え、本居宣長と論争になったようである。これが、神および天皇の発祥に係る伝説である。

ただ、「現在では藤井説は偽書に基づく虚構とするのが通説」だそうである。

### ロ．「屋蔵の墓」

もう一つは、「王統伝説」である。琉球王統の第一尚氏の始祖であって尚巴志王の祖父、すなわち佐銘川大主（または鮫川大主）は伊平屋島の出身であるとされるために、伊平屋島は「発祥の地」とされる。いわゆる屋蔵大主《やぐらうふぬし》は、琉球国

屋蔵墓　尚巴志の曾祖父、屋蔵大主の墓

王英祖《えいそ》の五男として生まれ、伊平屋島の我喜屋集落に住み、二男二女をもうけた。「長男は鮫川大主、次男は上里按司、長女は我喜屋祝女《のろ》、次女も我喜屋祝女に就任させました」。その鮫川大主こそが第一尚氏の元祖である。

屋蔵大主の墓は、「屋蔵の墓」と言って、地元では広く知られていた。その場所は、地名も屋蔵と言い、我喜屋からほど近い島尻に向かう通学路脇にあった。島尻出身の児童生徒は、毎日必ずそこを通って登下校していた。この通学路以外には道はないからである。

天孫の降臨の地の伊平屋島
　天の岩戸に屋蔵の墓あり

## 八・念頭平松

念頭平松は、今では県天然記念物に指定されている。傘を広げたように、枝ぶりが見事な琉球松である。当時から、「ニントゥ・ヒラマツ」と呼んで親しまれていたが、「クマヤ」と同様に特に田名の人達がよく口にしていた。田名にあるから、当然である。なぜか県のと言うよりも伊平屋の、また伊平屋のというよりも田名のものであり、「田名の記念物」であるかのように、田名の人達の自慢の一つであった。伊平屋内の身内のことなれば、地元田名の名物になるのはきわめて自然なことである。

念頭平松には、エピソードがある。念頭平松は、今から約五〇〇年前に植えられ、今の松よりも美しい松であった。その松は「兄松」と呼ばれ、巨木で愛されていた。その美しい木が、隣島の伊是名の「山太築登」なる者に盗伐されてしまった。山太築登は、聖なる木を伐ったことが祟って病没。その後、山太築登の弟や親類が「兄松」の「念頭平松を伐ったお詫びに」植えたのが、現在の念頭平松だそうである。

君ゆえに　伊平屋乙女も　輝きて
身持ちうるわし　念頭平松

平松の　枝のごとくに　美しく
伸びて広がれ　てるしの心

念頭平松

## 二．紺碧の牢獄

昭和二十年代に小学生として伊平屋に居た頃、伊平屋名物として村民が誇りとし、よく口にしていたのは、上述のように、「クマヤ」、「ヤグラの墓」、および「ニントゥ・ヒラマツ」等であった。いわゆる名所旧蹟が主である。もちろん、それ以外にも名所や美しい所はなおある。特に、字島尻の「ユニヌハマ」(与根崎の浜)等、七色に輝くコバルトブルーの海の美しさや文字どおり白砂青松の純白の浜等がいたる所で見られる。あの時から月日は流れて約六十年経た今日、時代のコマーシャリズムにも乗って名所は人為的にも当然に増えているであろう。

しかし、僕の興味を引くのは、約六十年前の小学生の頃の純粋な伊平屋島、長閑な田園風景の広がる伊平屋島、日々疲れ果てても精一杯生きていた頃の原形の伊平屋島の姿である。その姿を、紺碧の海と空に囲まれた牢獄と表現すれば、「紺碧の牢獄」にこそ外部から遮断された純粋で原風景の伊平屋島が極限的なまでに純化された姿として表現されえよう。それが、いわば我が人生の原点でもあるからである。それ以外の名所巡りは、ここではひとまずシャットアウトしておくことにしたい。観光案内をしているわけではないからである。

西方の島影はるか日の沈む
　極楽浄土の伊平屋島かな

果しなき海と空とに囲まれし
　帰る術なき碧き牢獄

西方かすかに浮かぶ伊平屋島

# Ⅳ

# 伊平屋時代

（昭和二十三年十月～昭和二十七年八月）

国頭の　そのまた果ての　絶海の
離れ孤島の　伊平屋島かな

昭和二十三年十月中旬、伊平屋島生活が始まった。「とうとう」と言うべきか、それとも「やっと」と言うべきか、とにかく離島生活が始まった。住まいは「字前泊」にあって、茅葺の小さな家にお爺さんとお婆さん、それに僕達兄弟の四人家族である。

## 1　家の様子

「家」は屋根も壁も茅葺で、四人がちょうど寝れるくらいの広さであった。そこに、仏壇があり、寝室もリビングもキッチンのルームもすべて同じ部屋にあった。部屋は一つしかないからである。寝る時も、むき出しの砂地に藁を敷き、その上に板を敷いて毛布一枚かぶって寝た。台所のすぐ外側に井戸があってマサキの木で囲まれ、家の側には鶏小屋があり、家から約二〇メートルほどのちょっと離れた所に便所があった。便所の隣が、豚小屋と山羊小屋である。

家が小さかったのとは対照的に、屋敷は途方もないほどに広かった。家の前は広い庭であり、家のすぐ裏の北側にはニラや大根が植えられ、その後には広い桑畑が広がっていた。また、家の西側には桑畑に劣らぬほどに畑が広がっていて、大根にジャガイモやニンニク等、季節ごとにいろいろな野菜が栽培されていた。その上、道を隔てた東側には住宅街の中にしてはとてつもないほどの広い桑畑があった。

## 2　お爺さんとお婆さん

### (1)　お爺さんのこと

家族の中、まずお爺さんのことについて、話そう。正確に言えば、伊平屋のお爺さん（三男）は僕の直系のほんとうのお爺さん（長男）の弟である。既述のとおり、お爺さんには、直系お爺さんの他に、「二男お爺さん」と「三男お爺さん」がいるが、実際に知っているのは三男お爺さんだけであるから、以後、お爺さんと言う時は、伊平屋の「三男お爺さん」を指す。

お爺さんの過去はちょっと複雑なようである。お爺さんはもちろん首里の出身であるが、何時の頃か伊平屋島に渡り、そこに住みついたようだ。お爺さんは首里の出身であることに加えて、長身で目鼻立ちもよく、まるで外人のようで沖縄の人とは思えぬほどハンサムであった。僕の姿からは想像し難いだろう。僕の身長は、もっぱら母方に原因があるからである。

叔父さん（お爺さんの長男）や親戚から聞いた話では、お爺さんは女性にモテ過ぎて女性に追われ、沖縄北部の今帰仁・辺土名・与論島と逃げ回って、伊平屋島に渡ったそうである。そのため、首里出身の本妻は嫌気がして東京に渡って行ったのであったが、不運にも関東大震災に遇って亡くなってしまったそうである。そのため、お爺さんは伊平屋出身の人と結婚して、そのまま伊平屋島に住みついた。その伊平屋での結婚も、二度のようであった。一度目の方は伊平屋島の字「田名」村の出身で姓は前田（屋号はメーダヤーの人）と称していた。その先妻が亡くなったため、二度目の結婚をした。その方は同じく字「田名」の出身の人で、姓は新垣（屋号・三次郎ヤー）と言っていた。

お爺さんに関する話はちょっと面白おかしくきこえるが、真実味も帯びている。というのは、何よりの証拠に本妻の「ツル」はお爺さんに嫌気がして東京に渡って行っているからである。東京では、かの大震災に遭って亡くなっているが、その世話をしたのが当時横浜にいた僕の父であるから、信憑性は高いと言えるであろう。

勝手な憶測であるが、もう一つ考えられることは徴兵検査を逃れるためではなかったかということである。当時の日本および廃藩置県後の沖縄のおかれた状況から、直感的に浮かんでくるのであるが、真否のほどは証明のしようもない。というのは、すでにお爺さんは亡くなり、親戚の誰からもそのことについて耳にしたことはないからである。

さらに、憶測ながら考えられることは、健康上の理由である。お爺さんはよく咳をしていたが、高齢のためばかりではなかったかも知れない。結核の療養のために、空気のきれいなこの離れ島に渡って来たと考えられる。というのは、晩年は、明らかに結核のために隔離されていたからである。

お爺さんはリュウマチだといって、わずかに左足を引きずって歩く傾向があった。それでも、毎日のように、鍬を担いでよく田畑に出ていった。その姿は、どう見ても不似合いで、地元の人には見えなかった。畑は、散在していたが、遠くても家から約三〇分程行った所にあり、田圃までは、約一時間要した。畑はほとんどが芋畑であり、わずかに稗や粟等も栽培していた。

他方、田圃は二期作であり、年間を通して忙しく働いていた。米として収穫するまでには、一連の作業が必要であった。苗作り、田植え、草取り、給・排水、肥料散布、畔の草刈り、稲刈り、脱穀、およびモミ干し等があり、それに加えて当然に田圃を耕しての田植えの準備作業があった。健康も優れているとは思えないのに、よくもと思われるほどに頑張っていた。

お爺さんには、これと言った趣味はなかった。健康上の理由もあったかも知れないが、働いては寝るというのがこの島の慣わしのためであろう。およそ誰一人として、趣味らしいものをもっている人はいなかった。島の生活がそうであり、また時代も時代だったせいかも知れない。怠け者は一人としていないように思われた。ただ、時折、冬の寒い夜など、「ワラベー、ヘークニンレー」といって、僕達を早く寝かせて、来客と話をすることがあったが、それも石油ランプは長くはもたず、翌日もまた田畑が待っているから、それほど長話になることはなかった。

来客はほぼ同年輩の老人と隣人、それに若い鍛冶屋さんであった。どうやら他所から渡って来たらしく、他所者のお爺さんとは気が合ったのであろう。何時も、来客の顔ぶれは同じ人であったから、この島にやって来てもお爺さんは島の人にはなりきれないところがあったのかも知れない。

その証拠に、僕達によく生れ故郷の首里の話をして聞かせていた。それは、偉人の話や沖縄の昔話、それに那覇の久米村等の話であった。「漢那少将」(漢那貴族議員)、沖縄県知事、蔡温等、沖縄の三大偉人(野國総官、儀間真常、蔡温)の名前を知ったのも、この時であった。

今でも、鮮明に想い出すのは、県知事の話の時、お爺さんは「沖縄県で一番偉い人の選挙がある」と話していたが、お爺さんの話は変だなと思ったことだった。一番偉いのは学校の先生であるはずなのに、なぜ知事が一番偉いのかなと疑問に思ったのだった。もちろん、知事ということをはじめて知ったのも、この時である。また、「ウムニーヤ・カディン・シュインチュ・ドウ」とよく聞かされた。芋またはポテトを食べても首里の人は首里の人だ、という意味である。たとえ貧しいものを食べても首里の人の高貴さは変わらないという俚諺である。この島では、一日三食が芋で一年中食事は芋であるから、この俚諺はぴったり当てはまった。

しかし、その芋も本島では食べることができなかったのであるから、すなわち芋は最高の食事として映っていたから、お爺さんに言われてもピンと感じなかった。

さらに、話は広がって、世界の見聞録を話すこともあったが、それが面白く驚くような話であった。ある時、南米のジャングルで倒れている大木に座っていたら、突然その木が動き出したと言うのだ。びっくりして、よくよく見たらそれはなんと大蛇だったそうだ。ほんとうの話だとしきりに言っていたが、お爺さんはこの世代の人には珍しく南米旅行の経験もあったから信じるしかなかった。

おしなべて、お爺さんは、毎日田圃と畑で働いて、時折おもしろく興味深い話をしてくれたりしていたが、心は首里の人で孤独で寂しげに映った。

## （2）お婆さんのこと

お婆さんは、お爺さんにとっては三番目の人である。伊平屋島の北の村である字「田名」の出身で、実家は「三次郎ヤー」と言って、瓦葺きの大きな家であった。

僕達が伊平屋島に行った時は、嫁いで来てまだ間がないような感じであった。すでに五十代をまわっていたと思われたが、一口に言ってきわめて「真面目そのものの人」で、よく働く人であった。わずかにお頭の弱そうなところがなくもなかったが、その分、誠実で真面目さが増した。まるで、真面目・誠実という言葉をそのまま具体化したような人柄だった。およそすべての人が多かれ少なかれもっているはずのずるさ等、全然みられず、人のもつ悪い面はまったく感じられなかった。

お婆さんの仕事は、炊事、田圃や畑仕事、薪とり、および豚の世話等が主であった。どの仕事にも、文字どおりまじめに全力を注いで、誠心誠意取り組む。まるで、馬車馬のように働いた。特に、驚いたのは、「薪とり」である。山からボリュームのある重い薪を背負って帰って来ることだった。重い薪に帯を回して薪を背に乗せその帯を頭に掛けて運ぶ。頭がおかしくならないかと思われるほどある。お婆さんがちょっとお頭が鈍い感じを受けるのも、この薪取りと無関係とは思えないほどの重さであった。

「畑仕事」は、耕したり、芋掘り、草取り等が主であった。芋掘りは、ほぼ毎日行き、一年中掘ってきた。芋は毎日の三度の食事の主食であるばかりでなく、豚の餌でもあったからである。ほんとうに、毎食が芋だけの食事であった。と言えば、それだけの芋を四季を問わずどこから掘り出して取ってくるのか、ちょっと不思議に思われるかも知れない。

芋の栽培は、伊平屋島以外の所では、一般に、四月頃に植えて秋頃に根こそぎ掘り出して収穫する。つまり、一年に一回の収穫である。ところが、伊平屋島の芋の栽培や収穫は他所とは違って、おもしろい。植えるのは同じでも、収穫の仕方が違う。一度に根こそぎ掘り出すことは決してしない。まず、土をちょっと掘って芋の大小を確かめ、それから大きい芋だけ掘り出して収穫し、まだ小さいと思われる小芋は埋めて土の中に戻して大きくなるまで収穫を待つ。だから、収穫は年一回ではなく、何回も収穫が可能であり、芋の親株の生産力が落ちるまで何年も収穫は続く。このような栽培収穫は温

お婆さん（この世で最も誠実な人）

かい沖縄でしかできないだろうし、またこの島特有の芋栽培の慣行なのであろう。

とにかく、お婆さんは、薪取りや畑仕事にしても、人一倍働いて重いものを背負って帰って来る人であった。そのためか、時折、つぶやくのを幾度か耳にしたことがある。「わんや、へしきぬ・うまがやら・ばしゃがやら」の声を。その声は、きっとお婆さんの心の奥底からの叫びだったに違いない。この意味は、「わたしは(わんね)・へしきの(へしきぬ)・馬か(うまがやら)・馬車だろうか(ばしゃがやら)」ということである。その言葉を村人達も聞いていて、村人達が半ば冗談気味にその言葉を言うのをよく耳にしたし、本人も時折顔を真っ赤にして言うこともあった。馬車馬のようによく働くお婆さんは、村の評判だったのである。

お婆さんが、あらたまって普段着以外の着物を着けているのを、見た記憶がない。身を飾るということがほとんどなく、年から年中、同じ着物を着けている。終戦直後の物資不足のせいもあり、また毎日野良仕事に明け暮れるためでもあることも考えられるが、本来、身の装飾等には興味も縁もなく、気が向かない性格のためであったような気がする。それほどまでに、真面目一本の人であった。

僕は、お爺さんに叱られることはあっても、このお婆さんに叱られたり怒られたりするようなことはたったの一度もなかった。ほんとうに、穏やかで真にやさしい人であった。

# 3　僕の生活

## (1) 家での生活

伊平屋島に渡ったのは、昭和二十三年十月、小学校三年生の二学期半ば頃である。二学期当初からの転校のはずであったが、台風のため学期半ばまで遅れてしまったのだった。

まず、朝は、村中の小学生は一斉に起きる。合図はベルの音か鶏の鳴き声。この島には時計はなく、時計があるのは学校と、たった一軒しかない売店だけ。一般の人が時間を知ることができるのは、鶏の鳴き声だけである。その鳴き声も、一番鳥は四時頃に鳴くから、起きるのはまだ早い。二番鳥も五時頃だからやはり早い。三番鳥ぐらいが六時前あたりに鳴くからちょうどよい。村中の小学生は集まって、割り当てられた各自の道の掃除を一斉にする。来ない人はめったになかったが、ほんのたまにはあった。その理由は、はっきりしていた。寝小便である。欠席したら、「ああ彼か、また」とみんながそう思った。

つぎに、道の掃除が済んだら、家に帰って庭の掃除をする。掃除が済んだら、まず、お爺さんとお婆さんに挨拶をする。「うきぃみ　せぇみ　ちぃ」と跪いて、お辞儀をする。「うきぃみ・せぇみ・ちぃ」と言う意味は、「お起きになられましたか」という意味である。それから、仏壇にそなえてある花瓶と茶碗を洗って新しい花と熱いお茶を入れ替えてそなえ、線香を立て、「うちゃとう・うさぎてぇびん、うさがみそうり」と言って拝む。その意味は、「おちゃを・さしあげてあります・おあがりください」という意味である。花瓶と茶碗は外にある井戸の水を汲んで洗い、花は井戸の周りに生えているマサキの小枝を折って飾る。

さらに、起きて目覚めたお爺さんに、お茶を入れて差し上げる。それが済んだら、朝の食事である。と言っても、食事は芋二個ぐらいとお汁だけである。この食事を済ませたら、芋二個をハンカチに包んで登校である。それが、弁当。この食事は、伊平屋島で生活した五年間変わることは決してなかった。これが朝の生活の様子である。それは毎日のことであり、一年中変わることがなかった。

お爺さんは、躾に厳しいようだった。首里の子は首里の子らしくとの思いがあったのか、何かにつけてこまごまと正すことがあった。食事の作法、食べ方、お箸の置き方等まで、細かいところがあった。特に、芋の食べ方等で再三注意された時等には、参ってしまうこともあった。

## (2) 学校生活

学校の建物や様子等については、本島とは天地の違いを思わせるほど伊平屋小学校は恵まれていた。

イ・通学路

学校は、字「我喜屋」村にあった。そこは、前泊の村から約一・五キロ程離れている。途中、海沿いの道路を集団で登校する。道路は土がむき出しであるから、馬車等の通った跡にはデコボコ道ができ、雨の日等水たまりができて何かと具合悪く不便であったから、浜から運んできたバラス、いわゆる折れたサンゴの小石が撒かれ敷き詰められていた。通学路は一本であり、そのバラスの道を通って行く。そのバラスの小石の上を歩いて行くのは、実に足が痛い。裸足であるから、特に、冬等は海岸沿いの道を海風に吹かれながら登校するのは寒くもありツライ。叔父が「伊平屋は寒い」とよく話していたが、その通りで実に寒い。服は、年から年中同じ服である。もちろん、冬用の服などあるはずもない。それでも、島の子供達は元気いっぱいであったが、僕にはこたえた。もちろん、転校当初のことではあるが、次第に慣れてきたとは言っても、辛いことに変わりはなかった。

伊平屋島　北風吹きて　寒き中
登校下校　ジャリの路行く

## ロ．校舎と教室

小学校は、賀陽山の麓にあって、広い校庭があり、戦前からの鉄筋コンクリート造りでいかにも学校らしい建物だった。賀陽山は高く聳え、姿も美しくどっしりと悠然としてせまらぬ山であり、まるで子供達の将来を見据えて温かく包みこむ思いを抱かせていた。校庭は周囲が高いモクマオの木で囲まれていたが、教室の前の校庭には、ガジュマルの大きな木があって、その枝ぶりはきれいな円形をして垂れており、その美しさは小学校のシンボルとなっていた。さらに、職員室の前には池があり、そのまた斜め前には二宮金次郎の銅像が立っていた。

教室は、素晴らしいの一語に尽きる。本島中部の小学校から転校してきた僕には、すべてがめずらしく映ったが、何よりも光り輝いて見えたのがこの校舎であり教室である。それまで本島の小学校で経験した教室は、まず青空教室であり、次いでフクギ（福木）に囲まれた日蔭の教室、さらに運動場の隅に急遽造られた藁葺教室、やっと転校直前の三年生の時にできたトタン屋根の教室等であった。わずかに雨露は凌ぐことができても、激しい雨風は無理であった。それに比べ、伊平屋小学校の教室はまるで夢のようであった。校舎は、横約一〇〇メートルに及ぶ長い一階建の鉄筋コンクリートであり、校舎の真中が職員室で、その隣が六年生から順に下級生への教室が続いていていた。

職員の先生方は、伊平屋出身の先生がほとんどであった。第二次世界大戦で多くの教職者が犠牲となった直後であり、教員の確保が沖縄各地で大変だった頃であるから、ここでは先生に恵まれていたと思う。校長はじめ、師範学校や旧制中学出身の先生もおられた。その上、いかなる御縁からか、また沖縄本島での生活が苦しかったためか、その理由は定かではないが、何人かの伊平屋島以外の出身の優秀な先生も赴任して来られた。

戦争ですべてが破壊されて焦土と化した本島では、自然は破壊され、社会環境も混乱した状況であったが、伊平屋ではおしなべてすべてが平穏無事であり、海山の自然は美しく、環境は自然的にも社会的にも恵まれていた。

## 八・授業

転入学して来たのが十月半ば頃であったが、その時のことが今も忘れられない。十月頃と言えば、ちょうど紅葉の季節である。伊平屋島は、小さな島ながら、「山の島」である。沖縄県の本島中部とは違い、山らしい山が幾つもあり、寒くなるにつれて山が変化する秋の落葉と春の新緑の様子が鮮やかで、季節の移ろいがよく解る。このような季節の移ろいは、転校前に住んでいた本島中部では決して見られない。正にその頃に、唱歌の「紅葉」の歌を耳にし、音楽の時間に教わったのだった。季節の移ろいは伊平屋島の自然と「紅葉の歌」と共に、時折蘇えってきて、今も強く印象に残っている。

恵まれた自然や学校環境の下、忘れられない音楽の授業と共に、伊平屋島での学校生活の第一歩が始まった。時は秋、紅葉の歌が伊平屋の自然ときれいにマッチしていたため印象深いが、驚いたのは「音楽の時間」がちゃんとあって、オルガンもあり、音楽の専任の先生がおられたことである。その先生は、女性の先生で、お歳は三十歳代だったろうか、島の人らしいお顔はしていたが、穏やかな実にやさしくいい先生であった。「うめ先生」と呼ばれ慕われていたが、めずらしい楽しい歌をいっぱい教わった。そのほとんどが文部省唱歌であったが、どの歌もはじめての歌ばかりで、めずらしくて、興味深く、また楽しい歌ばっかりであり、伊平屋に住みその自然に馴染んでこそはじめて味わえるような歌もあった。

たとえば、「野菊」（作詞：石森延男、作曲：下総皖一）である。

（一）遠い山から　吹いて来る
　小寒い風に　ゆれながら
　けだかくきよく　匂う花

きれいな野菊　うすむらさきよ

(二)秋の日ざしを　あびてとぶ
とんぼをかろく　休ませて
しずかに咲いた　野辺の花
やさしい野菊　うすむらさきよ

(三)霜が降りてもまけないで
野原や山に　むれて咲き
秋のなごりを　おしむ花
あかるい野菊　うすむらさきよ

ユーガキ・カントウヨメナ
野菊

初秋から晩秋にかけての自然の移ろいを小菊を通して、気高く強く優しい心を詠いあげたものであろう。遠い山・小寒い・とんぼ・野辺等の自然の様子は、伊平屋でしか感じられず、島の自然を通じてこそ実感される。いっそう鮮明に、伊平屋島の自然を映しだしているのが、次の歌(仮名…「北風」)である。

北風

遠い山から　海辺から
あられまじえて　吹きつける
北風は　北風は　なんとつめたくいじわるだ
だけど　ぼくらは負けないよ
ぼくらは元気だ　ほがらかだ

伊平屋島は、風が山からも海からも吹いてくる。県の最北にあって離れ島の細長い孤島であるから、大陸からの冬の寒気を帯びた風がまともにあたる。その風は強く、寒い。真冬には、あられが降ることもしばしばである。沖縄とは思えないほどに寒い。寒さが身に沁みるが、その分寒さを詠った歌は身に沁み心にも沁みる。

冬になると、音楽の時間には、はじめに「北風」の歌を幾度も歌ったことが想い出される。それほどに、伊平屋の自然に馴染んだ歌である。ただ、残念ながら、「北風」は仮名であって、それが文部省唱歌であるかどうかははっきりとしない。いくら調査・検索しても、その歌を発見することができなかったからである。おそらく、伊平屋出身の音楽担当の先生が作詩・作曲されたものではないかと推測される。「北風の歌」はあまりにも伊平屋の自然そのものであり、おぼろげながら、そのように先生がおっしゃったようにも思われるからである。

「野菊」や「北風」の歌以外にも、たくさんの唱歌を学んだ。これらの歌は、すべて伊平屋島だったからこそ、教わることができたと思う。本島では、決して耳にすることもなければ教わることもなかったであろう。というのは、終戦後間もない頃、本島ではほとんどの教育資料が灰儘に帰した中で伊平屋島では幸いにも戦前の教材等が残っていて、それに基づいて音楽の授業が行われていたからなのであろう。離島ゆえの天恵と言うべきか、有り難いことであった。

教えて下さったのは、既述のように「ウメ先生」であった。みんな、そう呼んでウメ先生を慕っていた。ウメ先生は穏やかで、怒ることがなく、物静かな実に優しい先生であった。しかし、その後、上京し、結婚されて、何時の頃だろうか、他界されたそうだ。唱歌を口ずさむ度に想い出される先生である。

伊平屋小学校では、多くの歌を教わったが、それらの歌の中には決して本島では耳にすることのできないような歌も数々あった。

たとえば、卒業式や運動会で歌う歌である。卒業式では、まず児童の出席者全員で「蛍の光」を歌い、ついで「仰げば尊し」を歌う。二つは共に、当時は、定番の卒業式ソングであり、唱歌の歴史を表す歌でもあるようだ。二つの歌は、明治十七年（一八八四年）に発刊された「小学唱歌集第三篇」において、はじめて日本で広められた三つの唱歌の中の二つだそうである。それについで、最後に卒業生が歌うのが「卒業式の歌」であり、歌詞は六十数年経た今でも忘れるはずがない。正確に覚えている。（一九二頁参照）

卒業式は、厳粛そのものであり、今想い出しても胸が熱くなり、心が引き締まる思いである。それは、この「卒業式の歌」がきっと心に沁みているからなのだろう。

もちろん、この歌の歌詞が時代がかっており、また歌の意味が立身出世主義に基づく国家主義を歌っているから、戦後の民主々義に基づく教育にマッチするはずがない。したがって、卒業式の歌も時代と共に移り変わることは理の当然であるが、その歌は僕が在学した昭和二十六年三月の卒業式までは明らかに歌われていた。が、その後何時までその歌が歌われ、何時頃学校から姿を消したかは明らかではない。

## （4）運動会

運動会も、ユニークで楽しかった。こちらも、今、想い出しても心がわくわくし、胸が躍る思いである。

まず、「運動会の歌」で幕が開く。ユニークなのは、「暗算競争」や「俵かつぎ」である。暗算競争は一五〇メートル走った所に足し算・引き算の問題を書いた黒板が掲げられてあり、その答えをゴールラインで競うものである。勉強と駆けっこを一緒にした競技である。

一般に、運動の得意な子は勉強は苦手、勉強の得意な子は運動が苦手、暗算競争は両者の長所・短所の妥協を図った面白い競技だった。俵かつぎは、米俵を担いでトラックを走る競技である。足はただ早ければ良いと言うものではない。農村では、いかに力があり持ち運びに役立つかが大事である。一般に、足の速い子は細身で力が弱く、力のある子はデブで足が遅い。俵担ぎ競争は、こちらも両者のメリット・デメリットの妥協、すなわち足の速さと力持ち比べの妥協した足と力の競技であり、農村の日常生活に密着していて、おもしろくて興味深い。俵かつぎはプログラムの最後を飾り、リレーと並んで一番沸き立つ人気の競技であった。

競技結果が字(各集落)対抗別に発表される頃になると、夕陽が賀陽山の彼方に傾き、楽しい運動会はフィナーレを迎える。最後も、また「運動会の歌」で締め括られる。この歌も、また伊平屋島でしか聞くことができなかった歌である。この歌に関しては、記憶はおぼろげである。

この歌が歌われた学校や村は本島でもきわめて少なく、非常に限定的であり、全国的にも幻の歌のようである。おぼろげながら、記憶している個所だけでも記しておこう。メロディは、今でもすぐにはっきりと浮かぶ。

（一）　待ちに待ちたる運動会　来たれり来たれり
ああ愉快
吹く風涼しく　日はうららか
鍛えし技術　練りたる手並み
正々堂々　出で出でしめさん
まっさきかけて遅れはとらじ
まっさきかけて遅れはとらじ

（二）　競い競いし運動会　終われり終われり
ああ愉快
日ははや傾き　夕風涼しい

日頃の練磨　その効顕著
優勝劣敗　審判すみて
凱歌の声は天にも響く
凱歌の声は天にも響く

## 4　教訓的唱歌

「音楽」の授業はユニークでめずらしかったが、そればかりではなかった。教訓的で、僕にとっては、まるで親代わりの教えと思えるような歌も教わった。「数え歌」がそうであり、「二宮金次郎の歌」がそうであった。たとえば、左記の「数え歌」がそうである。

①　一つとや　一人で早起き身を清め
　日の出を拝んで庭はいて学校へ
②　二つとや　不断に体をよく鍛え
　いつでもにこにこ　ほがらかに　ほがらかに

③　三つとや　身じたくきちんと　ととのえて
　言葉は正しく　はきはきと　ていねいに

④　四つとや　よしあし言わずに　よくかんで
　ご飯を食べましょ　こころよく　ぎょうぎよく

⑤　五つとや　いそいで　行きましょ　右側を
　みち草しないで　学校におつかいに

⑥　六つとや　虫でも草でも　気をつけて　気をつけて
　何でもくわしく　しらべましょう　学びましょう

⑦　七つとや　なかよくみんなで　おとうばんおとうばん
　ふく人はく人　はたく人みがく人

⑧　八つとや　休みの時間は　よく遊び
　まりなげ　なわとび　おにごっこ　かくれんぼ

⑨　九つとや　心はあかるく　身はかるく
　進んで仕事の　手伝いに　朝夕に

⑩　十とや　年月かさねて　よく学びよく学び

### イ．数え歌と日常的生活

「数え歌」は、四年生の時に教わった歌である。この歌は、戦後の昭和二十二年の「四年生の音楽」に収容されているようだ。もちろん、戦前からの歌であるから、戦後の「四年生の音楽」とは関係なく教わったものであろう。したがって、この数え歌は、伊平屋島だったからこそ教わることができたと思う。また、伊平屋島で習い歌ったからこそ格別に意義深かったと思う。というのは、この歌は伊平屋島での僕達の日常生活そのものを歌っているからである。歌の順を追って、確かめてみよう。

①の「庭はいて学校へ」は、事実、日常的な当たり前のことだった。登校前に、毎朝鶏の鳴き声で一斉に起きて、村中の道を掃除していた。自宅の庭を掃くのも、毎日のことだった。

②の「普段に体をよく鍛え」というのは、この島の子供達のためにあったのかもしれない。小学校三年生ともなれば、子供達は一人残らず野良仕事をするから、そのためには体を鍛えておかなければならないからである。いや、この言葉は、まったく不要とも言える。学校がすんで帰宅したら、必ず薪取りや草刈りに行って手伝いをして日々に体を鍛えていたからである。薪

取りや草刈りはそれを取ったり刈ったり、さらに薪や草を担いだり背負ったりして遠い道を持ちかえって来るから、力仕事であり重労働である。それは、毎日のことで、一年中休みなく行われ、例外も一日とてない。島の子供達の生活は、本島の生活では考えられないほど働き、体が鍛えられる。

③の「身支度きちんと整えて」は、服装の粗末華美如何とは関係なく服装は整えなければならないことを意味するのであろう。とは言え、華美になると、服装は乱れやすいかも知れない。その意味では、服は年から年中同じ服であり、もちろん粗末な服しかないのであるから、乱れようがない。粗末な服の場合なら、派手な乱れは見られなくとも、ボタン付けや繕い等は見苦しくないように整えよということであろう。そのボタンの付け替え等簡単なことは、みな自分でやっていた。

また、「言葉は正しくはきはきと」というのは、この島では言葉使いは特別に熱心だった。本島では通じないようなこの島独特の方言が使われ、それが日常的だったから、学校では標準語励行は特に厳しく指導された。その厳しさの現れか、また時代の名残もあってか、彼の「方言札」も実際に存在していた。

方言札については、苦い思い出がある。方言札は木製の札であって、やや薄黒く不気味な色をしていて、それには「方言札」と太く大きく書かれていた。方言札は、もちろん、普段は人目につかない。それは、禁断の秘密の札であるから、それを持つことは心理的には鬼か犯罪者に等しい。だから、方言札は持ったことのある人しか知らない。つまり、僕が方言札を知っているということは、それの所有経験があるということなのだ。その方言札を渡された者は、それを次の人に渡す日まで、毎日「一日米一合」を提供しなければならなかった。

僕が「方言札」を知っていると言うことは、僕も渡された経験があるからである。渡された時の様子は、今も、はっきりと覚えている。その原因は、転校して間もない頃、校庭で飛び回って皆と一緒に遊んでいた時に突然発した「感嘆の言葉」が方言だと言われ、方言札を渡されたのだった。それは、真に一方的なことだった。もちろん、抗議し抵抗したが、まったく孤立無援の転入生ゆえ、多勢に無勢である。しかも、渡した子は島一番の標準語の下手な子であるから、泣き面に蜂である。家に帰り、お爺さんに打ち明けたら、怒り心頭、怒られたことが忘れられない。方言札を持つことの屈辱感と焦燥感は、その経験者にしか解らない。それからは、刑事のような目をもって犯人探しに目を光らせなければならない日々であった。

しかし、捨てる神あれば拾う神ありである。数日経った頃、僕がお爺さんに叱られたことが解って同情したのか、ある上級生が方言札を受け取って他の人に渡してくれたのであった。後は、闇の世界、誰が持つことになったのかとんと解らない。顧みて、屈辱感はほろ苦くも、今にしてみれば貴重な歴史的経験をしたことになるのかも知れない。

④の「善し悪し言わずによくかんで」と言っても、毎食が芋とみそ汁だけの日々であるから、思えば歌の「4」はむなしい。良し悪しの言えるような食べ物は何もなく、また噛めるような食べ物らしいものは何もないからである。たまに、夕食に出てくるものはと言えば雑炊であるから、これも流し込むだけである。ただ、薪取りや草刈りで山等に行った時には、山では秋の季節なら椎の実を拾って空腹を満たしたり、帰り路で芋を掘って食べたりしたから、噛みごたえのあるものが皆無だった訳ではもちろんない。それでも、当時は、本島に比べれば、伊平屋島では、食事はまだ恵まれていた時代である。

⑤の「急いで行きましょ　みち草しないで学校に」というのは、ぴんとくる言葉である。この言葉は、よく先生方からも言われたものだ。「道草しないで帰りなさい」と。登校の時は、道草のしようがない。通学路には気を誘うものは何にもなく、通い慣れた道であって、遠い所から徒歩で来るから、急ぐ気ばかりしか起こらないからである。ただ、たまに、裕福な家庭の子が馬で通学して来ることがあった。後に続く子等は、馬の尻尾をつかまえて小走りで追っかける。馬に乗った子等は、かえって道草を食うことがあったのかもしれない。

転校した当初の三年生の頃は、「道草を食う」という言葉はピンとこなかったが、島の生活に馴染めば、ぴんとくる言葉なのだ。島の道は両側に、きまって草が生えている。というより、道という道には草が生えている。馬に乗っていると、パカパカと進めばいいものを、馬は必ず道の草を食いながら歩む。道草を食うなという意味は、この島では馬と共に生活しているから、ほんとによく解る。「道草を食わずに帰れ！」という言葉は、先生方から一番よく耳にした言葉のように思う。

しかし、道草食わずにさっさと進めばよいというのは人間さまの身勝手であって、道草を食うことは馬にしてみれば必死のことなのであろう。道の草を食わずに歩けるかというものである。馬にとっては当然のことが人間からは憎まれる。その上、背中には乗られる。道草食うなとは馬のようなことはせず、よそ事で脱線することなく、さっさと帰れということであろうが、馬が道草を食うのは本能的であり、命に関わることである。これほど馬を馬鹿にした話はない。人権蹂躙ならぬ馬権蹂躙である。

同様に、子供達にとっても、道草を食うのは本能的なようなものである。学校からの帰路の時には、道草を食うことがままあった。

たとえば、通学路は海岸沿いにあって場所によっては長い防波堤が築かれ、その高さは道路からは一メートル、真下の浜の方からは三、四メートルほどあった。その上を歩いたり、駆けっこをしたりした。時には、防波堤の上から浜側に向かって逆立ち宙返りをして浜に立ったり等、肝試しをしたりした。

また、何よりも楽しい道草は、潮干狩りであった。潮の引いた遠浅の海辺を、学校から家のある村の所まで、小蛸を探し回って取りながら帰ることだった。取った小蛸《たこ》は、塩水で洗ってそのまま食べる。この島では、毎食芋以外は何にも食べてないから、蛸は御馳走である。学校帰りは腹も空いているから、なお美味しい。

しかし、蛸はもちろん簡単には取れない。蛸取り名人という言葉があるくらい、要領が要る。まず蛸の餌を取る。餌はシャコガイである。シャコガイは簡単に見つけても、取るにはちょっと勇気がいる。というのは、シャコガイは強烈なパンチ力を持っていて、弾かれたら痛みを堪えるのに涙の出るほどの思いがするからである。痛みも取り方も慣れの問題である。餌のシャコガイを取ったら、それを紐でくくって、蛸の巣穴に入れて待つ。すると、不思議ふしぎ、蛸が餌に飛びついて手を出して来る。ここで、焦りは禁物。しっかりと蛸が頭を見せるまで我慢する。頭を見せたその一瞬、フォークで胴体めがけて刺しこむ。うまく刺せたら、蛸ちゃん万事休すである。蛸の巣は、最初は見つけるのがちょっと難しいが、慣れたら簡単。巣穴は小さな穴があって、その周りを小石で覆い隠しているから、直ぐ解るようになる。友達と海に入って一緒に帰るから、問題は見つけ勝負で、早い者勝ちである。一匹でも取れば、大満足である。夢中になって時間を忘れ、帰宅が遅れがちになるから、帰ったら怒られるのが落ちである。この道草は、この島ならではの甘く苦い道草である。

⑥の「虫でも草でも気をつけて　調べましょう　学びましょう」については、伊平屋島は自然を学ぶための絶好の場所である。島は自然そのものであり、村人は自然と共に生きているからである。

僕の家には時計はなく、他所の家にも時計はまったくない。学校以外の所で時計を見ることができるのは村にあるたった一軒の共同売店だけであり、他には皆無である。だから、ここでは自然が時計である。いわば、アヒルが天気予報士であり、鶏が時計である。

朝は、鶏の鳴き声から始まる。一番鶏の鳴き声が何時、二番鶏が鳴けば何時頃であるかが解る。三番鶏が鳴けば、夜の明ける何時間ぐらい前であるかが解る。鶏の鳴き声は、澄みきって村中に響きわたる。どこの家の鶏であるかまでも解るほどである。鶏を飼わない家は一軒もないほどであるから、どの家の人も鶏の鳴き声に合わせて起きる。あの家の鶏が鳴けば、起きるのにちょうどいい時間であるかは経験的によく解っている。

また、夜が明けてから日の沈むまでの時間は、今何時頃であるかは太陽の位置で解る。太陽があの山の上にきたら何時頃であるかは、検討がつく。鶏が眠りにつけば、人もまた眠りについて一日が終わる。田舎の夜は、静寂そのものである。

天気を知ることは農家にとっては大事なことであるが、それは家鴨《あひる》や太陽の様子、それに風の方向や様子等で判断する。家鴨が羽を広げて砂をかぶりながら羽をばたつかせたら、雨が近い。また、太陽や月に円い雲がかかって虹ができたら、翌日は雨になる。いわゆる、月や太陽に懸かる雨傘である。雨傘ができたら、雨である。さらに、風の吹いてくる方向からも、天気を判断していた。

## ロ・郁子

植物については、伊平屋にやって来て忘れられない想い出がある。転校して来て間もない頃、友達もなく、校庭の砂場で独り寂しく砂を手に握ったりして戯れていた。そこへ、上級生がやって来て話しかけてきた。二年先輩であった。僕が三年生、上級生は五年生。話の内容はもはや記憶にないが、今でも鮮烈に印象に残っているのは、「何とも優しい人」ということであった。その先輩は学校のある我喜屋の出身であり、家も学校のすぐ側だということであった。

その先輩が別れ際、「はい、これ」と言って、呉れたものがあった。それははじめて見る果物であり、淡い紅紫色をしていてただただ珍しかったが、食べてみるとえも言われぬ味がした。生れてはじめて目にし、口にした味であった。こんなにもめずらしくておいしい果物がこの世にあるものかと思った。その時の印象は、今も鮮烈に残っている。しばらくして、この果物が地元で「アマンジャー」と呼ばれているものであることを知った。アマンジャーとは「甘くにがいもの」と言う意味であるが、名前のような苦さは全然なく、甘さそのものである。後で解ったことは、その果物は「郁子《むべ》」と言われるものだった。郁子は、本島中部では聞いたことも見たこともなかった。本島北部にはあるとは耳にしたが、それでも伊平屋島以外の所で見たことは未だにない。

ムベの名前には、二つある。一つは文字通り「ムベ」、もう一つは「トキワアケビ」である。前者は本来の名称であるが、後者のように呼ばれる理由としては二つ考えられる。まず、ムベはアケビに似ていることである。もう一つの理由は、葉が「常盤」であるからである。常盤とは永久不変ということであり、その意味は葉が常緑だということである。冬になると、アケビは葉が落ちるのに対して、ムベは落葉がなく緑を保つところから、トキワアケビと呼ばれる。

なお、ムベという名前の由来にはエピソードがある。

それは、「その昔、天智天皇が近江でこの果実を食して『ムべなるかな』と言ったのが語源」だそうである。

また、ムベの字にも二つがあるようだ。「郁子」と「薁」である。まず、「郁子」は「ムベ」であって、「いくこ」とは読まない。それは、古くからの名前のようである。つぎに、「薁」については『むべ』が奥津島に産する事から明治の頃よりこの字を当てています」ということである。すなわち、ムベが滋賀県の奥津島で取れるから、その「奥」に草冠を付けてムベの意味をもたせたというわけである。したがって、「薁」は「むべ」と読む。

ムベの実や皮はそれを原料にして、飴、かき餅、酒、およびジャム等に加工して地域の特産品とされる。また、茎や根は利尿剤となるようである。

なお、ムベの木の葉は、幼木の時は三枚、その後五枚、さらに実が熟れる頃には七枚になるので、「七・五・三の縁起木」と言われ、めでたい木として重宝がれているようである。

我が家の庭のムベ

郁子は、アケビ科の常緑蔓性低木で暖地に自生する。五月頃に淡紅紫色の花をつけ、晩秋に実は熟れる。実の色は紫色で、ノーブルな感じである。辞書によれば、「甘く食用。茎・根等は利尿剤」だそうである。郁子は不老長寿の霊果と言われる。

郁子と似て非なるものに、「アケビ」がある。両者は共に果実の色は紫色で同じであるが、形がわずかに違う。郁子がやや丸みのある楕円形であるのに対して、アケビはやや細長い形をしている。また、熟してくると、果実が郁子は割れないのに対して、アケビは割れる。果実の開裂性に関して、相違が見られる。それでも、両者は見分けがつきにくい。今、神戸の我が家の庭には、郁子の木があり、年に一度、二十数個ほどの実をつけている。

なお、僕に想い出のアマンジャーを呉れた上級生は、後に琉球大学を出て教員になったと耳にした。生来、教員になるべき人だったのであろう。郁子を見る度、あの先輩が偲ばれる。

郁子については、ちょっとおもしろく、恐い話もつきものである。郁子の実は、秋になると、熟して甘い。甘いから、小鳥の絶好の餌となる。その実を求めて郁子の木に小鳥が群れる。実に夢中になっている小鳥を狙って突如として忍びよるこわい動物。それが、ハブである。小鳥が群れて鳴いている時は要注意である。郁子を取りに行ってハブにやられる話は、よく耳にした。

野生のハブをはじめて見たのは、伊平屋島に来てからである。本島で見ることは、まずない。ハブは、山や田圃の畔で見かけることがあった。当時は、島には戦後の沖縄独特の診療所はあっても、ちゃんとした病院もなければ、「血清」もあったかどうなのか、あやしい状況だった。だから、ハブに咬まれたら、万事終りである。そのような状況の時に、生か死かの危機一髪の経験をした。今想い出しても、天の運を感じる。

それは、六年生になった五月頃のことである。いつものように、二つ年上の上級生と一緒に薪を取りに馴染みの山に行った時である。山に入って、田圃からさほど遠くない所で、鉈《なた》で小さい木を切ろうとしたその時だった。突然、上級生が「ハブドー、ハブ、ハブ!」と慌てふためき、叫び出した。誰のことなのか、何処なのか、さっぱり解らない。一層、激しく此方に向って叫ぶ。「頭の上、上!」と必死の形相で指をさす。指さす方をよくよく見たら、僕が木を正に切ろうとしているその木の上のわずか二十センチほど離れた所に、ハブが横たわっているではないか。気づいた一瞬、とっさに離れて人生最大の災難を逃れた。もし上級生がすばやく気がついてくれなかったらと思えば、背筋が寒くなる思いである。

なお、ハブの見つかった場所は、ちょっとした斜面になっていたため、ハブをやっつける位置としては非常に具合悪く、子供には無理であった。幸い、麓の田圃で畔草を刈りている大人が見えたので、急いで呼んで来てもらいヤッツケテもらった。捕って見れば、「チンハブ」だった。チンハブというのは小さいハブのことであるが、チンハブほど毒は強いと聞いてまた仰天。

春から初夏の頃は、ハブが活発になる時節であるから、要注意なのだ。

日が暮れ出して山から下りて来た時、すっかり暗くなった山の方で猫の鳴き声のような異様な声を聞くことがあった。山猫は見たこともなく、猫が山にいるという話は聞いたこともなかったので、実に不思議だった。地元の年寄りの話では、「あれは、年老いたハブの鳴く声だ」と話してくれたが、真実のほどは今も不明である。今なお、奇妙で不思議なこととして、思い出される。

この島では、とにかく、山にハブ畔にヒメハブである。ヒメハブは「ヒルミックヮー」と、呼ばれていた。ヒルミックヮーとは、昼は盲という意味である。その実態は、いわゆる盲蛇である。それは「ニーブヤー」と呼ばれているからである。すなわち、よく寝る奴という意味である。盲蛇は、田圃の畔でよく見かけた。多い所は「ハブドゥクマ」(ハブのよくいる場所)と言って、ちょっと敬遠されていた。学校へはもちろん、海・山何処へ行くにも裸足であるから、特に盲蛇には気をつけなければならなかったが、盲蛇は小さくまた盲的でもあるから、鎌や棒切れなどで突いてはその反応を見たりして楽しむこともあった。どういう訳か、殺すことはなかった。

つまり、虫や草ばかりでなく、調べたり学んだりするための自然にこわいほど満ちていた。

⑦「なかよく　みんなで　おとうばん」は、まさしく歌のとおりそのままである。教室の掃除当番で、不快に思ったりしたことはなく、怠ける者も見たことがない。便所の掃除にしても、変わりがない。「お当番」は学校ばかりでなく、家でも変わることがない。毎朝、五時頃、一斉にみんな起きて村中の道を掃除をする。それは、ごく日常的なことだった。

⑧「よく遊び、よく遊び」は、学校で実によく遊んだと思う。休み時間になると、すぐに教室を飛び出す。学校で遊ばないと、帰宅したら山や畑に行かなければならず遊ぶ時間がないからでもある。道具をそろえないとできないような遊びはほとんどなく、体だけでできるような遊びに限られていた。駆けっこや「おしくらまんじゅう」に「けんけん倒し」等である。伊平屋島は寒いから、冬には押し競饅頭をよくした。暖を取るのに一番よい遊びであった。

この島では、「勉強は学校で帰れば手伝い」と、はっきりしている。帰宅したら毎日手伝いが待っているから、家では勉強する時間も遊ぶ時間もない。つまり、勉強も遊びも学校でしかできず、学校でするものなのである。

遊びとはちょっと異なるが、学校からの帰りはよくマラソンをして帰ったりした。特に、雨の日等は、上着は全部脱いで裸になり、着物は風呂敷に包んで肩からかけ、同学年の同じ村の子は一斉にヨーイドンで学校を出発する。この島では、通学に傘を差している人は皆無であり、蓑傘さえ身につけている人もほとんどいない。ランドセルやその類のものを持つ者も一人もなく、風呂敷が鞄代わりである。もちろん、靴など履く者は一人もなく、草鞋さえない。完全に裸足である。着物は大事であり、また本も濡らしてはいけないから、風呂敷に包むことになる。よく駆けっこ競争で帰るから、非常に根気強い。学校から遠い村の子ほど、元気があって強い。その効果は、運動会で瞭然と発揮される。

⑨の「手伝いに朝夕に」、および⑩の「よく学び　心も体も　のびのびと　すこやかに」は、次の節で述べる。

## 5　伊平屋島と山と僕

この島では、前述のように、「勉強は学校で、帰れば手伝い」と、はっきりしている。帰宅したら毎日手伝いが待っているから、家では勉強する時間も遊ぶ時間もない。つまり、勉強も遊びも学校でしかできず、学校でするものなのである。

⑨「進んで仕事の手伝いに　朝夕に」は、島の子はよく働く。三年生ぐらいからは、一人前に働く。働かないと生きていけないから、手伝いをしない子はいない。その手伝いは、子守等

というものではなく、山仕事、畑仕事、および田圃仕事等の野良仕事である。大人と同じような仕事をする。

「山仕事」は、薪を取ったり、山草を刈ったりすることである。「山草」は、山羊の餌であり、牛の冬の餌でもある。ほぼ毎日、山に行く。「畑仕事」は、芋掘りや草取りである。男の子の畑仕事は、どちらかと言えば少ない。「田圃仕事」については、仕事はいろいろあり、コンスタントにある。一番骨が折れるのは、田圃を耕して田植えの準備をすることと田圃の雑草の草取りである。どちらも腰の屈めどうしであるから、腰が折れるように痛くなる。それは、今想い出しても痛くなるほどである。

とにかく、伊平屋の子は、お手伝いというものではなく、完全に一人前に働く。いま、このことをもう少し具体的に述べる。それは、僕の伊平屋島での生活そのものなのだからである。

伊平屋島では、山は生活のすべてと言っていいほどに、村人は山と深く関わっている。山に行って、薪をとり、草を刈り、椎の実やミカンを食べたり等して、山なしでは生活はできず、「お手伝い」のことも語れない。

まず、「薪取り」は、山へ行って取る。石ころだらけの道を裸足で登る。人の通る道は水の通る道でもある。だから、雨の降った後等、石ころ道はいっそう石が突き出て険しくなる。山では枯れた木や倒れた木の枝を切り落として、それを適当な大きさに揃える。枯れた枝を切り落とすために木に登ったり、また枯れ木や枯れ枝を探して山の中を動き廻る。かつげる分量まで集めたら縄でたばね、それをかついで家に持ち帰る。薪取りの道具は鉈《なた》と縄であるから、山に行く時は適当な長さの縄を腰に巻き、その腰の縄に鉈をさして、山に行く。木を切るのだから、鉈は切れ味を確かめて何時も磨いておかなければならない。いざ山への出で立ち姿である。重い薪をかついで帰るのだから、途中幾つかの休憩ポイントがあり、そこで休んで家に辿り着くことになる。

つぎに、「草刈り」は山でもする。と言えば、きっと奇妙に聞こえるかも知れない。草が餌となるのは、牛と馬であり、ヤギはちょっと違う。牛や馬の餌となる草は、普通は畔の草であるから、草刈りと言えば畔の草刈りを意味するのが一般である。しかし、畔の草を刈ることができるのは春から夏の終わり頃までであり、冬は畔の草も枯れる。それを補うのが、「山草」である。山草は木の葉である。特に、若葉である。といっても、牛が食べる木の葉は限られている。それを選んで刈る。どの葉が食べられるのか、はじめは解らなかったが、すぐ慣れて解るようになる。牛は草も木の葉もよく食べる。山の木の葉を切り取るのだから、地元では「山草」と言われてはいたが、それは「木の葉」であり、また「山草刈り」ではなくて「木の葉刈り」とでもいうべきものであろう。山に草が生えているわけではないからである。山草に対して普通の畔で刈る草は、『アブシ・グサ』と言われる。アブシとは、「畔」のことである。「山草刈り」が見られるのは、鹿児島から沖縄にかけて点在する島々のようだ。その北限がトカラ列島である。

他方、馬は山草は食べず、もっぱらアブシ草だけである。だから、馬の冬の草刈りは苦労する。また、ヤギはほとんど山草が主である。敢えて言えば「畑草」も餌となる。畑に植えてある芋の葉や生えている草等である。一番よく食べるのが「ミンナ草」と呼ばれる草である。この草は、畑に非常によく生えている。邪魔者扱いであるが、瑠璃色の花が神秘的なほどきれい。「ミンナ」は、「ミンナクサ」または「ササクサ」とも言われる。いわゆる、「瑠璃繁縷《るりはこべ》」である。「ミンナクサ」は「瑞々しい草」の意味であり、またササクサは、「海の魚を取るためにその草をササとして使うことから」、その名があると言われる。ササとは「束」のことである。僕も、実際にミンナ草で魚を取った経験がある。つまり、牛は畔草・山草・畑草のどれも食べ、馬は畔草と畑草だけであり、ヤギは山草を主に畑草も食べる。

僕の家では、鶏に家鴨はもちろん、馬と山羊も飼っていたから、放課後でも毎日山か畑に薪取りか草刈りに行っていた。だから、山のいろいろな木々の植物に親しみ、また畑や野の草花にもよく馴染んでいた。いろいろな木の種類を覚えたものである。餌になる草や木の葉等について、いちいち知っておかなければ草刈りはできないからだ。もし知っていなければ、毒草や毒のある木の葉を餌として与えることになるからである。

山や畑に行って親しんでいたのは、植物ばかりではない。山では、いろいろな鳥やその鳴き声に出会えた。おそらく、伊平屋島は渡り鳥の中継地になっているのだろうか、名は知らずとも綺麗な羽をした鳥をよく目にした。鳴き声も、そうである。山で聞く鳴き声は、元気よく透き通った綺麗な声で鳴く。鶯の谷渡りは聞いていて、ほんとに気持ち良い。中でも、今も印象深く想起されるのは、山鳩の鳴き声である。山に行けば、必ず鳴いていた。独特な鳴き声をするので、お爺さんに聞いたら、それは「クトゥ・キゥイキゥイ・クワグア・ティチェ」と鳴いているんだと教えてくれた。「子供が欲しい欲しい一人」と言って、鳴いているということだった。この山鳩は、現在、神戸でもよく耳にするから、ノスタルジィアを覚える。山鳩は、正しくは「きじ鳩」のことである。

中でも、畑で一番よく耳にした鳴き声は、何と言ってもヒバリである。ヒバリは地味な色の羽をしていて、姿はパッとしないが、鳴き声は天下逸品。無敵で、比肩できる鳥はいない。いわば、鳴き声の実力派だ。鳴く時は、空高く舞い上がって、上下に舞いながら「ア・チュン・

チュン　ア・チュン・チュン」と鳴く。小鳥は一般に群れて小枝にとまって鳴くのが多いような気がするが、ヒバリは群れることなく度胸満点一人で派手に舞い上がって飛びながら鳴く。パフォーマンス抜群である。その鳴き声は、実に、威勢がよい。地元では、ヒバリはその鳴き声から、「チュンチュナー」と呼ばれていた。威勢の良い子を指していたようだ。

ヒバリの鳴き声に、人は敏感である。鳴いているヒバリの下に行けば、たいてい巣があるからである。巣には、何個かの卵があることがあり、それが狙いだからである。同様に、鶉《うずら》卵も狙ってよく取った。ヒバリと呼んでいた「チュンチュナー」は実は「ヒバリ」ではなく、「セッカ」という鳥だそうだ。

伊平屋島は、いわば島自体が自然の動物園であり植物園である。だから、いろいろな植物や動物にもよく親しめた。ただ、残念なことは、この島には本一冊もない状態だったから、ましてや「図鑑」等も皆無だったことである。かえすがえすも、ただただ残念であるが、反面その分頭に残っている。

⑩　最後の「よく学びよく学び　心も体ものびのびと　すこやかに」については、「はてな」の思いが残る。この項目については、章を改めて述べたい。

毎日が山・田・畑の野良仕事
　想い出すたび足腰痛む

伊平屋島薪取り草刈り鍬を振り
　年中働き休みなき島

なつかしい旧校舎

小学校全景昭和15年築鉄筋コンクリート　正面中央は職員室
向かって左手は大きなガジュマル　右手の大きな木の前の白い台は
金次郎銅像　後ろに山が迫るもその間に大きな集落がある

# V

## 「よく学びよく学び
## 心も体ものびのびと　すこやかに」

## 1 「よく学び、よく学び」

この島では、既述のように、「勉強は学校で・帰れば手伝い」と、はっきりしていた。まず、前者の「学び」について、ふり返って見る。

転校して来たのは、三年生の二学期からであった。転入学は二学期の九月一日からのはずであったが、九月はじめからではなく台風の影響のため伊平屋到着が大幅に遅れて十月に入ってからであった。

そのため、転校前の学校と比べて、伊平屋小学校は随分授業が進んでいた。島の子供達は解るのに、僕には解らないことがほとんどだった。特にひどかったのは、算数である。掛け算・割り算等もまったく解らず、涙ぐむような日々であった。転校前の学校では、考えられないような状態だった。それまでは優等生。だから、子供心ながら大変なショックだった。家に帰っても教えてくれる者は一人としてなく、涙が流れてとまらなかった。そのことは、今も鮮明に記憶に残る。

夜は、勉強しようにも、怒られる。灯は石油ランプだけであり、その石油を節約しなければならないからであった。石油ランプも、小さな缶詰の空き缶に石油を入れて布の芯を浸して灯すだけのものであり、蝋燭の明るさと変わらない。しかも、石油ランプの下にしばらく居たら、鼻が煤で黒くなって滑稽な顔になる。それでも、勉強がしたい。というより「遅れて大変だ」の思いだけである。しかし、やりたくてもできない。家での勉強は御法度なのである。それは、昼は野良仕事の手伝いのため、また夜は石油代節約のためである。

解らないことは、学校の勉強ばかりではなかった。何よりも大事な日頃の言葉さえもが全然通じないのだ。これには、ほんとうに困った。本島内でも、首里・那覇を離れたら、言葉はなかなか通じ難い。北部へ行けば、なおさらである。ほとんど、さっぱり解らない。俗に、「ヤンバル・クトゥバ・ヤ・ワカラン」、と言われる。その解らない言葉の極限が、離島の言葉である。本島とは、全然違うのだ。俗に、そのユニークさは「イヒャ・クトゥバ」(伊平屋の言葉)と言われるほどである。たとえば、「誰か」は「タルガ」と言い、また「死ね」は「スクメ」、さらに「頑張れ」は「ハマレ」等である。おもしろいことに、「ハマレ」は鹿児島地方と同じ方言である。

転校のはじめの頃は、すべてに困ったが、一番困ったのは勉強のおくれだった。転校生のため転入直後の頃は友達がいるはずもなく、解らないことを誰かに訊きようもなかった。当初は、学校では寂しさと悔しさの日々だった。しかし、そのような時にも、天は見捨てなかったのか。幸いなことに、同席の隣の子・N君は、よくできる児童だった。しかも、教科書は二人で一冊、僕は彼の教科書を見せてもらいながら一緒に勉強することになったのだ。一緒に勉強すれば、解らない所は、彼に直ぐ訊ねることができる。クラスでよくできた彼は、しっかりと教えてくれた。N君とは、野甫益三君である。同君は、後に琉球大学を出て、教員となって活躍した。伊平屋島から琉球大学に進学するのは、なかなかの難関である。

そのような日々がどれくらい過ぎた頃だろうか。大いに挽回、学校での勉強がよく解るようになってきたのだった。もう、学校での授業で涙ぐむことはなかった。毎日、学校の勉強の予習・復習はしっかりと必ず行い、欠かすことがなかった。そのことは、転校前の学校でもそうだった。「予習・復習をしなさい」という先生の教えを守る習慣が、もうすっかりしっかりと身についていた。

想えば、転校当初に勉強で後れをとっていたことがさらなる動機となって、いわゆる「自学自習」および「自覚自習」の習慣は一層確かになっていったのであろう。

伊平屋島　山と田圃の　日々ばかり
　ライトも本も　何一つなし

## 2「体ものびのびと　健やかに」

四年生になって間もない頃、急に熱発して学校を休むことになった。確か、日差しが厳しくなり出した頃であるから、昭和二十四年の六月頃だったと思う。高熱のあまり、動くことはまったくままならず、意識は朦朧として横になって寝ておくのがやっとのことであった。立つこともできず、それまで経験したことのないほどの熱であるから、かなりの高熱であったことは間違いない。ただ如何せん、何度ぐらいだったかは、解らない。というのは、家には体温計がなく、おそらく村中にもなかったからである。体温計は伊平屋島の何処にもなかったのではと思うくらい、昭和二十四年頃の何もない時代である。

食事も、もっぱらお粥だけ。このことも、忘れずに記憶は今も鮮明である。普通なら、体の具合が悪い時は、御飯には卵焼きが出てくる。なぜかもっぱら、お粥だけであった。体力は見る見るうちに落ちていったが、どうしようもない。隣村の我喜屋にある診療所も、有って無きが如しである。診療所を利用したと言う人を、かつて聞いたことがない。もちろん、何の薬もあるはずがない。何の病気かも解ろうはずもない。医者がいないからである。

高熱で、病名も解らず、薬もなく、食事がお粥のみの寝た切りの日々が続いた。いったい、どれくらいの月日が過ぎたのだろうか。やっと登校して行ったのは、夏休みも終わって二学期の半ばも過ぎた頃になっていた。クラスメイトの皆から、「本島に帰って行ったのかと思った」と言われたが、それほどに長い間学校を休んでしまったのだった。

その結果は、明らかである。授業が、またもさっぱり解らない。特に、英語がそうである。教科書もなく、学校で授業を受けなければどうしようもないほどにさっぱり解らなくなる。しかも、学校に戻ってから間もなく、試験が近づいていた。長欠の分、書き写さないと致命的だ。よくできる子の確かなノートを書き写させてもらうのに必死だった。その必死の勉強の甲斐あってか、英語の成績は最高点だった。

英語の成績については、ちょっと忘れられないのは、学年が変って六年生の時のことである。受け取った答案の中で、ある答えが間違いと採点されていた。その採点に、納得がいかなかった。理由は、先生から授業で教わったとおりに答えを書いたにもかかわらず、それが間違いとされたからであった。先生から教わったとおりに書けば、それが間違いとされるとなったら、先生の教えは何にも信じられなくなるからであった。そのことを、直感したのだろう。そのため、どうしても先生の採点が納得できないことを強くプロテストしたのだった。幸い、先生は解って下さった。実に、やさしい良い先生であった。その時の英語の成績は、忘れずにいる。僕と次点との差は三〇点ほどであった。

なお、当の先生は、後に本島に転出し、映像教育の第一人者として立派に活躍されたが、実にやさしい先生であった。先生のお名前は、「岸　佳正」とおっしゃった。その弟が僕に郁子をくれたあのやさしい先輩である。

ところで、学校の長期欠席の原因となった病気は、いったいぜんたいどんな病気だったのだろうか。六十余年も経た今日でも気になるところである。何の診断も受けることができないような状況下でのことだったから、皆目解らない。いわば、謎である。何か病名をつけるとすれば、おそらくそれは「結核」だったのではないかと考えられる。理由は、二つ考えられる。一つは、お爺さんがどうも結核だったと考えられることであり、もう一つは後年における僕の健康診断の結果である。

まず、お爺さんは結核だったおそれがある。と言うのは、お爺さんはよく咳をしていたからである。年寄りが普通に咳をするのとは違い、年中咳をし、苦しげなこともあったからである。年寄りのせいもあってか、細身であり、丈夫そうには決して見えなかった。また、叔父さんも若い時に結核を患ったことがあり、晩年には本島に転居したお爺さんも明らかに結核を患っていたからである。そのため、お爺さんと寝起きを共にし、特に可愛がられていた僕が接触が多かったために、感染したと考えられる。

もう一つの健康診断結果については、思いもよらぬことであった。大学受験のための健康診断書の提出にあたっては胸部の「レントゲン写真」の撮影が必要である。その時はじめて胸部の写真撮影を受けた。その際、さり気なく言った医者の言葉が耳に残っている。「結核が治って、固まった跡がありますね」と。まさに青天の霹靂である。その医者の言葉に驚いたことが、想起されるからである。

結局、おそらくは自分自身が結核に罹っていたとはゆめにも思ったことはなかったが、しかし、上述の二つの状況証拠からひょっとしたら小学生の頃に高熱で休んだのは結核に罹っていたためかも知れないと推察された。想い起せば、この村には、家の近くの人にも結核患者がおり、そこによく出這入りしていたことも感染原因と関係ありやと何となく気になりだしたが、もちろん因果関係等が解るはずもない。

それにしても、よくぞ自然快復したものと思う。ここでも、また、天は救い給うたとの思いが強い。何か看病してもらったような覚えはまったく、記憶になく、あるのはただ来る日も来る日も食事がお粥ばかりで、寝たきりだったことが想起されるだけである。「お粥ばかり」というのは、今まで消極的なイメージとして映っていたが、考えてみるとこれが最高の持て成しだったに違いない。というのは、僕の家で御飯が食べられるのは、盆と正月等、年に数える日しかなかったからある。日頃は毎食年から年中芋ばかりであったから、お粥の「米」が頂けるのは、どれほど貴重なことだったか計り知れない。

とにかく、病気については、有り難くも、知らぬが仏で、よくぞ耐え抜いたと思う。

## 3　「心ものびのびと　健やかに」

伊平屋島にいる間中ずっと、僕の心の中では、いつも「悲しき口笛」が上映されていた。伊平屋島に渡ったのは、再三述べるように、小学校三年生の二学期半ばからであった。伊平屋島に来たのは、きっと、珍しい所に行ってみたいという好奇心旺盛な子供心が働いたからだったに違いない。

しかし、島の生活にやや慣れてきた頃、月日が経ち、母が側に居ない日々が続くと、さすがに恋しくなり、その思いは日増しに募るばかりだった。母への思いは、時と場所を問わず、伊平屋島の何処に居ても何時でも、心から離れることがなかった。

学校では、ちゃんと出席し、休み時間には元気いっぱいに友達と一緒に遊んでいても、何か虚しかった。その虚しさは、保護者の授業参観の時がそうであり、特に運動会の時がそうであった。田舎の運動会は村中をあげての一大イベントである。競技が字対抗ということもあって、村中の人が仕事を休んで御馳走をこしらえて参加し、島が一番賑わう時である。競技中断の昼休みの時等、友達は家族と共にいて皆楽しそう。しかし、僕の母の姿はどこにもない。学校の行事には、いつも虚しい思いが心をかすめた。

登校や下校時にも、皆と一緒ではあっても、なぜか心はいつも一人ぼっちだった。心から打ち解けることは、終に一度もなかった。一つには、母のいない寂しさがいつも心から離れないことがあったが、それ以外にもあった。母を慕う心は、おのずと母のいる本島を偲ばせ、その本島はいつも通学路から道すがら遠く霞んで目に映った。その島影は、僕に、「お前は、この島の出身者ではない、いずれ帰らなければならないのだ」との思いを駆り立てているようだった。そのためだろうか、同じ村の友達と一緒に帰っていても、打ち解けることもなく輪の中に入ることもできずに、いつも離れて後ろ側についていた。そのことに輪をかけていたのは、友達も僕を本島の出身者としてしか見ていなかったこともあったようだった。

しかし、何よりの原因は、同じ字《あざ》に同学年で一番のガキ大将がいたことだった。一人はG君であり、もう一人はN君である。G君は体格が学年で一、二を争うような大柄であり、もう一人は体格は普通とはいえ「グテーグァー」（力持ち）と言われ、とにかく二人は共に性質がよくなかった。G君は喧嘩が好きで、皆から恐れられ、よくいじめをする子だった。もう一人は、何かにつけて熱《いき》り立ち、すぐに手を出すところがあった。おそらく学校一番の優秀な先生が、G君を指導すべく掴まえようとしても捉えられず、逃げ回るG君を何度か見たことがあった。

僕は接触を努めて避けたが、如何せん同じ字の者であるから、常に登下校時等は一緒であり、その上家も一軒おいた隣の家だったので、学校でも帰宅後も気が休まることがまるでなかった。しかも、この島では、夕方五時頃になると、いっせいに小学生や中学生全員が相撲稽古場やバレーコート等のある広場に集まって、運動したり勉強したりする慣わしがあったから、二人にいやが上にも顔を合わせなければならず、なおさら気が重かった。まさに、怨憎会苦。とにかく、この島では、怯えて一日たりとも気の休まる思いをした覚えがない。

そのことは、転校当初からあった。村では、よく夕方等集まって、バレーや野球などをしたが、僕もよくプレーした。元来、スポーツは種類を問わず、得意である。野球では、学校代表の選手としてショートを守ったし、相撲では村の同学年で僕に勝てる者はいなかった。転校前の学校でも、同様であった。とにかく、スポーツは得意で自信があった。

四年生になった秋頃のある日、例によって、集まり、皆で野球をしていたら、僕をしきりに野次で罵倒する者がいた。見たら、同学年で同じクラスのY君であった。Y君は、国語の勉強はよくできる方だったし、また日頃は臆病そうに見えたから、彼の野次には驚いたが、その野次罵倒がひどく意地悪で、それも連日のように続いた。さすがに、僕はとうとう堪忍袋の緒が切れ、彼に殴りかかって、決闘を挑んだ。しかし、何ということか。彼は、泣いて、家の方に一目散に逃げて行ったではないか。彼の家の門の方まで追っかけて行ったが、家に逃げ込んでしまったから、後はどうしようもなかった。

僕が一対一の喧嘩をしたのは、この時がはじめてであった。もちろん、喧嘩は良い気持ちのするはずもないが、見知らぬ土地に来た者に対する村の子の振る舞いが屈辱的で耐え難い思いがしたからだったから、致し方なかった。

よく一緒に遊びはした。が、戯れてはいても、心はいつも独りだった。遊びや学校帰りの時等に、餓鬼大将等いや悪大将に何か言われても、決して従うことがなく、口では決して負けなかった。その分、一層憎らしく映ったのかも知れない。

勉強は好き、しかし学校へ行くのは嫌い。いや、怖い。何とも奇妙であるが、それが真実であった。なぜか。もちろん、いじめを受けるからである。では、いじめを受けた時、どうしたか。僕の行動は、いつも決まっていた。それは、先生の所に逃げ込むことだった。先生がいつも防御して下さったのだった。僕として、それしか手段がなかった。というのは、相手はガキ大将で一番喧嘩が強いばかりでなく、村の子はみんな、彼の味方であるから、僕は全くの孤立無援だったからである。真に幸いなことに、僕はどの先生方からも可愛がられていたから、何かあれば心安く先生の懐に飛び込めたのだった。かえすがえす、有り難き幸せであった。もし先生方がかばって下さらなかったら、どうなっていたのだろうか。

とにかく、学校でも家でも独りであったが、その思いが強ければ強いほど、いつも益々募る思いがあった。その思いは、山仕事に行った時にはなお募るばかり。山に登れば、見晴らしがよく、一望千里である。近くの眼下には、野原や沖縄一と言われる湿地帯の「田名のタームイ（沼）」が見え、遠くには広がる海が見渡せる。その湿地帯には、鴨等、季節ごとにいろいろな水鳥が飛来してきた。そのため、本島からアメリカ人のハンターがレジャーでやって来ては、銃声を轟かせていた。海は、本土航路となっていて、行き交う大型船が目に入り、その向うには本島の島影が映っていた。その島影は、季節や天気によって、時に幽かに見え、また時には迫って見えたりする。その度に、募る思いは心臓の鼓動を感ずるほどに、激しくなるばかりであった。その島影の見える本島北部の遥か南の彼方には母がいると思うと、涙があふれて、「なぜ僕はこの島に独りいるのだろう」との思いが強くなっていった。

つまり、僕はいつも独りぼっちという思いから離れられず、「こころも健やかに」ということからはほど遠くかけ離れていた。それどころか、その思いは、学年が進むと共に強くこそなれ、決して解消されることはなかった。いじめの時は、先生の懐に飛び込めばよかったが、独りぼっちの思いを鎮めるためには先生にすがる訳にはいかなかった。縋《すが》れるものは何もなく、一人としていなかった。もちろん、お爺さんやお婆さんもいたが、思いが通じるはずもなかった。兄もいたが、その兄も歳は二つ違いであり、僕と同格でしかなかった。叔父さんは、学校のある隣村の校長住宅に住んでいて、日頃は会うことはほとんどなく、年に一度だけ正月等にお爺さんの所に来た時に会うぐらいであった。その叔父さんにも、打ち明けて話す気にはなれるものでもなかった。

## （1）母への慕情と映画

### イ．「悲しき口笛」

そのような時、まさに晴天の霹靂である。この島で、美空ひばりの「悲しき口笛」（昭和二十四年）が上映されることになった。昭和二十五年の夏頃のことである。なぜ、この最果ての島まで来ての上映なのか。終戦後間もない頃に、しかもデビュー直後で封切間もないひばりの映画が、どうしてあの連絡船の舟艇に乗って、ここまで辿り着いたのか。想えば思うほど不思議であるが、その映画が上映された。劇場は小学校の校庭、校舎の壁をスクリーン代わりにして、上映された。外ではあっても、闇夜であるから、普通の劇場と変わることがなかった。入場料は、米一合だった。

「悲しき口笛」は、物心ついてはじめて見た映画であり、その主題歌ははじめて聞いた流行歌である。映画のストーリーは、戦争のため離れ離れになっていた兄と妹が、紆余曲折の苦難の末、「悲しき口笛」の歌をきっかけに奇跡的に相見える、という話である。

舞台は港横浜、戦地から復員した兄の田中健三（俳優：原保美）が、帰って来て見ると家は焼かれ、妹のミツコ（美空ひばり）は行方不明であった。他方、ミツコはやむをえず、浮浪の生活をしていた。今や、二人の唯一の絆は、音楽を志していた兄が戦地に赴く際に作ってミツコに渡した歌・「悲しき口笛」だけであった。二人にはいろいろな事件が起こるが、結局、ミツコは歌のうまさが非凡であり、その才を活かしてアルバイトのビヤホールで歌っていた時、兄健三は聞き覚えのある感動的なその歌に引かれてホールに入る。その時、目にしたのは、歌っている妹のミツコであった。兄妹は感激的に出会ったのであったが、その縁となった「歌」が「悲しき口笛」だったのである。

「悲しき口笛」は戦争で離れ離れになった兄妹が歌を絆に感激的に相見えるという話であるが、この「悲しき口笛」は僕にとってもそのまま『悲しき口笛』であった。「兄」と「妹」を『母』と『僕』に譬えれば、離れ離れになっている姿は何も変わらない。恋慕う心は、兄妹の仲と親子の縁とは血の濃いさから言えば優劣はない。

映画を見て、無心に母が恋しくなったことが忘れられない。

## ロ・「母三人」

同時に、上映されたのが、「母三人」(昭和二十四年)である。ストーリーは、不倫の子をめぐる三人の母の人間模様を描いたものである。

浅草のしがないコーラスガールの時子(水戸光子)には、愛人の葛原三郎(夏川大二郎)がいた。その彼が結婚すると聞いて、時子は愕然とする。葛原は商事会社に勤めていたが、その重役から令嬢（入江たか子）との結婚を申し込まれ、断り切れずに承諾してしまう。時子は、二人の結婚式に駆けつけ、晴れ姿を見ている最中に失神して倒れてしまうが、その時すでに葛原の子を宿していた。しばらくして、生れたのが良太郎である。生みの母は時子（水戸光子）、雨に嵐にまた降る雪の荒野をさまよう。育ての母はお光（三益愛子）、草深い山里の農家で我が子のように育む親。義理の母は立花真砂子（入江たか子）、夫の不倫の子を我が子として育てんとする親。三人の母親が一人の子を我が子として引き取って育てんとする母性愛にまつわる人間模様の物語である。

当時、「母」という言葉を聞いただけでも胸打つものがあったが、「母三人」では、母子が離れ離れになって運命に翻弄される子の姿を見て、それがまるで我がことのように映り、とめどもなく涙が流れてしかたがなかった。兄妹といい母子といい、互いに離れればなれの愛の流転の物語をえがいた二つの映画が、僕が母と離れて住む伊平屋島に居た時に上演されたのは、偶然とも思えぬ運命的なものさえ感じられる。

つまり、伊平屋島では見聞きするものすべてに、母恋しさが募るばかりだった。学校でも、家でも、山に行っても、映画を見ても、恋しさは益々募るばかりだった。しかし、僕の心の中を解る人は誰一人としていない。まったくの独りぼっちだった。

　そのような時、夕暮れなどには、おのずと足がいつも浜辺に向かっていた。浜辺は家のすぐ近くで、ちょっと出た所にある。そこにはわずかに盛り上がった広場があり、その下に白い砂浜が長く続いて、渚がある。月の夜には、波が静かに寄せては返す。浜には、浜昼顔が一面に生えて視界は四方に広がり、正面の遥か彼方には本島の辺戸岬から連なる山々が遠く霞んで目に入る。昼ですら静かな浜辺は、夜になると、一層静まりかえる。夜のしじまの浜辺に寝ころべば、物音一つなく、聞こえるのはただ静かに寄せては返す波の音だけである。時折、浜千鳥が飛んで来ては、波打ち際で鳴いては戯れていた。いかに心の中で母に呼びかけて叫んでも、大海に向かって叫ぶ犬の遠吠えにひとしく、母が現れるはずもなく、波はただ寄せては返すだけである。それでも、いつも、浜辺に行く。浜辺に行けば、海が見え、連絡船が浮かび、本島が霞んで目に入って、無意識にも母に近づかんという思いに駆られるのだろうか。解ってくれるものが誰もいない時、人はただ自然と自然に心が向いて行くのかも知れない。目の前の無心に戯れる千鳥の姿を見ると、心がきっと解ってくれるように願っていたのだろう。

　千鳥のイメージは、なぜか寂しく、物哀しい。夜なく浜千鳥は、特にそうだ。千鳥には、昔からの伝説があると言われる。夜鳴く千鳥の声は、親のない子が月夜に親を探し求めている声だそうだ。学校で教わった「浜千鳥」（作詞：鹿島鳴秋、作曲：弘田龍太郎）の歌は、きっと千鳥の心を映し、作詞者の心を映しているのだろう。それは、また、千鳥に逢いに行く僕の心でもあった。「月夜の浜辺に親をさがして鳴く鳥」も、「夜鳴く鳥の悲しさは親をたずねて海越えて」消えて行かんとする鳥も、僕の心を千鳥が解ってくれるように思えてならなかった。

つまり、「心ものびのびと　健やかに」とはいかなかった。それどころか、寂しい気持ちは、学年が進むにつれて日々に強まりこそすれ、この島に居る限り決して薄れゆくことはなく、また慰められることは何もなかった。

母の住む　遠くにかすむ　本島を
浜辺に出でて　独り眺めり

## ⑵ 勉　強

伊平屋島での生活は、シンプルそのものである。自然と共に生き、自然と共に呼吸をしているからである。朝起きて掃除をして、仏壇のお茶と花を代え、芋を食べて、学校へ行く。弁当も芋二個を包むだけ。下校したら、山か畑か田圃に行く。帰ってきたら、また、芋か雑炊を食べる。その後は、しばらくして寝る。生活は、毎日、その繰り返しである。この生活は、この島で暮らした間中、例外がなく、一年中変わることは決してなかった。村中の子供は、皆、変わらない。

したがって、勉強は学校でやるだけである。家で勉強をすることは、ほとんどない。なぜか。まず、野良仕事で働かなければならないからである。働くのは、もちろん生きていかなければならないから。小学校三年生にもなれば、労働の面からはもはや子供ではなく、完全に大人である。つまり、毎日操業度が百パーセントであるから、時間も心も余裕がまったくない。

また、本が全然ない。この島で、個人にも、村でも、学校でも、「本」を一度も一冊も見たこともない。学校には、図書室等ももちろんない。真に不思議なことではあるが、事実である。終戦後間もない頃という時代の影響も大きいかも知れないが、とにかく本がない。勉強しようにも、あるいは読もうにも、どうしようもない。自主的に勉強することは、およそ無理である。何か読みたいという気持ちすら、起こりようがない。今、想いかえしてみると、小学校時代、教科書以外の本を読んだ記憶がまるでない。印象に残るような感動的な本を読むこと等、夢のまた夢である。伊平屋の海や山等、自然はいかにすばらしくとも、それを本で調べ確かめる方法は皆無である。新聞すら、一度も見たこともなかった。つまり、教科書以外の本を通して勉強することはまったくなかった。

さらに、当時の生活環境が厳しかった。終戦後間もない頃であるから、すべての事情の面で厳しかった。当初は藁敷きの部屋であり、電灯はおろか、石油ランプにもこと欠く有様だった。石油は、ランプに使うだけでなく、何か怪我などした時に薬代わりによく使われる高価な貴重品であった。だから、勉強等でランプを使うのは金を食うばかりで、何の役にも立たない。とにかく、教科書を読んで勉強しようとしたら、待ったがかかった。「なぁ、ようき！」と。『もう、よしなさい』と、お爺さんによく言われた。つまり、勉強は石油を食うばかりで、その上何の役にも立たないのだ。

もちろん、進学のための受験勉強等、考えられるはずもなかった。かえすがえすも述べるように、毎日が学校へ行って、帰って来たら山へ行く生活である。ただ、そのような環境ではあっても、唯一怠りなく必ず行なったことがある。それは、予習・復習である。本等何もない中で、活字としてあったのは教科書だけである。読むのは教科書だけであり、明日の授業で解らないところはないか、事前に調べて、国語等読めない漢字等はお爺さんに聞いたりして、予習も怠ったことがなかった。特に、転校当初は後れていたために、授業が解らず、学校から帰って来ては、夜など泣きながら予習復習の勉強をしたことが今も記憶が鮮烈である。

なお、おもしろく興味深いことであるが、伊平屋島では「字」対抗の学力競争が行われる慣行があったようで、僕達兄弟が転校してきたために我が「字・前泊」が一番になったと聞いて字のみんなに喜ばれたことが印象として残っている。兄は成績がよく、学年で一番だったようである。

勉強で　大事なことは　何よりも
教わることの　予習復習

## (3)「二宮金次郎」

父は戦死、母とは遠く離れて暮らす伊平屋島での生活で、僕の心はただ浜千鳥に話しかけるしかない日々であったが、そのような中で、僕を励ましてくれたのが唯一つあった。それは、「二宮金次郎」の銅像である。金次郎の銅像は、学校の職員室の前の校庭にあった。なぜか、僕は、いつも、よく金次郎の周りで遊んだ。特に、そのコンクリートの台座に、それをキャッチャー代わりにしてソフトボールを投げつけて、はね返ってきたボールを拾ってはまた投げる。それを、延々と続ける。野球の選手であったから、その練習でもある。特に、カーブを投げる工夫をするような練習では、熱が入った。もともと、スポーツは好きであり得意でもあるから、厭きること等まったくなく、夢中になった。この時が一人で居ながら独りではなくなる時であったが、何よりも金次郎の側に居ることが何故かしら安堵感を覚えたのだろう。一番、心が落ち着いた。

本も何もないから、金次郎のこと等読んで解るはずもないが、なぜか金次郎に親しみを覚え、頭を垂れる。おそらく、金次郎のただ一人歩いて、働きながら本を読んでいる姿に、心が通うものを覚えたのであろう。その頃、「二宮金次郎」の唱歌を習った影響も、きっと大きかったかも知れない。あの「芝刈り縄ない……」の歌である。昼間は草刈り薪取り夜は縄を綯《な》うのはごく日常のことであり、毎日がこの歌通りの生活であったから、金次郎唱歌は僕にとっては単なる唱歌ではなかった。それは伝記唱歌であるばかりでなく、生活唱歌であり、また教訓唱歌でもあり、さらに倫理唱歌であった。おしなべて、僕を慰め、元気づけてくれた人間唱歌である。伊平屋島で頼れるものは何一つなかったから、何か苦しい時寂しい時は、いつも金次郎を心に抱いて生きていたと思う。金次郎は、僕にとっては単なる偉人にとどまらない。偉人であるばかりでなく、僕を励まし支えてくれた父であり、母であり、恩人である。伊平屋島で一番尊く印象に残るのは、有り難くもこの二宮金次郎の銅像である。

縁とは、不思議なものである。後日談であるが、大学生になった時、この二宮金次郎の曽孫にあたる先生に実際に教わった。お名前は「二宮尊道」とおっしゃり、東大の御出身で英文学が御専門の先生であったが、教養部で英語を教わった。噂ではすでに耳にはしていたが、実際にお目にかかったのは授業の時であり、先生御自身が金次郎の直系の曽孫であると自己紹介された時は感激した覚えがある。また、後日、実際に小田原の「二宮金次郎神社」を訪ね、生家や墓等にもお参りをし、その時入手した小さな「銅像」はいつも書斎にある。

なお、二宮神社の「二宮金次郎銅像」には、次のような説明が付されている。

「昭和三年　昭和天皇の即位御大礼記念として　神戸の中村直吉氏が寄進したもので制作者は　三代目　慶寺円長　材料はブロンズ　その後　これと同じ像は全国の小学校などに向けて約一千体　制作されたが　戦時中すべて供出に遇い　現在残っているのは　この一体だけである。なお、この像は当時のメートル法普及の意図を反映して　丁度一メートルの高さに制作されている。」

伊平屋島　われを支えし　礎は
薪背負い読む　金次郎像

二宮金次郎
伊平屋小学校校庭
（撮影は名嘉丈祝氏）

## 4　小学校卒業

伊平屋島では、きわめて質素な生活の日々であり、母と離れて暮らす寂しさは変わることはなかったが、転校当初の戸惑いも乗り越えて、結局、伊平屋小学校には三年間余り在学し、卒業した。昭和二十六年三月二十四日のことである。

卒業式の式場は、日頃慣れ親しんだ教室が変身した場所だった。つまり、教室は日頃は取り外しのできる戸で仕切られている。その戸を外せば広い講堂に早変わりした。講堂や体育館のない時代であるから、恵まれていた。

僕は最優等であり、「村長賞」を受賞した。村長賞はその年度からはじめて設けられた賞であったが、学業が優秀で、品行方正、かつ全校児童の模範となるような児童に与えられた。全学年から二人が選ばれ、受賞者は四年生の女子と六年生の僕だった。賞品は、大きな「そろばん」と「英語の辞書」であった。

卒業式は、厳粛そのものであった。「蛍の光」に「仰げば尊し」の歌をうたい、さらに「卒業式の歌」を歌った。その歌は今ではめずらしく、また心の引き締まる歌であるから、記しておく。

なお、僕は、卒業式の時に一人飛び入りで「一寸法師」の歌を歌い、喝采をあびた。

一、長き歳月　ねんごろに
教えお受けし　海山の
その御めぐみは　千代かけて
忘れはせじな　師のきみよ

二、今日より明日は　ますますに
志をば　かためつつ
身を立て家の生業を
いざや興さん　国のため

「卒業式の歌」は戦前からの歌であり、表現も文語調で、やや封建的で国家主義的な趣があるが、学恩への感謝と堅固な志の向上保持とを謳った意義には普遍的価値がみとめられよう。なお、「ねんごろに」は「ねもごろに」とも歌われる。

この島で　習いし歌の　数々は
心にしみて　永久に忘れじ

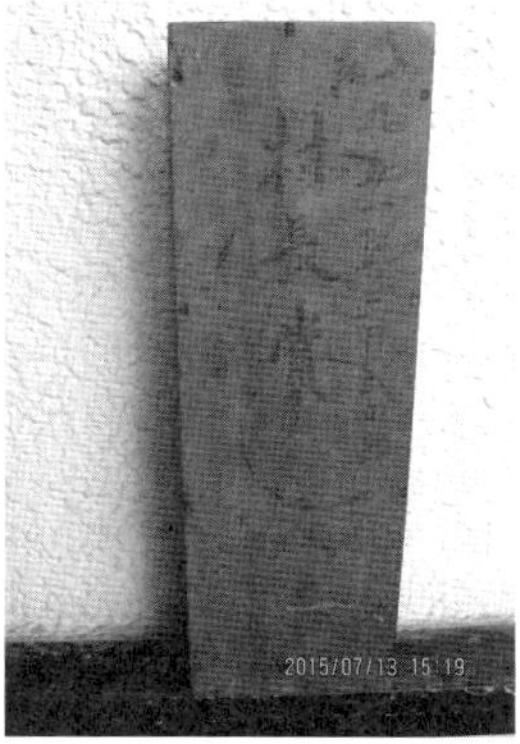

「一九五一年三月
二十四日　村長賞」

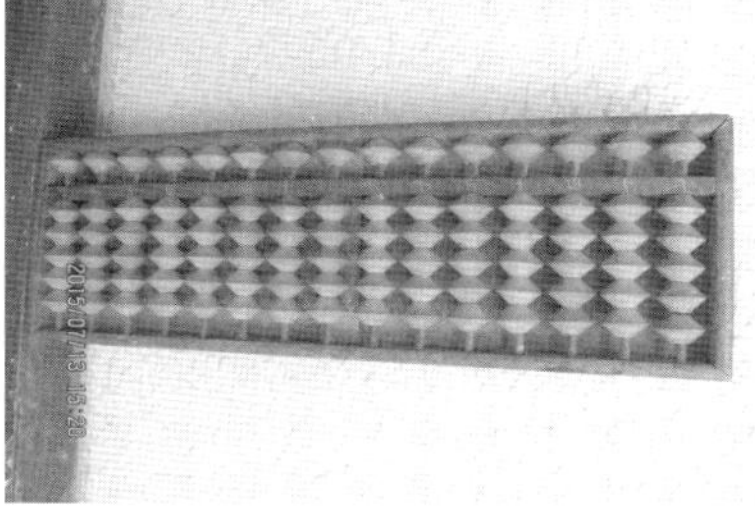

村長賞の賞品のそろばん

二宮神社　二宮金次郎銅像

# Ⅵ 伊平屋中学校の生活

（昭和二十六年四月〜同二十七年八月）

中学校に進学したのは、昭和二十六年四月のことである。島には、中学校は一つしかないに等しかった。離れ伊平屋島のまた離れ島の字「野甫」にも小・中学校はあっても、そこは規模からいっても両者共に分校的存在でしかなかった。

中学校は、住んでいた前泊村と小学校のある我喜屋村とのちょうど中間の所にあった。校舎や教室は新品で、二棟は藁葺屋根であり、一棟は瓦屋根の教室もあった。職員室や三年生は瓦葺き教室で、一年生は藁葺き教室であった。校舎が新設であるのは、それまで小学校と同じ校舎を使っていたのが、六・三制の学制改革により中学校が独立することになったからなのであろう。小規模ながら、各学年共に二クラスで、一クラスの生徒数は四十余人ほどであった。

場所は、高台にあって、裏手は山で、東側には大きな岩の塊の「虎頭石《とらずいし》」があり、西側には村役場があった。高台からの見晴らしがよく、目の前には本島を望む海が遠く広がり、小学校の場所とは違って、世界が果てしなく広がって行くような予感を抱かせた。

中学校は村からより近くになったので、登校時間も半分ほど楽になった。ただ、ここは何と言っても伊平屋島である。初夏などの時節には、早朝の登校は緊張した。と言うのは、教室への登校はハブの方が早いことがしばしばあったからである。天井は萱が裸のままむき出しの状態であり、壁も萱で囲っただけであった。教室に入る時には、いつも狭い入口から恐るおそる天井や上下左右に目を配り注意しながら入るのが常であった。授業を受けるのも命がけだったが、その上、中学校にはハブより恐い先生がいた。

## 1　授業の様子

授業は、長閑であった。一年生の社会科の時間等で、こんなことがあった。九州地方の地図に関する勉強で、ある時間、先生がおっしゃった。「九州地方のすべての県が言える者、手を挙げろ！」と。僕は、「はい！」と手を挙げた。先生は、「よし！君は運動場に出てよろしい！」とおっしゃる。その時間中を、運動場で得意の鉄棒をやって過ごす。なんとも、痛快な授業だった。しかし、運動場で遊んでいるのは僕だけだから、なんとも妙な気持がしたことも忘れられない。先生のお名前は、「名嘉政功」先生とおっしゃった。師範学校出身の優れた先生だった。

また、ある時、国語の時間で、はじめのちょっとの時間だけと断って、先生が「小説」を読んで聞かせてくださった。小説というものを目にしたこともなければ、耳にしたことももちろんない。小学校の頃、この村の何処にも本と呼ばれるものは何一つないと思っていたからである。ところが、先生は小説の「本」を読まれた。しかも、内容がおもしろい。先生は、しばらく読んで、ここでお終いと言われる。しかし、僕達は授業よりも「小説」がおもしろいから、せがむ。先生との鬩《せめ》ぎ合いで、結局僕達が勝ち、その時間ずっと小説を読んで下さったのだった。僕達は大満足だったが、先生もほんとに嬉しそうだった。新参の若い女性の先生で、実にやさしい先生だった。お名前は、「比嘉節子」先生とおっしゃった。

さらに、国語の時間に、黒板に「恋愛」という字を書き、先生は「読める者はいないか」と僕達の方を見つめる。この字が読める奴はちょっと変だぞと言わんばかりの表情で、その顔はゆるみ、にこやかである。生徒は、手を挙げて、みな争って口々に言う。しかし、その授業時間中をかけても正解はなかった。授業の終わりに、先生は意味ありげな笑いを浮かべながら、正解をおっしゃったのだった。男性の先生であったが、なぜか本島と伊平屋島を行き来してる風があった。力のある先生だったのだろうか、特に演劇等の指導の上手な先生であった。

## 2 生活の様子

中学校には、一年半、在学した。

学校生活にも、随分慣れてはきた。とは言っても、状況は小学校の時と何ら変わることがなく、相変わらずの毎日であった。学校へ行き、帰ってきたら野良仕事の日々である。島の出身ではないから、渡って来た当初は、何かと戸惑い、草刈りや田圃を耕すのも見様見真似《みようみまね》であった。が、しばらくしたら何の見劣りすることもなく、完全に百姓仕事ができるようになっていた。はじめの頃、お爺さんは、田圃の耕し方を教えながら、よく「上手、上手！」と褒めていたが、もうそう言う声も聞かなくなってから久しくなっていた。ひょっとしたら、お爺さんは僕にこの島での百姓の後継ぎを期待していたに違いなかった。兄に比べて、なぜか僕の方が可愛がられていたのも、何か意味があったのかもしれない。もともと、この島へ来たのも、僕を養子にする意図があったことを思えば、うなづけることである。日々に歳を重ねて衰えて行くお爺さんの姿を思えば、なおさらである。

この頃、お爺さんがしきりに言うことがあった。それは、働けば働くほど『ワタクシグァー』が増えるよ」ということだった。ワタクシグァーというのは、「私」に「グァー」という沖縄的な愛称的言葉をつけたものである。すなわち、私有財産のことだ。働くほど自分の財産が増えるよ、ということである。鶏はひよ子を増やせば自分の鶏が増え、山羊も子山羊を増やせば自分の山羊が増えて財産が増えるよ、ということである。実際、そう言われると、草刈りも楽しくなり、バッタ（飛蝗）取りにも熱が入るものだ。バッタは鶏の一番の好物であるから、取ったバッタを笹でつるして随分取ったものである。バッタは稲の害虫であるから、バッタ取りは一石二鳥である。

百姓生活が何年も続いてくると、特徴が出てきた。体が傷だらけである。左手は鎌の切り傷、左足は鉈の切り傷だらけである。小学生の時、山に薪を取りに行って鉈で左足を切り、大きく傷つけて出血が止まらず痛くて泣き顔で帰って来た時があった。その傷を見るなり、お爺さんは布に石油を浸して、消毒だと言ってその布を傷口にくまなく当てて撫でた。ただですら痛いのに、石油を浸けられたからたまらない。痛さできりきり舞いしたことが忘れられない。その傷は、今もお医者さんから、「ここの傷はどうしたの！」と訊ねられるほどである。足に限らず、体に何か傷をつけたら、石油を浸けるのが常だった。薬も何もない頃である。お爺さんにしてみれば、大事な石油を使わせてと思っていたのかも知れない。伊平屋島で怪我でもしたら、ほんとに大変である。鉈で傷をつけたのは左足であるが、鎌で傷つけたのは左手である。左手は左足以上に傷だらけである。他方、利き手の右手と軸足の右足には傷がない。

お陰で、僕の手は、左手は百姓の手右手は貴族の手のようだ。その手は、生まれは都会の首里那覇で・育ちは田舎を、よく表現している。

## 3　心の傷

体の傷以上に傷ついたのが、心の傷である。

中学校に進んでも、ガキ大将の態度が変るはずもなく、その傾向は益々目にあまるほどだった。子供の頃どこにでもいるようないわゆる単なるガキ大将ではなかった。相変わらず、優秀で指導熱心な先生から、彼が追っかけられている姿をよく目にしたからである。僕に対する態度も変わることがなく、僕の彼に対する態度も変わることがまったくなかった。彼は頭は決して悪い方ではなかったが、中学生になっても体格が大きい上に性格が粗暴に映った。その上、おそらく僕に対しては、彼の言うことを僕が聞かないため他所者意識を持っていたに違いない。この意識は、彼に限らず、村の子供達みんなが同じような意識を持っていたように映った。僕は僕で、同じように自らに対して他所者意識があった。あまり打ち解けることなく、仲間はずれにされているという意識が消えることは終になかったのだ。怯える日々であったことに、変わりはまったくなかった。

そのような日々であったから、終に、この島で親しい友ができることはなかった。真に寂しく残念なことであるが、如何ともし難いことである。他の村には実に心やさしい友達も随分いたが、同じ字同士の者だけがより親しくなる風土があったのかも知れない。このことは、結婚等も明らかに同じ字出身同士の者だけの間で行われる傾向が強く残っていることからもうなづけよう。

わずかに、心が安らぎ心を繋ぎ留めたのは、伊平屋島の生活に慣れない僕を、いつも野山に誘ってくれたり遊んだりしてくれた心やさしい一年先輩のお蔭である。薪取り草刈りも、いつも一緒だった。その時だけ、救われる思いがした。勉強も一緒だったので、いつの間にか一年上の学年の勉強内容も身についてしまっていた。その心やさしい先輩こそ、西江重信さんである。西江さんは、心やさしくなかなかの活発な人である。

それでも、結局、中学生になっても、寂しさは和らぐことがなく、伊平屋島に来て以来、心底心が安らぐことはなかった。心の底を流れているのは傷ついた心であり、母への思いも益々募るばかりであった。そのような時、浜辺におのずと足が向くことも何の変わりもなかった。

## 4　伊平屋島と歌

不思議であるが、伊平屋島では寂しく哀しいような歌が何処からともなく耳に入ってきた。

本島から離れた最北の孤島のゆえであろうか、この島の風土が寂しい心をより敏感にするのであろう。その一つに、「異国の丘」（作詞：増田幸治、補作詞：佐伯孝夫、作曲：吉田正）がある。

## （1）心の歌の数々

### イ．「異国の丘」

今日も暮れゆく　異国の丘に
友よつらかろ　切なかろ
我慢だ待ってろ　嵐が過ぎりゃ
帰る日が来る　明日がくる

この歌をはじめて耳にしたのは、中学一年のある夏の日暮れ時、草を背負って一緒に家に帰るある先輩が口ずさんでいるのを聞いた時だった。その先輩は、本島の高校に進学していた人であったが、夏休みで帰省していたため、一緒に草刈りに行ったのだった。およそ見るからに寡黙で真面目そうな人であり、歌など歌う人にはどうしても見えなかった人が歌いだしたから、強く印象に残っている。伊平屋島を離れて本島で暮らすその人には、本島が異国に映ったのであろうか、異郷での暮らしが寂しく思われたのであろう。「異国の丘」は、聞くなり僕の心の琴線に共鳴した。「今日も暮れゆく　異国の丘に……我慢だ待ってろ　嵐が過ぎりゃ　帰る日も来る　春が来る」の歌の中の、「異国の丘に」と「帰る日も来る」の言葉に胸が締め付けられる思いがした。

また、藤山一郎の「長崎の鐘」や小畑実の「高原の駅よさようなら」、それに渡邉はま子の「いとしあの星」がそうである。これらの歌がラジオも何もないこの島にどのようにして入って来たのか不思議であったが、何れも永遠の別離また離れて暮らすことの悲しさや切なさを歌ったものである。特に、「いとしあの星」の歌には諦めと絶望感を覚えたのだった。「……夢でみたみた　いつかの夜　夢で話したその人は　骨も命も　この土地に　みんな埋めよと　笑い顔」、この島で暮らすのが運命なのかと、心は悲しく乱れるばかりであった。

折しも、本島出身の新崎盛睦・喜久子の両先生夫妻が、伊平屋島を離れて本島に帰られることになった。確か、僕の転入の一年後に小学校に赴任して来られ、その後盛睦先生は中学校に移られたが、両先生ともオルガンが上手だった。僕は直接教わったことはなかったが、他の教室で教えられている時にオルガンや歌声が耳に入って来たのだった。この両先生の音楽が耳から入った教えは、驚くほど多い。離任にあたって、盛睦先生が一年上の生徒に教えておられたのが、「故郷を離るる歌」や「菩提樹」であった。何度も何度も繰り返し教えておられたので、その歌声が僕の耳底に今も残るほどである。この先生の「本島へ帰る」の言葉が心に突き刺さって、やるせない気持ちに駆られた。

この島では、話せる人はなく、友もなく、読んで支えてくれる本もない。頼れるものが何一つない中で、話しかけられるのは自然だけであり、また言葉になるのは歌だけだったのであろう。おのずと、海を眺め、ほんのたまに耳にする歌にすがるように、救いを求めていたのであろう。この島で、耳にした歌は心に沁みて離れない。その歌は、唱歌であれ、歌謡映画の歌であれ、単なる流行歌であれ、歌の種類を問わず、母を慕う歌の言葉は脳髄まで溶かされるほどに響く。おそらくは、人は生の淵の極限にまで追いつめられたら、その心からはおのずと「歌」が生まれてくるのだろう。僕の心の中では、この島に来て以来いつも、「悲しき口笛」が上演されているのだ。幼くして母から断絶された伊平屋島での生活は、僕の生の極限にあったのであろうか、僕の記憶の最古層にある歌までも蘇えってくるから何とも不思議である。その一つに、姉か従姉（宮城玲子）のよく歌っていた戦前の歌まで浮かんでくる。それは、「月の浜辺」

（作詞鹿島鳴秋、作曲：弘田龍太郎、昭和六年）である。

ロ・「月の浜辺」

一、月影白き　波の上
ただひとり聞く　調べ告げよ千鳥
姿いずこ　かの人
ああ　なやましの夏の夜
こころなの　別れ

二、月はやかげり　風たちぬ
われすすり泣く　浜辺語れ風よ
姿いずこ　かの人
ああ　狂おしの夏の夜
永久《とこしえ》の　別れ

三、月永久に落ち　波立ちぬ
胸あやしく　乱る帰れこころ
姿いずこ　かの人
ああ　寂しやの夏の夜
一人泣く　浜辺

この「月の浜辺」は、僕の心模様そのものである。心の琴線にするどく触れて、如何ともし難い思いに駆られる。歌詞の中の「かの人」を「母」に代えたら、「永久の別れ」も浜辺で「すすり泣く」のも変わるところがない。戦前、従姉の歌っていた歌が蘇えると言うことは、僕の心が極限状態にあって、その心に働きかけてくれる何ものもなかったからに違いない。浜辺にたたずんで、本島の島影を眺めてはうろ覚えの歌を口ずさんでいた。おそらく、この島に来て以来、母と離れて暮らす独りぼっちの心情が醸成されて、次第にその極限に近づいていったのかも知れない。島の生活にいかに慣れていったとは言っても、学年が上がるにつれて、浜辺に向かう日がより増すばかりだったからである。また一つ、心に歌が響いた。「釣鐘草」であった。

## 八・「釣鐘草」

一、釣鐘草の 咲く丘に
寂しく今日も　日が暮れて
ホロホロホロと　なくこえは
親なし鳥の　母恋し

二、釣鐘草の　花びらは
優しい夢の　面影の
涙に濡れて　野を越えりゃ
こだま（小鳥）も啼いて　母恋し

三、釣鐘草の　想い出は
幼い頃の　母の胸

ホロホロホロと鳴く鳥は
涙に濡れて　母恋し

この歌は、中学生になったばかりの頃、学校帰りに上級生の女子生徒が歌っているのがなんとなく耳に入って心に沁みついた歌であった。田名と前泊は、通学路が途中まで、同じ方向である。そのため、両字出身の生徒は学校の帰りが途中までよく一緒になることがあった。下校時の遠い道すがら、誰かが知っている歌等を思わず口ずさみながら帰って行くのだった。「釣鐘草」の歌も、そのような歌の中の一つである。歌の数は、そう多くはなかった。歌うのは田名の女子生徒達で、学年が二、三年上の人達であった。何処でそのような歌を知ったのか不思議でならなかった。が、それよりも不思議でならないのは、通りすがりに耳に入ったに過ぎない「釣鐘草」の歌が心に沁みついていることである。おそらく、僕にとって、上級生の女子生徒が別れてきた姉や母の姿に映ったのかも知れない。しかし、何よりも「親なし鳥」の「母恋し」の言葉が、心の奥のそのまた奥の心にきっと響いていたのであろう。僕は、この島では、親なし小鳥だったのだから。しかも、この心を誰一人解ってくれる人もなく、解ってくれるのは、ただ歌しかなかったからなのであろう。島の子供達に、僕の心が解るはずもなかった。

島影の　映る浜辺に　寝ころべば
彼方の島から　母の声聞こゆ

「釣鐘草」は、「カンパニュラ」と呼ばれ、英語名は「ベル・フラワー」(bell flower)、和名は「風鈴草」で、別名「釣鐘草」、俗名「蛍袋」等と呼ばれて親しまれている。釣鐘草と言う名は、その花の形に由来している。

「釣鐘草」の歌は、昭和十五年に上演された映画『釣鐘草』の挿入歌である。なかなか見ることのできない映画であるが、最近、偶然にやっと観た。映画で歌うのは、十七歳のデコちゃんこと「高峰秀子」である。弟へのあふれる愛情の滲むような歌声だ。

映画のあらすじは、時は昭和十五年、ある村里に住む母を慕う姉と弟の愛の物語である。

姉「ゆみ」(高峰秀子)は女学校上級生、弟「ゆうちゃん」(小高たかし)は小学校一年生。村里に住む姉と弟は裕福な家庭の子だったが、父親が小原庄助さん顔負けの酒におぼれて身上をつぶし、あげくの果ては世を去ったため、一家離散となる。母（澤村貞子)は実家に帰り、姉と弟は母方の叔父・叔母に引きとられる。叔父・叔母は、女学生の姉が成績優秀なため高等女学校から女子大学へと進学させてあげるようにと、先生から懇願され、ゆくゆくは医者にしたいと承諾する。一年生になったばかりの弟は、何かと反発・やんちゃをして、姉を困らせて、あまえる。

母と離れて寂しく暮らす姉弟は、母の写真の貼ってある大事なアルバムをそっと見ながら、母への思いを募らせていた。母への思慕切なるものがあったが、その母が再婚するとの噂を姉は耳にしてしまう。その悲しさと不安をこらえて、ことの真相を確かめるため母の元へ行くと、娘の幸せを願うお爺さんは「孫も可愛いが、娘も可愛い。まだ若いし、結婚して幸せになってほしい。」と娘に願い、孫の姉にも解ってくれるようにと説得に努める。真相を知った姉は、「お母さんはよその人のお母さんになるのね！」と悲嘆のあまり、母の家から飛び出し、叔父・叔母さんの家に逃げるように帰る。

戻って見ると、「女子師範学校合格」の知らせが届いていた。母の再婚の話を聞いて、姉は弟を母親代わりになって世話してあげたいとの心に駆られる。その一心から、早く働ける先生になるべく、大学進学から方向転換して女子師範学校に入学したのだった。寄宿

舎に入寮して、荷物からアルバムを取り出して見てみると、挟んであったはずの大切な「釣鐘草の押し花」と「母の写真」がない。それは、弟がそっと取ったためであった。母と別れ、今度は姉と離れて寂しく暮らす弟が母と姉の墓び草に、写真と釣鐘草を枕元に忍ばせて寝るためであった。

弟は、その家の子供達が楽しげに遊んでいる「回転木馬」を見て、欲しくなり、姉は弟にきっと買ってあげることを約束する。そのお金調達のために苦心惨憺しながら、学校生活を送っている時、授業中に突然「弟危篤」の電報が届く。友の情けで手にしたお金で約束の回転木馬を買って、弟の元に矢のごとく帰る。辿り着くまさにその寸前に、弟は息を引き取った。その時、弟は、「回転木馬・回転木馬」とうなされながら、釣鐘草を握りしめて……。嘆き悲しむ姉は弟に釣鐘草を添え、母がいつまでも自分達の母のままでいる決意をしたことを告げる。

弟を祀る墓は、釣鐘草の咲く小高い丘の上にある。そこには、一本の大きな木が立っていて、その根元に母が座し、姉が立って木にもたれたまま歌う。愛の歌、心の歌を。その歌が、「釣鐘草」なのである。ちなみに、釣鐘草の花言葉は、「信愛・友情」。

通学の道すがら女子生徒の歌う「釣鐘草」の歌を耳にしたのは、確か中学一年生の時であった。というのは、伊平屋には中学二年生の一学期までしかいなかったからである。当時、映画を見ることができるはずもなく、その歌が映画の主題歌であることも分かろうはずもなかったのだから、歌の背景にある映画の趣旨等、知る由もなかった。それにもかかわらず、通りすがりの女生徒の歌が心に深く残っているのは、歌のただただ寂しげなメロディや言葉の端々等から、物語のエッセンスを本能的にキャッチしていたからに違いない。歌ならずとも、僕の日々は、「親なし鳥の母恋し」であり、「涙にぬれて母恋し」の日々である。

その物語は、あまりにも僕達兄弟の境遇に似ているからだ。父戦死のため母と遠く別れて海を隔てた絶海の孤島で暮らす日々は、映画の中の姉弟の寂しさに優るとも決して劣らない。孤島ゆえ、母に逢えるあてもなければ、島から出て行けるあてもなく、居るところはいわば碧き海と空に囲まれた牢獄でしかなかったからである。つまり、物心つきだした小学校三年生から中学一年生頃までの僕にとって、母から隔離されていたばかりでなく離れ孤島に隔離されて過ごすことは極限の精神状態に置かれていたと言ってよい。さらに、この島の人達は同姓の親族からなる村人が多いのに反して、僕達には親戚がたったの一軒もなかったのだから、社会的・精神的にも隔離されていたのかも知れない。そのような「碧い牢獄」の中で、母との別離の寂しさと恋しさの心に、寂しく切ない「釣鐘草」のメロディが共鳴しないはずがなかった。極限の精神状態のゆえに、一瞬の歌声が永遠の歌声となって、いつまでも我が心に残っているのだろう。

## (2) 離島と流行歌

最近になって解ったことであるが、その「釣鐘草」の歌は台湾でも歌われ、また沖縄本島周辺の離島でも村歌として歌い継がれている島があるそうだ。むべなるかなである。というのは、「釣鐘草」は親子の離別の情を歌ったものであるが、離島ほど離別や惜別の情が強くにじみそれに駆られるからであり、いわば島全体が心のアンテナになっているだろうからである。都会や町の日常の喧騒や煩雑さから遮断され、離島の人々は自然と直に向き合い心の御化粧がとれて心が敏感になっているのだろう。つまり、雑念が取り除かれて純粋化され、その結果人間の心の天気模様、いわゆる喜怒哀楽の情に敏感になると考えられよう。同じ惜別の歌でも、本島の町の中で歌うかそれとも人気のない離島の浜辺で歌うかによって、きっと惜別の情が違うであろう。「釣鐘草」も離別の寂しさを歌った歌であるから、離別により敏感な離島で「釣鐘草」の歌が歌われているというのはよく理解できることである。

たまたま、小・中学校の通学の途上、通りすがりに耳にしたに過ぎない歌がなぜ六十数年も経た今でも脳裏を離れないのか、かえすがえすもただただ不思議である。しかも、映画『釣鐘草』の物語も知るはずもないのに。また、不思議なのは、レコードもないはずの「釣鐘草」の歌を、どうして女学生達が知っていたのか。映画も見られないはずのこの島の事情を思えば、なおさら不思議である。

その不思議を解く鍵は、上述のように離島は離島ゆえに隔離されて心が純粋に圧縮化され、敏感になっているということである。いわば、島自体が心のアンテナとなっていることであろう。そのことは、最近一世を風靡した作詞家の中には、離島出身者が目につくことからも理解されよう。例えば、かの「阿久悠」は淡路島の出身であり、また「星野哲郎」は周防大島の出身である。作詞家として世に出るか否かとは別にして、離島の人々は概して作詞家の心を持っているのかも知れない。

遠くかすむ本島辺戸岬　手前は伊平屋島　野甫　伊是名

母の住む　遠くにかすむ　本島を
眺め暮らして　うつむくばかり

# Ⅶ　伊平屋島との別離

（昭和二十七年八月）

## 1　兄との別れ

中学一年生の夏、とうとう異変が起きた。中学三年生に在学していた兄が、母の元に帰って行ってしまったのだった。あまりにも、突然のことであった。なぜ、またどのようにして、帰って行ったのか、皆目解らない。帰るなら、お爺さんと何かの相談があったはずであるが、その気配はまったく感じられなかった。僕に対しても、一言もなかった。疾風迅雷のごとく転校していった。

あの時から約六十四年も経た次兄の後日談である。それは、次のようであったそうだ。

次兄は、伊平屋島での学業成績は僕と甲乙つけ難しであった。成績は学年で一番だったようであり、また僕と同様に「村長賞」を授与された。その授与は僕が小学校で初めてなら、次兄は中学校で初めてのことだった。また、昭和二十七年頃、当時文教局長だった屋良朝苗および喜屋武真栄さんが視察に来られたことがあった。その時、学校を代表して屋良文教局長と握手したのが次兄だった。琉球政府時代であるから、文教局長は沖縄では文部大臣に相当する。

次兄は学校での様子や成績等から考えて、中学生になって高校進学を考えるようになったが、お爺さんの言うことは、いつも同じであったそうである。「私達はお金がないから高校へは行かすことができないよ」と。それどころか、高校へ進学すれば、働き手が居なくなることだけでも重大である。そのため、島から出してくれるかどうかさえ、不安で大変なことであった。当時、兄は中学三年生であったが、お爺さんから「高校にヤルつもりはない。」と言われ、「このまま居たら高校に行けなくなり、大変なことになる！」と、愕然としたそうである。学校での成績は優秀であったはずであるから、お爺さんの言葉がきっと情けなく聞こえたのであろう。

想えば、学校の成績がいかに良くても、また賞をもらっても、褒められた記憶がない。兄も僕も、共に「村長賞」をもらった。しかし、お爺さんとしては、褒めようにも褒められず、兄の離別を止めたくとも止めることができない複雑な心境にあったからなのであろう。

しかし、次兄の進学の決意は固く、お爺さんに思いきって話した。すると、しばらく沈黙の後、泣く泣く許してくれたそうである。その上、お爺さんは、「あなた方（次兄と僕）のお蔭で、山で薪を取ったり、畑や田圃を耕作してくれたり、馬・豚・山羊も飼うことができた。特に、山羊は二頭から十頭まで増やすことができた。だから、ヒロ(次兄)との別れに山羊一匹を御馳走しよう。」と言ってくれたそうである。数日後、言葉通り御馳走してくれたのだった。肝心の「旅費」は、正月ごとにためていた「小遣い」でどうにか足りるとの計算だったそうである。

## 2　伊平屋島との離別

兄が居なくなって見ると、完全に一人ぼっちとなってしまった。もともと、兄とは二つ違いではあるが、同格にしか感じていなかった。というのは、三男の僕と二男の兄とは、沖縄の習慣からか長男の別格優遇扱いとは違い、二人共放し飼いの状態だった。そのうえ、二人は身長もあまり変わらず、学校の成績等も、一切あまり変わらなかった。そのせいか、お互いに、兄を兄とも思わず、また兄も弟を弟とも思うところがなく、あるのは対抗意識ばかりで、火花を散らす日々だったからである。常日頃は、互いに煙たい存在であった。

しかし、一人になってみると、寂しさは隠しようもなかった。

ある時は　ありのすさびに　憎かりき
　なくてぞ人は　恋しかりける

この歌が身に沁みて、「なぜ、僕は一人、この島にいるのだろう」との思いが、日増しに強くなっていった。これは万葉集の歌である。歌の意味は、人は居る時には居るというただそれだけで憎いものであるが、居なくなってはじめて恋しさが募るものである、ということである。学校の行き帰りで、山で、浜辺で、本島の島影が目に入る度に、募る思いは強くなるばかりであった。

募る思いは強くなっていっても、実際にはどうすることもできなかった。船賃がないのだ。この島の生活では、お金は不要なのだ。お金のいるのは味噌醤油を買う時だけであり、それさえあれば、他は何も要らず、生きていける。つまり、完全に自給自足である。だから、僕はお金を手にしたことがほとんどない。少なくとも、お爺さんや叔父さんからお金を貰ったことがない。お年玉さえもである。伊平屋島には、親戚も一軒もないから、ほんとに親戚からもお年玉をもらうはずがなかった。ただ、僕は小学校入学以来、先生方からはよく可愛がられた。そのためか、先生方からたまにお年玉をもらうことがあった。伊平屋島でも、そうであった。

しかし、小遣いはいくらぐらいあったかは、記憶にない。確かなことは、小遣いだけでは本島へ行く船賃は足りないということである。お爺さんや叔父さんが船賃を呉れるはずはまったくない。帰ってほしくないからである。となると、自分で船賃をつくるしかなかった。如何にして。唯一の方法は、「ミシジャー」を作って村の売店に売ることである。ミシジャーとは、枯れてない青い薪の束である。ミシジャーは、豚・米・砂糖等とならんで貴重な換金商品である。しかし、そればかり取ってくる訳にはいかない。日常の生活の仕事があるからである。その合間に、ミシジャーは取って来るしかなかった。コツコツと、一年間かけて。

兄が本島へ帰ってから、一年が早くも過ぎた。二年生の一学期が終って夏休みになった時、終に離島を決行。もちろん、一人である。本島の本部行き連絡船の、あの舟艇に乗った。本部に到着後は、どのようにして母の居る越来村まで行けるか、全然検討がつかなかった。その不安を吹き飛ばすほど、帰心矢の如しだったのであろう。母親の元に帰りたいという母恋しさの一心である。もちろん、お爺さんやお婆さんも、また叔父さんにも、見送られることもなかった。人知れず、一人で出発した。ただ、家の西隣の「与那覇」や「末吉」のおじさんが、御餞別にと言って「五円」を下さったことが、忘れられない。

## 3　伊平屋島で楽しかったこと

### イ．僕の頭は生物図鑑

伊平屋島で楽しかったことはないのか。それは何か。唯一の楽しみは、海の魚釣りである。浜辺には家からほんの数分で行ける。暖かくなりだしたら、山や畑から帰って来ると、まっすぐに海に飛び込む。毎日、海で泳ぐ。伊平屋に行った当初は泳げなかったが、何回も船から海に放り込まれると、終には泳げるようになる。サバニや墜落した飛行機の胴体部分で造ったアルミ製の船に乗せて浜から離れた所に連れて行き、泳げないことが分かっているから、面白がって船を揺らせたり海に投げ込んだりして遊ぶ。その中、泳げるようになるというものである。

泳げるようになると、安心して釣りにも行けるようになる。初めて釣に行ったのは忘れもしない。今でもあの時の感激が蘇える。それは、伊平屋に渡った翌年の四年生になった夏休みの初め頃、浜辺のやや深い潮溜まりで釣った魚である。泳ぐことはできても、浜辺から遠く離れて沖の方に行くのは未だ危険である。そのため、いきおい浜辺近くの潮溜まりで釣り糸を垂れることになる。浜辺近くの潮溜りなどで釣れるものかと半信半疑で釣り糸を垂れていたら、しばらくして手ごたえを感じた。明らかに、糸を引いている感触である。それも、かなり強い。負けじと夢中になって釣竿の糸を引き寄せていると、色鮮やかな大きめの魚が水面に現れてきた。浜辺に釣りあげると、バタバタと勢いよく跳ねている。取り押さえて見たら、白と黒を基調にして口元はオレンジ色がかっており、鰭《ひれ》は空色で、色鮮やかである。驚いたのは、歯が人間のような歯をしていることだった。その歯で糸を噛まれたら、ひとたまりもないと思われるような鋭い歯であった。その魚の名前は長いこと解らなかったが、それが最近「モンガラカワハギ」であったことが分かった。モンガラカワハギこそは我が人生で最初に釣り上げた魚であり、伊平屋島での一番の友かも知れない。もちろん、心の友である。それほどに、印象に残る魚である。

ちょっと慣れてきたら、浜辺から離れて釣りをするようになる。また、良く釣れる魚の種類も解るようになる。海中には所々にサンゴ礁があって、そこでは足がサンゴ礁に着いて、泳がなくても安定して立てる所がある。サンゴ礁の周りには魚も集まるから、絶好の釣り場である。そこで、釣り針に餌をつけて釣り糸を垂れる。餌に魚が食いついたら、タイミングよく糸を引いて釣る。魚が餌に食いついたかどうか、またどのような魚が食いついたかも解る。海中に潜って魚の様子を見ているからである。ここが面白いところ。魚の様子を見ながら釣る。これが伊平屋式魚釣りの醍醐味である。だから、ベテランになると、美味しい種類の魚だけを専門的に釣ることもできる。たとえば、「ミーバイ」いわゆる「ヤイトハタ」がそれである。ヤイトハタは高級食材であって、上品な白身と甘味がセールスポイントである。

釣りは、潮の満ち干に合わせるから、釣りをする時はほぼ一日中海にいることになる。すると、当然腹が減る。その時は、釣った魚の鱗を落として海水で洗いそのまま食べる。食べる魚がない時は、陸に上がって芋畑を探し、芋を掘って潮水で洗い、生のままかじって食べる。芋畑は誰の芋か、持ち主は分からない。空腹感が消えたら、また海に潜って釣りを続ける。

ただ、釣りは一番の楽しみではあるが、いつでもまた何度も行けるようなものではない。というのは、まる一日つぶすわけであるから、大事な野良仕事がその分犠牲にされるからである。釣りに行くことは日常の野良仕事の負担の後回しになることを意味する。このことは、重大である。なぜなら、生活に関わるからである。そのため、釣りに行く時は、その前日に釣りに行く日の分まで野良仕事を済ませておかなければならない。たとえば、休む分山羊の草を刈って置いたり、薪を余分に取っておかなければならないこと等である。さらに、魚の餌はヤドカリ

モンガラカワハギ（フクマー）

であるから、それも前夜にとっておかなければならない。しかし、ヤドカリ取りは、ちょっと危険なこともある。というのは、ヤドカリは阿檀《あだん》の実が好物でその木の下に落ちた実に群れていることがある。だから、一瞬に多くのヤドカリをとることができる。しかし、そこにはハブも潜むこともある。ヤドカリは昼は潜んで夜になると出てきて群れるから、ヤドカリ取りは夜行われるので、いっそう危険である。魚釣りと危険とは裏腹のところもなきにしもあらずである。

この島で、夜中、けたたましく馬の走る蹄の音がしたら、十中八九はハブにやられたと思われていた。それは、ハブにやられた人が島の端から中央にある診療所に馬を飛ばす音なのである。したがって、魚釣りは、楽しくとも、好きなように何度も行けるというものでもない。この島の生活事情が許さない。

なお、海が目の前にあるからと言って、そこで釣りができる訳ではない。釣り場は、サンゴ礁が適当にある所でないと駄目である。そこまでは、渚沿いに約一時間弱歩いていかなければならない。つまり、村はずれまで歩いて行く。そこまで行くのが一番ワクワクする時である。

ヤイトハタ（ミーバイ）

## ロ．娯楽

農村には、娯楽は少ない。娯楽という考えそのものが乏しい。毎日、汗水流して働くのが農村社会だからである。その数少ない娯楽も、都会の娯楽とは違い、農村社会全体の繁栄を意図して行われる。繁栄の中心は、人の健康であり、また作物の豊作や海の豊漁である。作物の豊作の典型は稲作である。それを中心とした祀りであり、かつ祭りである。したがって、伊平屋島の娯楽は、神がかった祭りであり、厳かで、生活祭りである。同島で暮らしたのは昭和二十年代の初め頃であり、世の中がコマーシャリズムの洗礼を受ける前であるから、すべての祭りがきわめてプリミティブで戦前から引き継がれたままの純粋な形で行われていた。いわゆるよく行われていた伝統的な祭祀行事としては、「十三ウーエー」、「トゥシビー」、「アブシバレー」、「シヌグ」、「ウシデーク」、および「ウンジャミ」等である。

「十三ウーエー」は十三歳になった小学校六年生に係るお祝いである。村全体の子供達が一人ももれなくお祝いをする。物心ついてから御祝いをしてもらった最初のお祝いである。仏壇の前に座り、来客の村の人達から御祝いを受ける。当時は、本島ではこのような行事はおそらくなかったであろう。伊平屋島だからこそ行われたと思う。「シヌグ」は、一歳未満の赤ちゃんの誕生を祝い、健康を祈って、子孫繁栄を祈願する祭祀である。「アシャギ」、いわゆる拝所に赤ちゃんの家族が一斉に参集して、御馳走を捧げ、祝詞をあげて、お祝いし健康を祈願する。

何と言っても神々しく行われるのは、「ウンジャミ」であろう。この祭りでは、ノロや神女が出てくる。それは、海の神を迎えて、豊漁を祈願する祭りである。旧暦七月十七日のウンジャミの日に、アシャギでノロと神女（四名）で、神遊びをして海神を歓待する。神遊びとは、神歌のオモロを謳いながら、踊って、船こぎの仕草をして歓待することである。それから、小高い丘に上り、神歌（ウムイ）を歌って神に別れを告げ、岩の上に上って整列して歌い、合掌して海神を見送る。ノロや神女は白装束のようないでたちで、頭を白い布で覆い、体中を白い着物で覆うから、なんとも神々しい。

しかし、娯楽と言う点から、老若男女、村中の人達が一番楽しみにしているのが、お盆であり、「八月十五夜祭り」であろう。エイサーは、今では珍しくもないが終戦後間もない当時は非常に珍しかった。それに、棒躍り、村芝居で村中の家が空っぽになって沸き立つ。棒躍りと言うのは、棒をもって踊ることではなくて、棒を使用した武術である。珍しくもあり、勇ましい。芝居では、歌に踊りに劇等とバラエティに富んでいる。人気のウチナーオペラの「イージマハンドゥグァー」は毎年演じられるから、その歌がいつの間にか身についてしまうほどである。歌等も本島では耳にしたことのないような離島の風情ならではの歌も聞かれる。ウチナー歌が身に付いてしまったのは、この島で生活したお蔭である。

祭りの主役は、もちろん青年団である。この島では、当時は、中学校を出たら一人前であり、立派な大人である。小学校三年生から大人並みの仕事をする所である。青年団が総出でやるから、村一番の美人もこの時に分かる。村中の人達一人残らず観客となって夜遅くまで賑わう。この時が、島の娯楽や芸能行事の総決算の感がある。御馳走を食べながらの観賞であるから、まさに年に一度のパラダイス気分である。この日が、年中待ち遠しい。

ところで、これは娯楽と言えるかどうか。伊平屋島では、モウアシビーがあったかと聞かれることがある。当時はまだ中学一年生で未成年であるから、よく分からないとしか言いようがない。が、夏の夕暮れ時など浜辺で時折三味線の音が聞こえ来ることがよくあったから、ひょっとしたらアレがソレだったかも知れない。

ただ、おもしろいことはあった。夏の日など夕食がすんだ頃、夜灯のまったくない暗い家の通りを群れて女の子等が笑いこけながらキャッキャと走り去り、去ったかと思うと引き返して来てはまたキャッキャ笑いこけながら走り去ったりと、繰り返すことがあった。これは、思春期を迎えた乙女たちの可愛いらしい求愛行動であった。好きな男の子の家の通りでやる。イナグワラビンチャークリトーン！　この島では、電灯はなし、本一冊もなしで、勉強できない環境であるから、このような行動をとる条件は充分に整っていた。想えば、何とも微笑ましい限りである。

しかし、ちょっと進んで来ると、原始時代の本能的求愛活動を思わせるようなことも経験した。夏休み等、男の子が集団で遊んで寝ころび一つ屋根の下で一緒に寝てしまうこともあった。不思議なことであるが、女の子等は男の子の一挙手一投足に敏感である。本能的か男の子等の居場所を突き止めてやって来て、ぐっすり寝ている男の子のズボンをあけてシンボルを物色して、それに触れたり出したりしておもしろがっている。何人目かの男の子が気がついて目を覚ましかけたら、途端に女の子等は蜂の巣を突いたように笑いこけて逃げ散る。犯人捜しをしても無駄である。闇の向こうから女の子等の笑い声がきこえて来るだけである。その声も、次第に遠ざかって行く。家の外は「黄金虫　投げ打つ闇の　深さかな」であるから、誰が誰やら分かるはずもない。男の子等は眠いのだから、追っかける元気もなければ、その気もない。純情と言えば純情、天真爛漫。大らかな真夏の夜の夢のような話である。

大らかな話のついでに、もう一つ。夜など遊び疲れると、当然腹も減る。すると、何処か近くの家の台所に忍びよって、蒸した芋等を取ってきてはみんなで食べる。これは、実にうまい。人の家の食べ物はみんなの食べ物なのだ。家に鍵のかかった家等、たったの一軒もない。そういう作りの家も一軒もない。犬一匹とていない。食べ物取りはみんなでやっているから、どの家も被害者でもあれば、加害者でもある。所詮、お互い様である。これぞ、ユイマール。印象に残る昭和二十年代当時の、おおらかなる伊平屋島の心象風景である。

## 4「さよなら　伊平屋島」

いざこの島を離れるとなると、いろいろな人の御親切が脳裏に浮かぶ。同じ村の人では、家の前隣りの御夫婦は日頃から可愛がって下さっていたが、卒業式や村長賞等をもらった時等には、僕の頭を撫でながら、「この子の母親の顔が見てみたい！」、としきりに伊平屋言葉で話しかけていた。また、家の裏の方の三軒目のおばさんも、僕によく話しかけられ、時には海で取れた魚等を持ってきて下さった。そのおばさんには子供が多く、おそらく親から離れて暮らす僕の心情を察して下さっていたのだろう。

何と言っても、一番可愛がって下さったのは、先生方かも知れない。日頃御親切にして下さったことは無論であるが、特にガキ大将のいじめにあった時等いつもガードして下さったのは先生方であった。それは、いじめの現場で近くに居られる先生であった。もし先生がガードして下さらなかったら、僕にとって学校も村も地獄でしかなかった。五年余も伊平屋島で暮らせたのは、ひとえに諸先生の御親切のお蔭であり、それ以外の何物でもない。特に、小学校の四年生・五年生と続けて担任だった西銘民雄先生は、殊の外、可愛がって下さった。なお、三年生の時の担任は「名嘉信弘」先生、六年生の時の担任は「名嘉英康」先生であった。

本島では終戦直後の混乱の続く中、この伊平屋島で落ちついた環境の中で勉強することができたことは、何にも代え難く幸せなことだったと思う。顧みて、ただ感謝あるのみである。

人生の旅路で寄りし伊平屋島
　苦しくもあり悲しくもあり

絶海の孤島暮らしの五年間
　我に友なく日々空仰ぐ

想い出は浜辺に一人寝ころびて
　眺めし夜空と波の音

前列向かって左から中本正義中学校長、３番目新垣安助村長、４番目平敷慶勇小学校校長。中列向かって左から中村・岸芳正・名嘉英康・石川昇、１人おいて名嘉政功、４人おいて比嘉節子の各先生。
後列向かって左から西銘民雄、３人おいて安里善栄、２人おいて比嘉秀一の各先生。

伊平屋村全教育関係者

# Ⅷ　コザ中学校時代（昭和二十七年九月～同二十九年三月）

## 1　母の元へ

伊平屋島に別れを告げて、やっと、母の元に帰って来た。昭和二十七年の八月頃、中学校二年生の二学期である。ちょうど五年ぶりである。長かった暗い心のトンネルから抜けて、青空がぱっと開けた思いだった。

心の暗いトンネルが何と長かったことか。伊平屋時代は正に碧き牢獄であって、母とは離れ、他所者として扱われて終になじめず、少年悪党のために毎日生きた心地がしなかった。元の越来村に帰って来て、そんな悪夢から解放されて、本来の明るさが蘇えったような思いだった。

## 2　越来の村と町と人

越来は伊平屋島に行く前に住んでいた所だから、村も街も人もみんな懐かしく、馴染み深い。

まず、何と言っても、懐かしかったのは、越来村の様子である。もともと、緑豊かな木々や草花の多い所であったが、木々が一層大きくなっていた。福木の木はずいぶん大きくなって、空を突かんばかりに高く聳え、ミカンの木が殊の外大きくなっていた。庭には、大きな鉄砲百合の花が咲き、強烈な夏を感じさせた。家から数分ほど行った所に公民館があり、その向かいに小さなお菓子等雑貨品を売る店があった。

家の近くや周辺には、この売店だけしかなく、その店はめずらしく終戦直後の早々からあって、終戦直後の様子を感じさせる象徴的な店であった。その店も健在なら、そこの庭に植えられていた「サルスベリ」の花もまた、終戦直後の平和をアピールする象徴的な花である。サルスベリやテッポウユリの花を見ると、なぜかいつも終戦直後を想い出し、越来村が偲ばれる。サルスベリの花は、物心ついてはじめて見た花であり、それも終戦時に見た花であって、まさに収容された越来村で見た花だったからなのであろう。とりわけ、その懐かしいサルスベリの花がまた強烈に暑い夏を感じさせた。

## （1）町の様子

町の様子は、一変していた。家から徒歩で十数分ぐらいで、隣村である美里との境の大通りに出る。その大通りは、コザ十字路に直線的に続く道路であり、十字路までは十数分で行ける距離である。十字路を中心として、各道路は、大雑把に言って、東の道路は泡瀬方面、西の道路は知花方面、北の道路は具志川方面、および南の道路は胡屋方面につづいていた。一変していたのは、コザ十字路を中心にして、十字路に続くどの道路にもいろいろな店が立ち並び、活気を呈していたことである。種々の店も、十字路に繋がる各道路ごとに特徴があった。

まず、十字路を中心として、東方面道路と南方面道路に囲まれた一角が、市場になっていて、一番賑わっていた。見るものすべてが珍しく、買い物に行くよりも見るために行きたい所であった。福神漬、沢庵漬、および寿司等はじめ、いろいろなお菓子もあり、それこそ種々の珍しいものが山ほどあった。福神漬けや沢庵漬けでさえ、はじめて見るものであり、ただただ珍しく食い入る様に見たものである。それは、無理もなかった。それまで、絶海の孤島に隔離されていたから、致し方なかった。孤島暮らしは純粋とは言え、まったく何も知らず無知である。両者は、極限的には、隣り合わせなのかも知れない。

無知の言葉で想い出したのが、「無学」の言葉である。無学と言えば、無知文盲や無学文盲の言葉から連想されるように、その意味は学問や知識のないことである。この意味は、通俗的で一般的な意味の解釈である。本来の意味は、「煩悩を断ちつくして、もはや学ぶ必要のない境地。」のことである。いわゆる「有学《うがく》」に対する言葉だ。平たく言えば、すべてを学び尽くして学ぶものが無い境地である。無学の言葉の中には、両極端の意味が含意されているところがおもしろい。

　福神漬けについても、食べた味は知っているとしても、それの心の味はなかなか知らない。福神漬は、七福神になぞらえて名づけられた名称で、福をもたらす食べ物である。すなわち、福神漬けは、「大根・茄子・鉈豆《なたまめ》・白瓜・蓮根・生薑《しょうが》・紫蘇の実など七種の野菜を塩漬にしたものを細かく刻み、塩抜きしたのち圧搾して、砂糖・醤油などの調味液につけこんだもの。」である。つまり、七種の野菜が七つの神になぞらえられてできた食べ物である。福神漬を食べることは七つの神の福に恵まれるということなのであろう。これが心の味である。もちろん、心理的なものである。とにかく、福神漬すら見たこともなく、食べたこともなかった。言ってみれば、舌の味も心の味も何も知らなかった。それまでは、芋ばかりの毎日だったので、これまた致し方なかった。

　話を元に戻す。十字路市場には珍しい種々の食べ物が所狭しとあったが、ここは当時の娯楽の殿堂でもあった。遊技場もあったが、何と言っても娯楽の王様は映画であり、その映画館が集中していた。映画館は邦画系と洋画系があり、両者は狭い道を隔てて対峙していた。映画館の建物は当時としてはもっとも高く、その高い所に備え付けられたマイクから、映画の予告宣伝の合間に流行歌が流れ、遠くまで響かせていた。映画万能の時代であるから、街や村までまるで映画漬けの感があった。なお、十字路から胡屋方面に向けて数百メートル離れた所にも、また映画館があった。いわゆる沖映館である。さらに、そこからほど近い嘉間良にも邦画系映画館があり、そのまた近くの胡屋十字路近くのセンター街にも洋画系映画館が並んでいた。

娯楽の場には、いつの世も花が咲く。昼も夜も。正にコザ十字路は、その象徴的な中心的存在である。東側の泡瀬方面と西側の知花方面とは、昼の娯楽の花が映画なら、夜の娯楽の花も満開となる所だった。その夜に咲く花は、パウンショップ（質屋）や写真館と共に、クラブやバー等の飲み屋が連なる。夜ともなれば、昼間とは様子が一変し、一般の人が通るのが気が引け危ないほどに、外人の群れであふれかえる。ただ、ここは、夜に関する限り、人種の十字路でもあった。十字路の西側は白人系、東側は黒人系の町。十字路を境に、人種の肌色による区別が驚くほど判然としていた。お互いに他の領域に入ることは、まずなく、もしあればトラブルの発生は必然だった。そのためか、いつもMPがパトロールしていた。

とにかく、コザ十字路は、夜も昼も活気あふれる街であり、戦後の沖縄を象徴するような町に一変していた。

## (2) 人の様子

さらに、人も懐かしいばかり。みんなが、集まってくれたりした。小学校三年生の一学期までは越来にいたので、みんな幼馴染であり、お互いによく知っていた。みなさんとは大変に仲が良く、誰もが「タケオ！　タケオ！」と呼んで親しく、家まで寄って来てくれた。

越来時代の僕の名前は、「へしき・たけお」(平敷武夫)だった。それが、あの孤島の小学校に行った時に、ある日突然に、学校で先生から「へしき・よしたけ」と呼ばれるようになった。その訳を先生に尋ねたら、「君の叔父さんの校長先生から、そのように呼ぶように言われた」と言うことであった。後で解ったことであるが、僕達の兄弟の中、長男はもちろん四男や五男もちゃんと『慶』という字が付いているのに、次男と三男だけが『慶』の字が付いていない。これでは、血が繋がっているかどうかもわからず、親戚か一門かも分からない。だから、『慶武』にした」とのことだった。ちなみに、次男は、元の名前は「ひろし(弘)」であったが、同様に「慶」の字が加わって「慶弘」となったのだった。幼馴染は、当然ながら、名前が昔も今も変わりないと思っていた。

とにかく、小学校三年生の時に越来村を離れてから約五年間のブランクがあったが、それにもかかわらずみんな僕の名前を覚えてくれていて、すぐにまた昔のように親しい友達になった。

僕は、越来村では、以前ずいぶん強い印象を与えていたようだった。越来を去る前も「ディキヤー」(優等生)だったらしく、学芸会にもよく出演して、広く親しまれていた。つまり、僕は、ここでは他所者ではなく、昔の仲間の所に帰って来ただけのことだから、みなと非常に親しく、いじめに遭うようなことはまったくなく、ごく普通に学校でも村でものびのびとした日々を送ることになった。

一番、驚いたのは、非常に、友達の身長が伸びて高くなっていることであった。名前は、「川畑」君と言った。孤島に行く前に、クラスが同じであり、身長も同じくらいで、仲もよく親しかった。その川端君が、僕が越来村に帰って来たと聞いて家に訊ねてきてくれたことがあった。見ると、会ってびっくりである。一番小さかったはずなのに、一番大きくなっていたのだった。そのことで、ずいぶん、友達の評判にもなっていたようだった。川端君はもともと越来村の出身であり、立派な家屋敷に住んでいて、お父さんは越来村の区長さんで裕福なようだった。川畑君は、映画の話となると、ピカ一だった。映画のことを、実によく知っていた。映画スターの名前を次々に出して、その特徴を語ったり、映画のストリーを得々と話していた。長谷川一夫、市川右太衛門、片岡知恵蔵、および池部良等の名前を耳にしたのも、その時がはじめてであった。仲間の映画の話は、さっぱり分からず、僕の知らないようなことばかりであった。

それは無理もなかった。川端君は、家が裕福だったせいか、映画を一日に何本も観るということだったし、他方僕は絶海の孤島に隔離されていたために映画のエの字も知らなかったからである。言ってみれば、殿様と庶民の違いだ。何かにつけ、孤島育ちと町育ちとの違いは歴然としていた。映画のことで、いかに劣等感を感じたかわからない。僕の全然知らないことを、彼等が知っていることに耐えられなかったのだった。というのは、かつて、越来村で共に過ごした時、僕が劣るものは何もなかったからである。とは言え、今やその差は如何ともし難かった。

川畑君らのお蔭で、「長谷川」の名字を「はせがわ」とちゃんと読めるようになったのだから、有り難いことである。というのは、沖縄の人にとって、本土の人の名前は正確に読むことはちょっと難しく、読めるようになるためにはちょっと勉強が必要だからである。ちょうど日本本土の人が沖縄の人の名前を読むのが難しいように。その難しさの表れだろうか、御愛嬌であるが、その彼らは池部良については、「いけ・べりょう」と弁慶読みをしていたのだった。正確には、もちろん、「いけべ・りょう」である。

## （3）仲間との遊び

中学三年生の頃になると、遊びはより活発になった。いちばんよくやったのは、卓球である。

学校でもやったが、そこでは限られていた。正式のピンポン台はなく、板で急ごしらえのものであり、しかも一台しかなかったので、行けばできるというものではなかった。昭和二十八年当時は、クラブ活動もなければ、何らかの競技大会もなく、例外的に野球大会があるだけだった。そのため、スポーツ設備は無整備状態だった。

### イ・卓球と公民館・税務署

そこで、よく通ったのが、近くの公民館であり、税務署であった。公民館は隣村の美里村にあったが、歩いて二十分ぐらいで行けた。公民館には、広場があって、そこには砂場と鉄棒もあり、小さな建物の中には卓球台があった。鉄棒をやったり、卓球などをやったりして時を忘れた。隣村の設備であるにもかかわらず、その村の子供たちはほとんど見られず、卓球台は他所村の僕たちの独占状態であった。一緒によくやったのは、同級生の照屋秀伝・仲宗根雄一君に、一学年上の伊礼勇吉さんであった。

印象深いのは、伊礼さんは、沖縄相撲などで負けた時は、「もう一回もう一回」とよくせまっていたことである。僕が小さいから、また一学年下だから、きっと、学年下の小さい者に負けるのがしゃくだったのであろう。ところが、僕が相撲で負けることはほとんどなかったのである。つまり、スポーツは何でも得意だった。かの相撲の盛んな孤島でも、僕は無敵で村で僕に勝てるものはなかったくらいである。これは、自慢でも何でもない。ほんとに、事実なのである。だから、勝つのは当然であったが、伊礼さんにとってはチビの下級生に負けるのがシャクだったのであろう。

税務署でも、よく卓球をやった。税務署は、越来小学校に隣接していて、家からも徒歩で十数分の所にあった。税務署は一階平屋で、入り口に広間があり、その奥が事務室になっていた。卓球台は広間にあり、事務室とは仕切るものは何もなく、卓球の音は筒抜けだった。よくやったのは夏休み頃であったが、中学生の僕たちがここでやるには勇気が要った。仕事の邪魔になるのを分かった上で、しかも休憩時間外にやるからである。「卓球台を貸してください」と言うのは、なかなか勇気のいることだった。しかし、僕たちは、恐る恐る、お願いをし許しを得て、よく遊んだ。お願いの役は照屋君と僕だった。さすがに、職員とやることはまずなかった。

コザ中学校三年生
（昭和29年２月）

# 3　映画見学

さらに、近くの小学校のグラウンドでいろいろと遊んだ。夏休みの夕方など遊んだ後は、グラウンドで語り明かしたこともあった。この友達は、みんな仲が良く、好奇心も旺盛な頃だったので、いろいろなことが話題に上がった。女の子に関する話題が口から出たのも、この時がはじめてであった。なにしろ思春期の少年の好奇心のことである。ちょうど、その頃、映画「十代の性典」（主演は若尾文子等）が上演されていた。話し合って、その映画を観に行こうということになり、三、四人連れだって観に行った。近くの「沖映館」という映画館であったが、隠れるように切符を買って中に入って行った。

当時は、映画は娯楽の花形であり、娯楽の王様であった。友達の中には、毎日何本か観るという話を耳にして驚いたが、同君などは例外であったのだろう。映画を観るのは、いわゆる「教育映画」であって、学校から指定されて、学校団体で鑑賞するのが一般であった。教育映画を観たのは、小学校時代はゼロ、中学校時代は絶海の孤島に一年半在籍していたためその間もゼロ、コザ中学校に転校してからは一度か二度ほどだったと思う。それは、「伊豆の踊子」

だった。つまり、ほとんど映画を観た覚えがない。したがって、こっそり観たあの映画の味はあまく、想い出深い。内容は、タイトルが刺激的であるのに反して、きわめて倫理的で純粋な性教育映画であった。それでも、僕達には刺激的で革命的な観賞映画であり、忘れられない。

映画等を観た後は、その映画について、夏の涼しい夜の運動場の芝生に寝転んで、話し合ったりして遊んだ。しかし、勉強のことについて話し合ったりすることはほとんどなかった。真に不思議であり、思い出してもただただ不思議である。その仲間は、学校では生徒会長をしたり、みんな勉強もよくできる方だったから、勉強の心配等がなかったからかも知れない。高校進学のための受験勉強も、真剣勝負の雰囲気もない時代だった。すべてが、のんびりとして長閑な頃である。

## 4　忘れられぬ心象風景

しかし、勉強に関して長閑な雰囲気の中でも、今もって忘れられないことがある。僕達はよく遊び、夏等汗まみれになることが多かった。そんな時、遊んだ後、仲間の親戚の営んでいる銭湯に行くことがあった。場所は、コザ十字路のど真ん中である。歩いて、ちょっと時間がか

向かって右から筆者、照屋秀伝。
後列右から仲宗根雄一、新川秀隆

かったが、それでも行った。僕たちは、何しろ無料である。ある日のこと、銭湯の暖簾をくぐって中に入って見たら、番台に座って客と対応しているのは、あの伊礼勇吉さんであった。これ幸いである。無料である上、気安いからである。驚いたのは、その番台の上で座って客に対応しながら、なんと勉強しているではないか。垣間見たのは、「ユース・コンパニオン」(Youth Companion) であった。その英語雑誌は、かなり高級な英語読本であった。番台で働きながら勉強する姿は、まるで金次郎である。あの姿は、今も脳裏に焼き付いて離れない。僕達が中学三年生で、伊礼さんは高校一年生であった。

伊礼さんは、ユーちゃんと呼んで親しんでいた。身近にいたせいか、勉強ができるとは知らなかった。が、それは灯台下暗しと言うべきか、それとも親類に偉人なしと言うべきか。身近にいる人は偉くても偉いとは感じにくいものだという諺もあるくらいであるから、遊び仲間のゆえにディキャーとはつゆ知らなかったとしても無理からぬことである。後に、伊礼さんは京都大学・法学部に進み、司法試験に現役合格し、弁護士になって、東京は銀座のど真中で事務所を構えて活躍している。現在の活躍の姿を見る度に、あの「番台の勇ちゃん」が想い出されてならない。

つまり、コザ中学時代は、楽しくノビノビと過ごした。元々、終戦直後から越来に住んでいたので、友達も顔なじみであった。その上、戻って来たことをみんな非常に歓迎してくれた。そのため、友達との関係では、コザ中学に戻ってくる前と後では精神的に天国と地獄の違いがあった。スクールメートの中には、ちょっと滑稽な者はいたが、いわゆる人をイジメるような質の悪い者は見当らなかった。かつて学校へ行くことが地獄へ行くように思われたことは、悪夢であったかのように雲散霧消した。そのことが、なによりも、嬉しく思われた。

なお、写真の中の照屋秀伝君は、後年、基地問題で活躍し、新川秀隆君は学校長を務める等教育界で活躍した。

## 5　コザ中学校

ところで、その「コザ中学校」の場所は胡屋にあった。当時は、いわゆる旧コザ市内にある中学校はコザ中学校だけであり、同校には市内の全小学校の卒業生が入学していた。越来小学校の他に、安慶田小学校、室川小学校、諸見小学校、および島袋小学校等が校区であり、コザ中学校はマンモス校だった。コザ中学校に転校して戻って来たのは昭和二十七年九月、すなわち二年生の二学期からである。小学校三年生の二学期に転校して、中学校二年生の二学期に戻ってきた。小学校も中学校も、ちょうど半分半分の在籍期間である。

転入学にあたっては、二学期の始まる前に保護者同伴で面接があった。母と一緒に学校に行き、教頭先生とお会いし、お話を伺った。面接中、教頭先生は、しきりにおっしゃった。「成績がいいですね！」と。驚いておられた。お話をしっかりと聞いていたので、教頭先生が感心されていた様子が今も目に浮かぶようである。教頭先生は、お名前は「島袋」とおっしゃり、随分穏やかでいかにも先生らしい先生であった。転入学後に分かったが、島袋教頭先生は社会科の担当であり、授業で社会科を教わった。

母が僕の学校関係のことについて、学校へ行くのは空前絶後である。後にも先にも、この時だけである。小学校低学年の頃は終戦直後の混乱期であり、また小学校後半と中学校前半は母と遠く離れて絶縁されていたので、致し方なかった。母としては、学校どころではなかったから、その心はいかばかりであっただろうかと思われる。

転入学したクラスは二年七組で、クラスの担任の先生は「西原初枝　先生」だった。西原先生は女性の先生で、年齢は三十歳代、奄美群島の永良部島の御出身だった。このクラスの生徒は、なぜか地元の胡屋や園田地区の出身者がほとんどで、彼等で固まっていた。その中には、小柄ながら異常に活発で、勉強もできる者がいた。K君である。そのK君が、クラスをリードしていたようだった。そこへ、二人の転校生が入学してきたのだった。一人は僕で、もう一人は宮古出身のN君であった。N君は、小柄であったが、こちらもなかなか明るく活発な性格だった。他校との野球試合の時など、全校生徒の前に突然に出て来て、扇子を手に応援団長よろしく三々七拍子等の指揮をとったりもした。もちろん、応援は飛び入りである。地元出身者集団と転校生二人との間に、一生で一度のアクシデントが起きた。

## 6　思春期の悪夢

転校して間もない二学期の初秋のある日、クラスの男子のみでピクニックに行こうとの提案があり、日時を決めて行くことになった。行く所は、中城々《なかぐすくじょう》公園である。当時は乗り物はなく、徒歩で行くのが当然のことであった。学校から中城々までは、相当な距離がある。道程には民家はなく、行程はほとんどが原野である。

ピクニック当日、学校を出発して一時間ほどが過ぎて、人気のまったくない野原に出て来た時だった。突然、クラスの者全員が、転校生の二人を取り囲んだ。全員で威迫しながら、「君たちは、生意気だ！」と言って、殴りかかって来た。全員対二人。全員の中にはきわめて大柄な者もおり、威圧十分過ぎるほどの立派な体格をしていた。反して、僕たち二人は、どちらも小柄である。同級生とは思えぬほど体格も大きく違い、それに多勢に無勢。なされるままにするしかなかった。僕たちは、相談する間もなかった。固唾を飲んでいると、N君は、「殴るなら、殴ってくれ！」と言って、身を乗り出した。N君は、一発か二発殴られた。N君は、勇気があった。しかし、僕は殴らせなかった。何度か殴りかかってきたが、彼等に殴られなければならい理由が何もなかったからであった。しばらく、睨み合いと沈黙が続いた。結局、目的の中城々公園行きは偽りであり、僕達を誘い出すための罠に過ぎなかった。そのため、その場で僕達と仲間割れして、別れ別れになった。

思えば、この事件は、思春期における真夏の夜の夢のようなアクシデントであった。この事件は、ただ一人のK君が仕込んだワザであることは間違いなかった。というのは、K君以外の者はみんな穏やかな良い性格の者ばかりだったからである。その中のY君は、特にそうであった。勉強もほどほどにでき、ユーモラスな性格で、人気者だったからである。そのY君が自分自身の考えから暴力行為に出たとは、とても考えられないからである。同じことは、他のメンバーにも言えた。それでは、なぜ、K君は暴挙にでたか。理由は、いくつか考えられる。まず、K君は地元出身であり、主意識が強かったことが考えられる。K君は勉強もよくできたし、性格も熱血漢であり、その上異常に映ったのは極端に負けず嫌いで自己顕示欲の強いことだった。そのことは、あらゆる所で目にした。そこへ、突然転校生がやって来て目立てば、癪に障るのは解らないこともないからである。おそらく、余所《よそ》者にすべてを奪われたように思ったに違いない。しかも、小柄な者にやられたと思えば、怒り心頭になるのも無理からぬことだったのであろう。

つまり、この事件は、K君以外の者にとっては本質的なものではなく、思春期の一過性のアクシデントにしか過ぎないと思われる。しかし、K君については、彼のキャラクターから観て、事件の中心人物であり、明らかに本質的なことだったと思われる。

しかし、そのような事件があっても、日常的に威嚇することがなかったことは、幸いなことであった。したがって、かつて経験した孤島でのように日常的に恐れおののくことはまったくなかった。首謀格のK君も、ある種の激しさはあってもあるいは強暴性があったというわけではなかったのかも知れない。

# 7 先生雑感

## (1) 喜屋武みつ先生

学校への通学ルートは、越来の自宅を出て、嘉間良をぬけて安慶田側から上がって行った。徒歩で、約一時間ほどである。通学は下駄ばきであり、靴が履けるようになったのはずいぶん後になってからである。服装もユニフォームはなく、帽子も被るものがなかった。それができるようになったのは、卒業も迫ってからである。中学校は高台にあって、運動場からは泡瀬一帯の海が見渡せて、実に眺めがよかった。

三年生の時のクラスは第一組であり、担任は「高良清徳」先生であった。担当科目は、体育と理科。勉強に関しては、転校して来たからと言って、学校で特に緊張することはなかった。というのは、もともと越来に住んでいたから、いわば越来の出身であり、学友は顔馴染みであるばかりでなく、旧友も多く、慣れていたからである。離れ小島から転校して来たからと言って、緊張することは全然なかった。ここでも、変わることなく教科書の自学自習や自覚自習は必ず行い、怠ることがなかった。

学校や授業に関しては、印象に残ることや想い出深いことがある。それは、国語の授業時間の時であった。先生は、「喜屋武みつ」先生であった。教室に入室され、教室の側に置いてあるバケツに目をやるなり、それから長い説教が始まった。そのバケツには四組のものであることを示す字が記されており、四組は喜屋武先生の担任のクラスであった。そのために、このバケツがどうして一組の教室にあるのか、誰が持ってきたのか等と、延々と話が続いた。生徒はひたすら無言のままである。誰ひとり、解るはずもなく、答えようもない。お話は、随分長く続いたが、それでも止まる気配がまったくない。とうとう痺れを切らして、級長の僕は立ち上がって言った。「四組のバケツが一組にあるのは悪うございました。後ですぐ返しますから、授業を始めてください！」と。

先生は、ムッとした表情が変わることはなかったが、随分遅れて授業を始められたのだった。

なお、喜屋武先生とは、御縁があった。日頃は、何かと僕に用事を頼まれた。たとえば、「売店で煙草を買ってきて頂戴！」と頼まれた。他の生徒に頼んでも、断られることが多かったからである。売店まではちょっと遠かったから、みんな嫌がったのだった。断られた後に、頼んでおられた。

また、ある日、孤島時代の小学校の先生とコザ中学校でパッタリ遭遇した。まさに千載一遇である。夢ではないかと思われたが、間違いなかった。「新崎きく」先生であった。背の高い上品な先生だった。直接教わったことはなかったが、一瞬懐かしさが込み上げてきた。しかし、なぜか先生は無表情であった。なぜお見えになったのかと伺ったら、喜屋武先生の妹で、御姉妹であり、学校見学のため来られたとのことだった。

## （2）先生と成績評価

成績の評価については、忘れられないことがある。それは、英語の試験の結果についてであった。中学三年生の一学期の時、英語の授業時間で「中間試験の答案」が返却された。ワクワクする思いで、名前の呼ばれる順番を待った。英語は得意科目、学校でもトップクラスであり、クラスでは間違いなくトップである。しかし、返却されてきた答案を見て、唖然とした。ただ、絶句。評価のあまりの低さに、言葉を失った。ただ低いのではなく、クラスで最低点であった。最高点と最低点、それに平均点が発表されるから、自分の成績のレベルが分かる。クラスの中にには、英語が苦手であることを超えてまったく英語のできない者もいた。憚《はばか》りながら、お話にならないような人もいた。その彼よりも、成績が低かったから、信じられなかった。しかし、いかに答案は間違ったところはないのにと思っても、どうしようもなかった。

しばらく時が過ぎて、同様に、英語の授業時間に、今度は一学期の「学期末試験の答案」が返却された。今度は、クラスでもトップだった。

しかし、英語の一学期の成績評価は「5」ではなく、「4」の評価であった。一学期の中間試験では最高点だったD君と成績を見せ合って比べて見た。すると、一学期間の中間試験と学期末試験の合計点では、彼よりも僕の方が上回っていた。中間試験ではあれほど低い評価を受けたにもかかわらず、合計点では僕が高い。つまり、期末試験の成績については、トップと次点とではいかに点差があったかが解ろうというものである。合計点は最高点、しかし評価は「4」。これには、さすがに、納得できなかった。

職員室へ直行した。大勢の先生方のおられる所で、英語担当のT先生に直訴である。「一学期の合計点は最高点なのに、どうして評価は『4』なんですか」と、なかば抗議気味に質問した。その先生は、四十歳代の男性で、髭をはやし、柔道の顧問でもあり、見るからに怖くて逃げだしたくなるような強面《こわもて》の先生であった。答えて、先生は、おっしゃった。「君は、授業中、答えてないからね」と。しかし、どうしても納得できなかったので、後に引く思いはまったくなかった。僕は、答えた。「答えないのは、手を挙げても、先生が指名して下さらないからです」と。結局、しばらく職員室でのやり取りの後、さすがに鬼の先生も僕の抗議で仏に変わったのだった。

後で解ったことであるが、この英語担当のT先生の気持ちも解らぬでもなかった。というのは、T先生は柔道部の顧問であり、他方D君は柔道が得意でT先生にもっとも可愛がられていたのだった。D君は非常に控え目で、まじめな好感のもてるクラスメイトだった。

なお、なぜか二学期からは英語の先生が変わり、僕の英語の成績は断然よくなって、納得のいくような評価になった。先生の違いでこうも成績が違うものかと、感嘆と疑問の念を禁じ得ない。その疑問は、六十余年を経た今も消えることがない。

コザ中学校３年生　教室の側で
（下駄通学）

## （3）高良清徳先生と高校進学

中学三年生ともなれば、高校進学が一番の関心事となるはずである。一般的には、進学先は地元の普通高校であった。稀れに、隣村の農林学校や那覇にある商業高校か工業高校に進学する。目標となる名門高校もないため競争意識もなく、進学のための受験勉強はまだ長閑なものだった。あの頃に学校側が補習授業を幾時間か行ってくれたのは、親心であり、画期的だったかも知れない。

私的には、クラス担任の先生が自宅にクラスの生徒を招いて泊まり込みで勉強の場を提供していた。男子・女子生徒の幾人かが、連日、行っているようだった。しかし、先生が指導する気配はなく、勉強の場を提供しているだけであったようだ。クラスの生徒の成績等についても、先生はお話をされることがあり、特に僕の成績について話をされたようである。なんともほのぼのとした情景というべきか、昭和二十年代後期の頃である。

ところで、僕は担任の高良清徳先生には忘れがたき学恩がある。というのは、僕に高校進学を勧め、母親に対しても勧めて下さったからである。当時は、我が家の経済や生活状況は相変わらず厳しかった。そのため、母は、三男の僕に対しては、いつも「バス運転手になれ！」と繰り返し言っていた。バス・ドライバーが金儲けに一番よいと考えたからだった。それは、生活が苦しかったからであり、また母方の親戚に無学歴でもバスの運転手をして懐具合の良い人がいたからである。ひょっとしたら、三男であることも影響したのかも知れない。三男は、沖縄では、長男の補欠のまた補欠らしい。つまり、母は僕に対して高校進学よりも運転手を勧めていたが、その母に対して高良先生は高校に進学させるよう勧めてくださったのだった。まことに、お蔭さまである。ただ、参ったのは、高良先生は農林学校出身だったため、僕に対しても農林学校への進学を勧めたことだった。その理由は、農村地域の中頭郡では、伝統的に、良くできる子は農林学校へ進学する慣わしがあったからのようである。ここは、まさに、人生の分岐点であった。

高良清徳先生（クラス担任）

しかし、農林学校に進学することはなかった。農林学校は遠い上、経済的にも負担がかかり、また家に農地や田畑があるわけでもなかったからである。決定的なことは、何といっても行く気がまったくしなかったからである。結局、徒歩で約四十分ほどで通学できる地元の普通高校であるコザ高等学校へ進学した。当時は、徒歩で通学可能な普通高校は、この一校しかなかった。

## 8　わが家

家の周辺は以前と同じで何の変りもなく、友達も以前と同様に変わることがなかった。が、ちょっと行った表通りの方は、随分変化していた。そのような中で、我が家の生活は、どうなっていたか。変わっていただろうか。孤島に居た時、越来の家の様子はまったく分からなかった。手紙を出したこともなく、受け取ることもなかった。風の便りとてあろうはずもなかった。お互いに、手紙を書く余裕すらもなかったと思う。完全にシャットアウト状態であった。まさに、「碧き牢獄」に相応しい。

我が家の事情は、以前の終戦直後の収容時の頃よりは、良くなってきているようだった。まず、一番肝心の食糧事情である。パンやミカンを食することができるようになっていた。パンは山形のパンもあったが、切りくずも貴重だった。ミカンはネーブルである。ネーブルはめずらしく、また甘く、見るのも食べるのも初めてであり、時にはジャムもでてくることもあった。しかし、ライスはまだなく、ライスにみそ汁という御飯も、まだなかった。とにかく、パンやネーブル等を食べて、アメリカ式食事の断片的なような食事であった。それでも、以前のように食材が乾燥ジャガイモとメリケン粉だけの頃とは大違いだった。

とは言っても、そのパンも、毎日、食べることができたわけではなかった。というのは、そのパン等は母や長兄が持ってきたものであったが、母や長兄は軍作業で働き、家に帰って来ることは週または月に一度ぐらいだったからである。

長兄は、僕が母の元を離れて暮らしている間に、病気が快復して琉球政府やＰＸに勤めたりした。琉球政府は軍政府時代の唯一の官公庁であり、当時は就職できるような会社らしい会社もない。政府や軍作業しか就職先がなく、給料も安かったようである。また、ＰＸ（Post Exchange）とは、軍の売店のことである。軍関係の職場は、民間のそれよりも給料は比較的よかった。そのため、軍関係職場が公務員よりも好まれたようである。長兄は、昼は政府に勤め、また夜は軍作業に勤める等、日夜懸命に夢中になって働いた。父親代わりになって、弟たちを養うべく必死だったようだ。

この頃の長兄の一心不乱な働きぶりは、親戚や周囲の人達からほめられ、感心の的だった。ＰＸでは、働きながらも、学んでもいたようだ。米人が相手であるから、英会話は必須である。

そのため、英語の勉強をするために、大きな辞書や参考書を買って勉強にも勤しんだようだ。その「辞書」は非常に分厚く、今見ても、これほど厚い辞書はないほどである。英語の参考書も、いつの間にかあった。生活が苦しく、すべてに困窮していた時代に、よくぞ求めたものだと思わずにはいられない。母の話では、兄の求めにすべてをなげうって買い求めたとのことだった。

軍・民への日夜の勤めから、いつの頃からか、軍作業のみになった。同時に、勤めも日勤に変わっていった。大学進学のための勉学意識も、芽生えてきたようだった。

長兄について、特に印象深く今も記憶に残るのは、よく歌を歌っていたことである。スポーツはどう見ても得意そうには思えなかったけれども、歌は上手下手は別にして実によく歌っていた。戦前は、一中合格で入学がよほど嬉しかったのだろうか、学校で一中の歌を仕込まれていたようで、校歌や応援歌等をしきりに歌っていた。戦後も、病気療養中で学校へ行くことができなかった時も、日向ぼっこしながらもよく歌っていた。一中の校歌や応援歌はいつも歌っていたが、時折二中（現那覇高校）の校歌なども歌い、さらにその時の流行歌等もよく歌っていた。たとえば、戦後流行っていた小畑実の「白い船」などである。また、血気盛んな中学生が、各中学校を冷やかしたりからかったりするような歌、いわゆる戯れ歌もよく歌っていた。

「数え歌」が、その例である。歌はもちろん旧制中学生の「戯れ歌」である。歌の中の官費生とは師範学校の生徒である。

一、一つとせぇ　一人息子の可愛さに
　泣いて通わす　一中生
　そいつぁノンキダネェ　そいつぁノンキダネェ
　　（以下、繰り返し）
二、二つとせぇ　船乗り舟漕ぎ黒ん坊の
　魚釣り坊主の水産生
三、三つとせぇ　見れば見るほど醜くなる
　髭面坊主の　官費生
四、四つとせぇ　夜も夜中に町まわり
　女たらしの　商業生
五、五つとせぇ　いつまで学校でるつもり
　開南中の　あんぽんたん

六、六つとせぇ　虫も食わないやせっぽの
色白二中の　青二才
七、七つとせぇ　名もない学校と馬鹿にされ
それでも男か　宮中生
八、八つとせぇ　やかましあの音なんの音
棺桶作りの　工業生
九、九つとせぇ　臭い肥桶肩にして
豚小屋係の　農林生
十、十とせぇ　遠い名護ではおおいばり
山中育ちの　三中生

（幼い頃、長兄の歌っていた歌をうろ覚えで記したものにすぎないから、「戯れ歌」に免じて間違ったところはお許し願いたい。今日ではアナクロニズムもはなはだしいことは言うまでもない。所詮戯れ歌である。）

僕が歌を好むのも、ひょっとしたら長兄の影響もあるのかも知れない。少なくとも、同年の者にも歌では引けを取らないのは、長兄のお蔭である。歌に限らず、勉強についても長兄はよく口誦していたから、勉強についての影響も大きいと思う。

母は母で、長兄に勝るとも劣らないほどに、懸命に働いていた。軍に勤め、炊事・洗濯・料理等の仕事のようだった。いわゆるホームメイドである。その職業は、学校の先生も、よく経験されたようである。女性のできる仕事等、皆無の時代である。子供達を育てるため、なり振り構わずどころではない。身を捨て、一切をかえりみずに、働いた。家に帰って来るのは、月に一か二度であった。その帰りを、特に僕や弟等はどれほど待ちわびていたことか。

母も、僕が中学三年生の頃には、軍作業を止めて、いろいろな商売をやるようになった。店を構えて品物を出すのではなく、民間人では入手し難いような舶来品を入手して、それを交換したり売ったりすることだった。言うなれば、非常な捨て身の商売である。ある意味では、商売上手にも見えた。

当時の通貨は「軍票」、いわゆる「B円」であった。そのB円を他の通貨に交換して利ザヤを稼いだり、舶来品をハーニーから買ってそれを他所に売って利益を得たりした。ハーニーと言うのは、外人の日本人妻、いわゆる二号さんのような愛人女性である。外人はフィリピン人が主で、ハーニーは地元女性がほとんどだった。当時はアメリカ人が一等国民であり、外国人であるフィリピン人も日本人よりもちろん上等の国民であった。そのため、フィリピン人は特権的に容易に舶来品を入手することができたのだった。また、その舶来品は長兄が持ってくることもあった。長兄は、軍に勤めていたからである。その品物の売却先は、バーやクラブだった。そこへ運ぶのが、僕達の役目だった。つまり、僕は運び屋だったのだ。

舶来品というのは、ビールである。それは、缶ビールの一ダース入りの紙箱である。夕闇せまる頃、それを布袋に入れて隠し、飲み屋街に運んでいた。飲み屋街は、その名も高き「コザ十字路」である。コザ十字路を中心にして、泡瀬方面と知花方面を結ぶ道路沿いにはクラブ等が乱立していた。夜ともなれば、昼とは打って変わって道路はアメリカ兵であふれ、ごったがえしていた。白人兵と黒人兵等のトラブルもよく起きる所だった。そのため、通りはいつもMPがパトロールしていた。その中を、ビールを担いで運ぶのだから、内心穏やかではない。ドキドキビクビクしながら、運ぶ。反面、これより他に生きる術はなかったから、開き直ったところもあった。びくびくした時、母は言った。「アンシェーチャーシ　イチチ　イチュガ」と。「それじゃどのようにして　生きて　行くのか」と、いつも同じことを言った。捨て身である。戦中戦後と生の極限をさまよって生きているから、人をこんな目に遭わせやがって一体どうしろというのだ、という思いが無意識的にあるいは発作的に起こったとしても、それは無理からぬことであったというべきであろう。

人間は、追い込まれたら、強くなるのか、それとも母なるがゆえの強さなのか、無心になって神に近付いて行くのかも知れない、と思えた。母は小柄ながら、万事に強く肝がすわっていた。顧みて、この母親でなければ、戦中・戦後を僕達は生きて来られたかどうか、真にあやしく思われるほどである。

次女・姉は、終戦直後の時は小学校五年生だった。その後、中学校には進学したが、途中で断念せざるを得なかった。母を助け、姉の看病のためであった。せめて高校まではとの思いもかなわず、それどころか中学校も中途退学であるから、さぞかし残念無念なことだったであろう。次姉の胸中は如何ばかりだったたか。兄弟はみな大学まで出ているから、あまりにも気の毒であり、察するにあまりある。結局、次女は、中学校を中途退学して社会に出て働き、バス会社の車掌としてずっと勤めた。その勤務状態は今日とは違い、当時は、まだ女性の深夜労働禁止の法律はなく、夜間勤務も普通であり、家に帰って来るのは週末ぐらいであった。

母が僕にバスの運転手になれとよく勧めたのは、次姉のバス会社勤務と関係があった。バス会社の運転手で、母方の親戚にあたる人の収入が良いことを、次姉からことあるごとに聞かされていたからであった。母から「運転手になれ！」と言われたことを、時折思い出して苦笑することがある。たとえ、それが母の必死の願いだったとしても。

## 9　新聞配達

とにかく、母が必死なら、長兄はじめ次姉も一生懸命だった。母に頼まれてビールを運ぶ弟の僕達も必死だった。中学生の頃は、そのような日々であった。運び屋以外にやったのは、新聞配達であった。それは、次兄と僕である。

僕が新聞配達をしたのは、彼の孤島から母の元に帰って来た中学校二、三年生の頃である。配達区域は、当時の旧コザ市のほぼ全域である。朝五時頃起きて、住んでいる越来から取次所のある嘉間良に行き、そこで新聞を取って「八重島」まで走って配達する。八重島から折り返して、室川小学校前を通って胡屋のセンター街を通り抜けて胡屋十字路に出る。同十字路からコザ中学校近くまで行って折り返し、胡屋十字路に戻る。胡屋十字路からコザ十字路まで道路沿いの家々に配達しながら、下って行く。さらに、コザ十字路からコザ高校近くまで配達してコザ十字路に戻り、そこから知花方面に配達しながら、越来の自宅に帰る。この区域を、朝刊と夕刊の配達をした。

配達をしながら、一番困ったのは、八重島に配達することだった。八重島は谷を隔てて離れており、アメリカ兵が群れ集う歓楽街だった。そこは、民家から離れた小高い丘に、忽然と現れた外人専用の完全な歓楽街である。そのため、俗称「裏町」と呼ばれた。戦後の昭和二十年代のことであるから、谷には街燈等はもちろんなく、暗く人気がない。その谷を通って配達して戻って来るのは、心臓の縮まる思いだった。戻って来た時、思わずほっとしたことを今でも思い出すことがある。八重島では、新聞を取っている家は、わずか二、三軒にしか過ぎなかった。

また、新聞配達の時に困ったことは、雨・風の強い日であった。今日のように、配達する新聞の一部一部が包装されているわけではなかった。そのため、雨から新聞を濡らさぬように守り、雨風の中を走って配るのは何よりも困った。

さらに、困ったことは、番犬のいる家に配達することだった。映画館の経営者の家であったが、その家には大きなシェパードの番犬が庭の中とは言え放し飼いにされており、配達の度に飛びかからんばかりに吠えくるので、恐る恐る郵便受けに入れていた。

なお、困ったことではないが、配達をしながらいろいろな場面を目にし、また遭遇した。道路沿いにあった自動車のパンク修理店のおじさんは、夕刊の配達時に決まって僕が通るのを待ち受けてくれた。新聞を買うためである。ニコニコしながら、買ってくれた。一部が五円だったが、これは大変に有り難かった。この五円で、パン一個が買えたからである。配達しながら走っていると、どうしても腹が減ってたまらない。五円でパン一個が買える。買って食べたら、また元気が戻ってきた。そのおじさんは元気のモトだった。後日、何十年か経って、御挨拶に伺ったことがあったが、もはや店はなく、もうお目にかかることはできなかった。このおじさんのご親切が、忘れがたい。

新聞配達は、配達だけではなくて、集金もした。集金の相手は、ほとんどが主婦だった。集金はうまくいかないこともあったが、その分親切な人に会うと、その親切が忘れられない。集金に行くと、快く払ってくれて、いつも笑顔で話しかけて対応してくれる人がいた。それは、さる医院の奥さんであり、僕を可愛がって下さった。このきれいな奥さんのご親切がありがたく、時折思い出される。

他方、支払日を約束して、その日に行ってみると、不在の人がいた。再三訪ねて行っても、同じであった。気が付いたら、新聞の食い逃げだった。いや、読み逃げというべきか。その人は、怪しい宿の怪しい女性であることが、随分あとになって判明したのだった。なんとコザから名護に飛んで逃げて、雲隠れしていた。その人に約三十年経った頃に偶然ぱったり出会ったから、奇跡である。

しかし、人生を垣間見る思いがしたのは、何といっても彼の「コザ十字路」である。ここは、生活の中心的な場所であるだけでなく、歓楽街の中心でもあった。いわば、物と人の十字路、その人も男と女のマジワル十字路でもある。昼は地元の人達が生活のために賑わいを見せ、夜ともなれば外人が闊歩し入り乱れて歓楽に酔う。十字路をはさんで知花側は白人街、反対の泡瀬側は黒人街だった。肌の色の違いによって、歓楽街は明らかに分かれていた。

その両側にビールや新聞配達もしていたが、今も脳裏に焼きついて記憶から消えないことがある。それは、同じクラスの女子生徒の「S子」のことである。S子は、クラスでも人気のある可愛い子だった。そのS子は、どういうわけか授業中いつもうつ伏せになって寝ていた。なぜ昼に、しかも授業中に寝るのか、不思議でならなかった。いつものように配達のために、コザ十字路沿いのあるクラブへ入った。夕闇せまる頃である。中では、ミュージックボックスの音楽が流れ、もう外人が女の子と踊っていた。女の子は、まだあどけない顔である。その子は外人に身をすり寄せ、軽快なリズムにのって、いかにも生き生き喜々として楽しそうである。配達して帰ろうとしたその瞬間、足が止まり目が釘づけになった。雷が頭上に落ちたようなショックだった。楽しそうに踊っているそのあどけない女の子は、なんと同じクラスのあのS子だったのだ。昼の授業の時は寝て、夜になると目が輝くS子。中学三年生の頃である。同じような子は、他にもいた。よくできる子もいたが、その後の彼女達の人生は解らない。

黒人街では、男女の織りなす人間模様が目に入ることがあった。男は黒人、女は沖縄の人である。沖縄の夏は暑い。まだ、クーラーはない。いきおい、窓や戸は開けっ放しである。そこには、飲み屋街だけでなく、ハーニーの宿も多い。宿は入り組んでおり、表の大通りから入った裏通りであるから、表通りの外部からは目に入らない。ここにも入って、朝夕走り回って配達していたから、表からは見られないような男女の光景が目に入ることもしばしばだった。ただ、その男女のおりなす人間模様の意味が、中学生には解らなかった。そのことはまことに幸いなことだった。正に、知らぬが仏であった。

十字路は歓楽街であるから、もちろんパチンコ店も並んでいた。夕刊の配達時に、そのパチンコ店に学校帰りの先生が連れだって入るのがよく目撃された。若い新人の高校の先生達であった。先生もパチンコをするのかと、非常に驚いた。反面、これなら僕にも教師にはなれると自信めいたものを感じた。これぞ、反面教師。教室では決して教わることのできない貴重な人生経験を勉強させて頂いた思いだった。

新聞配達には、困ったことがあったり、またショッキングな人生模様を目にすることがあっても、配達がいやになったことはなぜか記憶にはまったくない。絶海の孤島では新聞は見たこともなかったから、転校してきて新聞にふれることができただけでも喜んでいたのかも知れない。

## 10　本島における流行歌と心

極限の田舎から対蹠的な都会に帰って来た。自然音の離島から人工音の本島へ。戻って来ても母恋しさはやわらぐことはあっても消えることはなかった。加えて、未だ還らぬ父への思いが募った。少年の心には、流行歌は孤島か本島にいるかを問わず、依然として、否より強く響いた。

越来村から伊平屋島へ渡ったのが昭和二十年代前期の小学校三年生の時であり、越来村に帰って来たのは昭和二十年代後期の中学二年生の時である。渡った時は終戦直後の混乱期であったが、戻って来た時には越来村はずいぶん町らしく変っていた。

伊平屋島は島全体が自然そのものであり、四季の移ろいもあって、そのことは海や山の様子からうかがえた。夏の海は静かで冬の海は荒れて、海をみれば季節が分かるほどである。春の新緑や若葉は美しく、身も心も洗われ我が身が大きく伸びて行くようだ。また、気温も冷たくて寒く、暖かくて暑い。冬は霰もよく降り、ほんとに寒い。春から夏にかけてはうららかな暖かい日があり、秋から冬にかけてはひんやりとして冷たい。その頃になると、渡り鳥が鳴いて空高く輪をえがいて宙を舞う。この島では、祭りの時期を除けば人工的な音はほとんどなく、あるのはただ自然の音だけである。風の音、波の音、風にそよぐ木々の音、鳥に牛・豚等の動物の鳴き声等。そのため、日が落ちれば、村は静寂そのものである。日頃は、流行歌等を耳にすることはまったくない。

他方、越来村は村の中は比較的静かであるが、それでもラジオからひっきりなしに歌が流れる。ちょっと外にでたら、そこはコザ十字路、アメリカ軍の落とし子の町。人と物の行き交う十字路であって、歓楽街でもある。十字路をはさんで、バーやクラブが並ぶ。映画館も三つあり、ちょっと足を延ばして胡屋十字路まで行けば、五つ六つとある。

その映画館からは、昼過ぎともなれば、拡声機から、いろいろな流行歌があらん限りの音量で流れてくる。上映中の映画の声や歌まで流れる。その流行歌は、全国的に流行している歌ばかりである。戦後日本の夜明けの歌とも言うべき「リンゴの歌」はじめ、「青い山脈」「お富さん」「上海帰りのリル」「芸者ワルツ」「アジャパー天国」、ひばりの「花売り娘」や「伊豆の踊子」、岡晴夫の「憧れのハワイ航路」、および楠繁男の「緑の地平線」等々。挙げれば切りがなく、戦前戦後のあらゆる歌が流れていた。家の外のちょっと行った所は、まさに都会の喧騒の中である。

お蔭で、僕の体の中はまるでミュージックボックスのようだ。体のどこかを押したら、何か流行歌が飛び出すほどである。しかし、街の人々には、音が苦になる風もない。むしろ、楽しみ、歓迎しているようにも映った。無理もない。終戦直後の人達は、あの忌まわしい地獄のような戦争からかろうじて救われ、命の尊さが身にしみている。拡声機から流れる音はたとえ大きくとも、それは命の爆発音であり、平和の叫びに思えたのであろう。その音がいかに大きくても、戦争中の爆撃音とは違い、命の危険は微塵もないからである。

つまり、伊平屋島の自然の音だけしか聞こえない世界から、人工的な音があふれる街の喧騒の中にさらされて、まるで真っ暗な「天の岩戸」から外に出てきて、白日にさらされて目がくらむ思いだった。そのような喧騒の中を、朝夕新聞配達をしたり、バーやクラブ等の飲み屋街にビールを運んだりしていた。

その時、きまって流れくる歌があった。あまく、切なく、やるせないメロディーであった。何度も耳にするうちに、自然と心にしみて思わず歌いだすようになっていた。「思いよせてもとどかぬ恋は　つらい浮世の　片瀬波……」と、歌の意味も解らず、ましてや誰が作り誰が歌っているのかは知るよしもなかった。それでも、きっとどこか心に響き魅かれたのだろう。いつしか、口遊《くちずさ》み、心で歌っていた。

話はちょっと飛ぶ。後年、本土に渡り神戸で長年生活するようになって、その口ずさんでいた歌の曲名が「片瀬波」であり、その歌い手が「松山時夫」であることが解った。奇跡的にも松山時夫に遇い親しく面会することができたのだった。

松山時夫は実は芸名であって本名は「柳　歳一」といい、東京芸術大学の学生の身でありながら、覆面歌手として流行歌を歌っていたのだった。芸大時代は一世を風靡したかの往年の大スター藤山一郎と同級生である。当時は学生が流行歌を歌うのは御法度であって、バレたら即退学の時代。それが覆面の理由であった。柳歳一先生も、あの阪神大震災の時には家は崩壊し御本人も傷つく等、大きな被害にあわれた。そのため、気も正常を逸していたそうである。その時、家人が瓦礫の中から楽譜や無数のレコード等音楽関係の資料を探し出して見せたら、なんと正常にもどり蘇えったというのだ。通院しながら、なお音楽の活動を続けられたが、先生はおっしゃったそうである。「病院通いは仕事、音楽は命」と。柳歳一先生は、知る人ぞ知る神戸合唱音楽界の重鎮であった。

ちょっと脱線気味であったが、話を戻す。当時は、まだ戦争のニオイが強くただよい、世相を反映して映画も戦争ものがよく上映されていた。戦争にまつわる親子や肉親の別離の哀切をストーリーにしたものである。そのような映画には、普通、歌が付きものである。いわゆる歌謡映画。それらの歌の中にも、心に響く歌が多かった。「ああモンテンルパの夜はふけて」、「フランチェスカの鐘」(作詞・菊田一夫、作曲・古関祐而)、および「小雨の丘」(作詞・サトウハチロー、作曲・服部良一）等である。どの歌も、往年の大スター、渡邊はま子、二葉あき子、および小夜福子の歌である。「あゝ再びは帰らぬ人か　……人はかえらず　こだまがかえる」は、心にしみた。

あの孤島から母の元へ帰っては来ても、母を慕う気持ちはなお強かった。「……涙に曇る月影に　優しい母の夢を見る」思いは、変ることがなかった。僕は母を慕い、母は我が子ばかりでなく、否それにも劣らず、まだ帰らぬ夫である父の帰りをかたく信じて待ち侘びる日々であった。

このような時に、いつも流れてくる「ああモンテンルパの夜はふけて」には、やるせない思いがただよった。歌っているのは、往年の大スターの渡邊はま子。この歌には、よく知られたエピソードがある。それは、この歌によって、国民が泣き、国家が救われ、フィリピン大統領も涙したという国際的な感涙の物語である。

時は、昭和二十七年六月、「ああモンテンルパの夜は更けて」の歌が大ヒットした。作詞・作曲者は共に死刑囚、歌うのはかの渡邊はま子。絶世の美人の大スターである。この歌は、フィリピンのモンテンルパの刑務所の教誨師《きょうかいし》・加賀尾秀忍氏から送られてきたものだった。

終戦後七年経過しても、なお異国で戦犯が処刑されて逝く。この事実を知って、渡邊はま子は驚愕し、レコード化に奔走、遂にヒットさせたのだった。このヒットによって、日々の生活に追われていた多くの日本人が悲愴な現実を知ることとなり、異例の無数の助命嘆願書が集まった。

渡邊はま子は、戦時中慰問による戦意の扇動をしたことに自責の念にかられ、謝りたい一心から、渡航困難な時代に、万難を排してフィリピンに渡った。ヴィザなどおりるはずもなく、それどころか終戦時宣撫慰問の途中で虜囚となり、一年の刑務所入りをした身である。たとえ、再び逮捕・受刑の身になろうとも覚悟で、渡ったのだった。

昭和二十七年十二月二十四日、渡邊はま子の歌声がモンテンルパの刑務所の中に流れた。熱帯ゆえ、四十度を超す酷暑の中で、渡邊はま子は振袖姿で歌った。長い間目にしてなかった日本女性の着物姿は、死に行く者への別れの花束だった。作詞・作曲者は、繰り返すまでもなくこの刑務所の死刑囚である。歌声が流れると、会場の中からすすり泣きが聞こえた。会場にいた議員・デュラン氏により、当時禁じられていた国歌・「君が代」を歌ってよいと許可されると、全員が起立、祖国日本の方を向いて歌い始めた。多くの人は泣いて声が出ず、泣き崩れる者もあった。

この「モンテンルパの歌」が、やがてこれらの受刑者を救い出すことになったのだった。昭和二十八年五月、教誨師加賀尾秀忍の元に、「オルゴール」が届いた。送り主は、渡邊はま子。曲は、「ああモンテンルパの夜は更けて」だった。その音色は、心を抉《えぐ》り、魂に響いた。

その頃、加賀尾秀忍は、やっと時のキリノ大統領に面会することができ、そのお礼にあの「オルゴール」を、黙って大統領に差し出した。涙ながらの助命嘆願と哀訴の言葉を予想していた大統領はいぶかったが、オルゴールを受け取り、蓋を開いた。流れ出るメロディ。しばらく聞いていた大統領は、訊ねた。「この曲は何？」と。加賀尾秀忍は、作詞・作曲は共にモンテンルパの刑務所の死刑囚であることや歌詞の意味を説明した。

じっと聴いていた大統領は、自身の辛い体験を語り始めた。大統領自身も、日本を憎んでいたし、この戦争で最愛の妻と娘を亡くしていた。「私が一番日本や日本兵を憎んでいるだろう。しかし、戦争を離れれば、こんなに優しい悲しい歌を作る人達なのだ。戦争が悪いのだ。憎しみをもってしようとしても戦争はなくならないだろう。どこかで愛と寛容が必要だ」と。

死刑囚を含むＢＣ級戦犯が感謝祭の日に釈放され、帰国の途につくことになったのは、面会の日から一ヶ月後のことだった。それは、大統領の特赦によるものであった。昭和二十八年六月のことである。

流行歌には、それぞれのエピソードがある。それを知ると、歌がより切実に響き、これらの歌が人の歌っている単なる歌としては聞こえなくなるのだ。絶海の孤島から戻って来てからの昭和二十年代後半は流行歌漬けの日々のようであったが、本島で聞けばその歌声はまた平和の喜びであり、あるいは心の叫びであり、魂の救いでもあった。戦時中は、音のあるのは爆撃音だけであり、赤ちゃんの泣き声一つさえも絶対に許されなかったのだから。

つまり、流行歌は、本島にいても離島と同じように僕を慰め励まし救って、僕の心を反映していることに変わりはなかった。

## 11　家の状況と高等学校進学

中学三年生になった昭和二十八年頃には、食事は、有り難くも、ライスも食べれるようになり、毎日ライスとソーメン類が主だった。印象深いのは、ソーメンチャンプルーである。明けても暮れても、ソーメンチャンプルーであった。学校には弁当を持って行けるようになっていたが、その弁当の中味も変わることがなかった。いつも、ライスにサバの缶詰だった。弁当が変ることは、まずなかった。ここでは、有り難くも芋を弁当にすることは一度もなかった。

食事や弁当について、現在に至るまでまずいと思ったりしたことはなく、何でも食べた。あるだけで有り難く、食べることができるだけでもただただ有り難いことであった。彼の孤島の芋弁当よりは、まだましだった。いや、その芋弁当も貴重である。この越来地方でも、戦前は芋弁当であり、それも芋二・三箇をサージ（芭蕉布の手拭い）に包んで登校していたそうである。しかも、着物はマルバイで。すなわち、パンツ不着用で。小学校高等科になってやっとサナジ(褌《ふんどし》)を着けるようになったそうである。幸いなことに、今日でも、食事について不味いと思ったり、また不平不満を言ったりしたことは、ただの一度もない。それは、ひょっとしたら、おそらく、戦中・戦後の終戦直後からの飢餓や食糧難に耐えてきたお蔭なのかも知れない。

中学生の頃も、学校から帰宅しても家には四男の弟がいるくらいで、相変わらず母・長兄・姉等はいなかった。小学校低学年の弟は、いつも一人でいた。みんな帰りが遅いか、週末に帰って来るからであった。苦しい時、犠牲になるのは弱き者や幼年者である。その分、みんな一生懸命だった。その懸命の働きのお蔭であろうか、蓄えができるようになってきたのかも知れない。

確か、中学三年生の時のいつの頃か、収容されていた終戦直後の家から、道を隔てた向かいの家にやっと引っ越した。その家からの家族の引っ越しは僕達が最後に近かったが、それでもまだ一、二の家族が残っていた。移って来た家は中古で狭いながらも、一軒家である。当時のことであるから、粗末な家であるのは致し方ないことだった。屋根もトタン葺きですらなく、コールタール塗りのようなボードであったような気がする。それでも、雨風は凌ぐことができたから、特にトラブルはなかった。あの何かとわずらわしい家主の御婆さんから解放されて、やれやれと言うべきだった。いや、終戦直後の大変な時期に我が家を乗っ取られた感じのお婆さんの気持ちを思えば、いくら感謝してもしきれないほどである。移って来た家には、ミカンの木等は一本もなかった。ミカンの木を見る度に、あのお婆さんの姿が想い出される。

次兄は、「伊平屋脱出の動機」を、時折話していた。「伊平屋に居た時、中学三年生になってもあのお爺さんには高校に行かせてもらう気配がまったくなかったから、これはいかんと思って母の元に帰って来た」と、よく話していた。次兄よりも可愛がられていたはずの僕に対してさえ、同様であった。叔父さんからも、高校進学に関しては、何の援助や話もなかった。僕は、養子となることが約束されていてさえ、事情は変わらなかった。お爺さんとしては、致し方なかったのであろう。というのは、換金作物を栽培してるわけでもなく、日々の生活の維持だけでも大変で、お金があるわけでもなかったからである。ましてや自分の子でもないからなおさらである。その上、本島の高校に進学して戻ってこなかったら、万事休すである。叔父さんからも、高校進学について何の話もなかったことは、不思議と言えば不思議であるが、ほんとうにただただ不思議としか言いようがない。校長である叔父さんは、僕達の学業成績は百も承知であったはずなのにである。つまり、伊平屋に居たら高校進学ができなかったことは明らかであった。

しかし、僕が伊平屋から母の元に戻って来たのは、高校進学を考えたからではなかった。ただに、母恋しさのためである。それに、ひょっとしたらあの餓鬼大将と共に居ることに限界を感じたからであったかも知れない。だから、コザ中学校の三年生になっても、高校進学は特に意識した訳ではなかった。母の苦労は身に沁みていたから、敢えて高校に進学したいと言い出す気持ちになれなかった。ひょっとしたら弟ゆえの僻《ひが》みも潜在的にあったのかも知れない。なにしろ、沖縄では長男尊重の風潮があり、明治生まれ等古い世代ほどその傾向が強いようだ。言うなれば、賢兄愚弟の向きがなきにしもあらずだからである。

つまり、経済状況からみてもまた沖縄の風習的考え方からみても、三男の高校進学は喜ばれることではなかった。そのような状況の時に、高校進学を勧めて、一歩押して下さったのが、クラス担任の先生だった。高校進学如何は、まさに、人生の分岐点であった。

ところで、進学となれば重要なのは成績である。その状態はどうであったか。中学校の時の学業成績は、クラスではトップだったことは疑いないとしても、学校全体では何番ぐらいだったのかは知る由もない。模擬試験等、統一的試験をやったこともなく、またあったとしても、公表されなければ分からない。昭和二十年代末に、那覇地域等の中学校では成績順番を張り出して公表していたそうであるが、中部の中学校では聞いたことがなかった。ただ、「彼」は「良く出来る」と耳にした者はいた。しかし、その彼とはクラスが同じになったことはなく、遊ぶ時の接触もほとんどなかったので、かいもく分らなかった。

後日解ったことであるが、「彼」はコザ中学校卒業と同時に高校は「首里高校」に入学し、その後「国費・自費留学試験」をパスして関東の国立大学の医学部に進んだ。評判どおり、優秀だったのだろう。首里高校は「旧沖縄県立第一中学校」であって、沖縄一の名門高校である。しかし、わざわざその高校への進学を目指して首里に行ったのではなく、もともと首里の出身だった。当時は、終戦時に首里・那覇の出身者が収容されてコザにずいぶん住んでいた。彼も、その中の一人であった。彼とは、「金城和夫」君である。そのような首里・那覇の出身者が、郷里に帰って行ったのだった。僕も後に、那覇高校で、コザ中学時代に顔見知りの人をよく目にした。

「国費・自費留学試験」は、当時、エリートへの登竜門だった。ちなみに、コザ中学校の同期で留学試験にパスしたのは同君や僕も含めて「四人」だった。四人は、すべて男子である。

つまり、成績からみて高校進学が期待されるレベルにあった。そのため、担任の勧めが功を奏して、高校進学が決まったのだった

## 12　コザ高校進学

昭和二十九年四月、地元の普通高校であるコザ高等学校に入学した。当時の中学生は、ほとんど、地元の高校に進学した。ごくまれに中部農林高校・那覇商業・沖縄工業高校等に進学する者があった。

コザ高校は、戦後の高等学校の歴史においては、創立が古い。「田井《たい》等《ら》高等学校」はじめ、それについで戦後三、四番目ぐらいの創立である。終戦直後当時は、首里や那覇高校もまだなく、中部地方には前原や石川高校を除き高等学校は皆無の状態だった。そのコザ高校から野嵩高校（後の普天間高校）や読谷高校が分離独立して設立されたのだった。そのため、初期のコザ高校には戦前の旧制中学生が随分在学し優秀な高校だったようである。

しかし、僕が入学した頃には、周辺にはすでに野嵩や読谷高校があり、南部には旧制中学の流れをくむ首里・那覇の伝統校も復活していた。この二つの高校は、進学に関してはさすがに

伝統高校、燦然と輝いていた。やはり、街の高校である。当時は、私学の高校は皆無だった。私学がはじめて設立されるのは、それから約七年後のことである。したがって、進学のため私学に進学することは夢物語であり、そのような生徒は皆無であった。

ところで、高校に入学はしても、感激した記憶はあまりない。合格を期して努力に努力を重ねた結果合格したというわけではなかったから、印象が薄いのも無理もなかった。ただ、今も鮮明に記憶に浮かぶのは、入学したからには頑張ろうという強い意識であった。それは、勉強ではトップクラスをめざし、卓球では高校チャンピオンになることだった。そのため、早速に教科書を購入し、クラブは卓球クラブに入った。

勉強については、予習・復習は怠ることがなかった。これは、性格的に小学校の頃から習慣となり、どんなことがあってもやっていた。

科目では、特に、印象深いのは、「数学」である。「数学」すなわち「解析Ⅰ」がおもしろく、高等学校らしいと感じた。二次方程式の一般解の公式を論理的に導き出す過程が、何とも興味深くおもしろかった。その上、時折、まじえる先生のユーモアも楽しく印象深かった。たとえば、「大きな屋敷の大邸宅だから遊びにいらっしゃいと言われて、喜んで行ってみたら、その家は大邸宅の片隅の小さな家だった」等、緊張をほぐすために一服、頭の休憩を取って下さったのであろう。数学の先生は地元の大学を卒業されたばかりで若々しくて、フレッシュであった。先生のお名前は、「富山安盛」先生である。

「英語」は、「読本」と「文法」に分かれていた。「文法」の授業は、懇切丁寧だった。これほど、丁寧で親切な授業はめずらしかった。同じところを何度も何度も、また同じことを幾度も幾度も、まるで自らに言い聞かせるように繰り返し説明された。懇切丁寧な授業の模範のようであったが、惜しむらくはあまりにも前に進むのが遅かったのが玉に瑕の感があった。先生は、温厚篤実の字を具現化したような先生であった。先生のお名前は、「盛小根英順」先生とおっしゃった。先生の人格的影響は、大きい。

「国語」については、印象深いのは、中学校の時の先生と同じ先生だったことである。つまり、コザ中学校からコザ高校に転任して来られたのだった。授業については、特に印象に残るものはない。ただ、この先生は中学校の三年生の頃、可愛がって頂き、当時クラスの級長だったので、「早く授業を始めて下さい」と要望した先生である。

国語の授業は、どういうわけか担当の先生が二、三度変わられた。「笠井善徳」先生に「友寄」先生である。笠井先生は、印象深い。というのは、コザ高校三期生の長兄が教わり、ついで次兄が、そして僕も一、二時間とは言え教わったのだから、兄弟三人が教わったことにある。笠井先生のお名前は、小学校低学年の頃から長兄の話によく出て来たので、記憶にあった。当時から、名物先生のようであった。記憶していた先生に直接教わったのだから、ちょっと感動的である。他方、友寄先生は、数学の富山先生と結婚されて、お名前が富山先生に変わったのも印象深く、記憶に残る。

「社会科」の授業もおもしろく興味深かった。先生は口角泡を飛ばして、熱弁だった。時折、ユーモアあふれる授業だった。ただ、この先生については、僕は首をかしげた。というのは、試験の答案の成績では、僕が一番よかったのに、成績評価では「5」ではなかった。「5」だったのは、Y君だった。Y君の答案とお互いに見比べたから、お互いの点数は確かに分かっていた。Y君は社会科が得意だったようで、何かの事情のため休学でもしたのだろうか、どういうわけか年齢も一つ上だった。そのY君は、先生と特別に親しそうであったのが、頭をかしげさせた。なぜか、印象に残って忘れられない。

しかし、興味を失ったのは、理科の授業だった。御年配のベテランの先生のようであったが、残念ながら決定的なほど興味をなくした。その理由は、主観的なところもあるかも知れないが、興味を失くしたことは間違いなく、確かだ。その結果、後の大学受験に際して、僕は苦しむことになった。その原因が、まぎれもなくこの「理科」である。

授業のことではないが、生徒についていては、さすが高校だと思わせる雰囲気があった。特定の科目について、特別に興味をもったり、また得意にしている生徒がいた。それは、中学校ではあまり見られない傾向だった。たとえば、国語等、クラスは違っていたが、知らない言葉をよく使う者がいた。ペダンチックではあったが、知らない言葉を耳にすることに、内心落ち着かないものがあった。それを克服する方法は、ただ一つ。辞書を覚えてしまえ、と思った。たまたま、家にあった「簡易国語辞典」を丸暗記しようと試みたのも、この時だった。また、英語についても、休み時間中も、何やら単語を覚えている者がいた。その真面目さや熱心さが、印象に残っている。

筆者と弟（高校２年と小学４年）

ただ、勉強は、地方高校の悲しさゆえか、それとも家庭事情のゆえか、あるいはまた本人の先天的自覚不足のゆえか、とにかく大学受験を意識して勉強することはなく、参考書を紐解くこともなかった。とにかく、学業成績は、「あの科目」を除いては、良

かった。

他方、クラブ活動も熱心だった。元来、スポーツはどの種目も得意である。卓球は、終戦直後の何もない時代から、不思議にピンポン玉を手に入れて板の上でやっていた。卓球は、スポーツの中でもなじみ深い。クラブの部員は、一年生は一人、二年生は三人、四年生が数人いた。メンバーはなぜか少なかったが、その分練習に恵まれた。行けば、すぐに練習ができたからだ。一・二年生は、特に熱心だった。真面目に沖縄チャンピオンをめざし、真剣に練習した。あまり自信を持つ性分ではないが、ことスポーツに関する限り、自信を持つ。できないことはできるまで、熱心にやる性分だからである。だが、小柄ゆえ、スポーツは何もできないように思われているから、世間は皮肉である。それとも、見る目がないと言うべきか。ただ、後に転校によって、クラブを中絶せざるをえなかったことは、至極残念無念であった。

家の状況は、相変わらずであった。それでも、家族のやっていることは変わらずとも、終戦直後からの最悪の状況からは脱却してきたかに思えた。次兄も、やがて高校を卒業し軍で働くことが決まっていた。次兄は、政府等沖縄では名のあるところのいくつかの採用試験に合格はしたものの、結局は長兄の勧めで同じ職場に勤めることになった。母・長兄・姉・次兄と働き手が増えていくようだった。受ければ合格するはずの大学進学等、家族の誰一人夢にも思わなかった。まだ、そのような余裕はなく、苦しいことに変わりはなかった。

## 13　那覇移転

僕は、高校に入学しても、相変わらず新聞配達は続けていた。ただ、それも一年生の夏休みぐらいまでであった。というのは、事情が急変したためであった。那覇移転である。まさに、晴天の霹靂。急転直下、家族が郷里の那覇へ転居することになったのだった。想えば、転居も、また人生の節目、分岐点であった。転居することになった理由は、すでに那覇に転居していた伯母さん（父の姉）の勧めである。それも、因縁である。伯母さんはすでに那覇に住んでいたが、より良い家を求めて瓦葺きの家を買い取るべく資金の工面のため東奔西走したが、気の毒なことにうまくいかなかった。そのため、事情が急変し、その家を母が買い取ることになったのだった。コザ高校一年生の初夏の頃である。

そのため、那覇高校に転校することになった。郷里に帰って行くことだから、当然のことだとは言え、越来やコザは終戦直後の物心ついた頃から育った馴染みの町や村である。それに、コザ高校では入学直後から決意を胸に秘めていたから、転居に合わせて即座に転校することにも少なからず心残りがあった。学年半ばからの転校が可能であることも知らなかった。結局、二、三学期は那覇からコザ高校にバス通学したのだった。つまり、那覇高校には、昭和三十年の四月、二年生の一学期からの転校（転入学）となったのだった。

## 14　転校～コザ高校から那覇高校へ～

コザ高校とのお別れに、尊敬と感謝をこめて、新垣永昌校長先生の意味深遠で感動的な「詩」をここに紹介させて頂いて、さよならを申し上げたい。その詩は、万象は「空《くう》」なりの仏教的人生観を謳ったものと思われる。

新垣永昌校長先生

# 我が真実を語る

一、生れて生きて死ぬるは事実
人生行路の自然の姿
己を正す心の儘に
惑わず辿れ楽しく進め

二、真善美聖は仰げる理想
近づく努力が為すべき務め
希望に生きて明るく暮らし
文化を築け人たるしるし

三、時間空間無限の中に
溶け込むまでの命と知れ
生ある者の行き着くところ
宇宙に帰る無に消える

# Ⅸ　那覇高等学校時代（昭和三十年四月〜同三十二年三月）

# 1　転校人生

事情により、突然、那覇高校に転校することになった。転校は、きわめて偶然だったが、その意義は決定的なほど重要であった。ここで、人生が決まったとさえ言えるほどである。

転入学に際しては、昭和三十年の四月初めに、学校側から説明があった。保護者と同伴であったが、説明は教室で行われた。その説明は履修にあたっての心得事項であったが、詳細は記憶にない。印象に強く残っているのは、転入生で教室があふれんばかりだったということである。つまり、一クラスほどが転入生であることに驚き、そのことが印象深かった。それは、名門校としての那覇高校の人気の高さを意味していたのかも知れない。

ところで、転入学の種類や動機には、次のような幾つかが考えられる。①進学上の有利性、②制度的編入学、③復活転入、および④特殊事情等である。

まず、進学上の有利性については、那覇高校が進学校として名門であるから、沖縄全島から

進学のために入学を志望してくるのはきわめて自然なことであり、よく理解できることである。転入学後に、親友になったY君もそうである。この転入生のような動機が動機としては一般的と考えられる。

次に、制度的編入は、本島周辺の離島にある分校から転入学することである。離島には、経済的またはその他の事情から、分校制度が設けられていた。そのため、一年生までは離島の分校に在籍し、二年生の時から本島の高校に転学する。どの高校に転入学するかは原則的には決まっていても、本人の希望によって選択できたようである。たとえば、伊是名村や伊平屋村などである。両村には各々名護高校の分校があるはずだから、一般的または原則的には名護高校に進学すべきであると考えられる。しかし、希望によって那覇高校に転入学することも可能である。事実、同年齢の伊平屋分校出身者はほとんどが名護高校に転入し、一人だけ那覇高校に転入学した。他方、伊是名分校出身者は、名護高校と那覇高校にほぼ半数ずつ転入学したようである。那覇高校で、伊是名出身者の転入生がずいぶん多かったことが印象的だった。これなどは、分校制度に基づく転入学であるから、制度的編入と呼んでいいだろう。

また、復活転入とは、那覇高校入学試験を受験して不合格とはなったものの、いったん他の高校に入学し、その後那覇高校に転入学することである。受験失敗が転入によって入学が復活するから、復活転入と呼んでよい。この手は、巧妙であるから、気が付きにくい。その例は、離島出身者に見られる。離島の中には、分校ではなく本校のある離島もある。その離島の中学校卒業時に那覇高校の受験に失敗して、いったん島の高校に入学し、一年生の二学期から転入学することである。離島の中で本校のある高等学校入学者にその例があるようだ。

最後に、「特殊事情」は、那覇への転居等が考えられる。転居の理由もいろいろ考えられるかも知れない。純然たる転居か、あるいは転勤のための転居か等、種々であろう。

転入学の性格は、上述のように種々考えられるが、僕の場合は、④の「特殊事情」に該当する。戦争で那覇から戦火に追われ、収容されたコザから郷里である那覇への帰郷が家族の事情ゆえに遅れたに過ぎなかった。だから、那覇高校への転入学は何らかの目的をもって転入学したのではない。郷里に帰って来たから、郷里の学校に入学したということに過ぎない。しかも、自宅と那覇高校との距離は目と鼻の先ほどである。始業のベルが鳴れば、走って行って間に合う。つまり、那覇高校への転入学は当然の思いがあった。郷里の高校、しかも直ぐ近くの高校、それが那覇高校であったことは、真に幸いだった。しかも、名門校だからである。

また、転入学に際して、当時は、おおらかだったことも幸いだった。もし転入学試験があったならば、転入学者はあるいは減少したかも知れない。一般に、名門校の場合には、転入学試験はより難しいからである。

とにかく、転入学ができたのは、顧みて有り難いことであった。想えば、小学校入学以来、転校を繰り返してきた。それも、すべて、学年と学期の真ん中である。つまり、転入学人生である。もちろん、僕自身の目的や意図をもって転校したのではなく、すべて家族の事情によるものであった。

## 2　那覇高校の様子

那覇高校の様子を、見てみよう。その様子を内からと外からも見ることが重要であり、かつ客観的である。それができるのは、転校生であろう。転校生は複眼的だからである。

### (1) 自由

中央と地方、街と田舎では、学校の雰囲気がまるで違う。まさに、「ナーファンチョー　ナーハイバイ」である。那覇の人は、各自が思うままに行動する。言うなれば、自由闊達である。良いか悪いかは知らないが、群れることがない。このことは、学校にも当てはまるようだ。そのことは、あらゆる面に現れてくる。街の学校と田舎の学校では、やはり雰囲気が違う。街の学校は、みな、のびのびとしている。それは、顔にも行動にも現れていた。街の子は口から生まれるとは、よく言ったものである。口数が多く、軽口もまた然り。口で生き、頭で生きるのが都会人である。田舎人は鍬と鎌を持って物言わぬ土を相手にするから、言葉は不要であり無用である。田舎学者より京の乞食である。那覇高校は、もちろん沖縄一の街、那覇にある学校である。自由でのびのびしていること、これが、那覇高校に関する第一印象である。

## (2) マンモス校

生徒の数が多いのに、圧倒された。一学年、約五百数十人である。校歌でも「千六百」と歌われるほどであるから、生徒数でも他校を圧倒している。クラス数でも、片や転校前の学校の七クラスに対し、こちらは一一クラス。約一・六倍弱である。クラス名と生徒名を一致させるのは、容易ではない。あるいは、同期生であるか否かを見分けることすら、難しい。

今でも、忘れられない想い出がある。卒業式の後に、親友と共に先輩の家に行ったことがあった。訪問の目的は、親友が大学・名古屋工業大学に進学することになったので、同大学の様子を聴くためであった。その先輩は、名古屋工業大学に在学していたからである。お話を伺っている時に、可愛い娘さんがお茶を出してくれた。見ると、その子は同級生であり、生徒会の女子副会長であった。話をすませて、帰り際、彼女が僕に言った言葉が忘れられない。「あなたも、同級生？」と。失礼千万とは言わないが、大変なショックだった。いかに僕が転校生のため馴染みがうすく、同級生に比して若く見えたにしても、この言葉には脳天を突かれた思いだった。

つまり、僕が転校生であるか否かとは関係なく、那覇高校はクラス数が多いため、同級生でも見分けがつき難いのである。なお、彼女の名前は「宮城靖子」さんといった。

## （3）秀才の群れ

生徒数が増えれば、秀才も増える。これは、一般には、理の当然である。しかし、単純にそうも言えまい。烏合の衆という言葉もある。地方の二つの高校を合体して一つにし都会の進学校と生徒数を同数にしても、進学に関して同じ効果が得られるか否かは保証の限りではない。集団ではなくとも、個人の場合はどうか。一人の生徒が地方の高校で学んだ場合と都会の高校で学んだ場合とでは、勉学上の効果は違うか。難しい問題であるが、あえて言えば何か違うようだ。

那覇高校２年　百名海岸（クラス旅行）

口で生き頭で生きるのが街であり、都会である。ここでは、勉強は生きるための命である。田畑があるわけでもないから、勉強しないと生きていけない。鍬に代えて鉛筆を持って生きるのが、都会人である。したがって、当然に勉強熱心な者がより多い。熱心な者の周りには同じく熱心な者が集まる。池に小石を投げれば輪が広がるように、優秀な人の場合にも輪が広がる。まさに、類は友を呼ぶ。勉学の雰囲気があり、それが強い。

また、地方の中学校時代、戦争でその地方に収容されていた卒業同期の一人が、高校は郷里の都会に帰って地元の都会の高校に進学した。その高校は、沖縄一の伝統ある名門高校である。彼は、そこでおそらくトップであった。

つまり、言うなれば、教育とは環境なりであり、その効果は環境の関数である。これが、街の高校の特徴であり、那覇高校の特長である。要するに、那覇高校には秀才が多いということであり、多いのは環境の影響も大きいということである。環境とは進学に関する目的意識が強いということである。あえて繰り返して言えば、秀才がいるのではなく、秀才が多いのである。トップは一人ではなく、集団がトップである。したがって、秀才の名を一人挙げるのは難しい。

上述のことは、地方と街の両極端の学校を共に経験した者の印象である。

## （4）美人の群れ

那覇高校には、美人が多い。いや、美人も多い。どこの高校にも、美人はいるものだ。女性のいるところ、美人がいるに決まっている、ということにしよう。美人は、ある意味では、相対的であり、主観的であるからである。痘痕《あばた》も笑窪であるが、時に笑窪も痘痕である。

美人の数も、生徒数の関数のようだ。女子学生の数が多ければ、美人の数も多くなるのだろう。那覇高校には、家庭科コース等もあったから女生徒も多かった。その多い分だけ、美人も多いと、僕には思われた。思ったのは、僕だけではなさそうだ。

もちろん、地方の高校にも美人がいることは言うまでもない。しかし、居ても一人二人であろう。那覇高校に関しては、美人についても、秀才の場合と同じことが言える。それは、美人が多いということである。友達に聞かれたことがある。「君は、那覇高校の三大美人を知っているか」と。まるで三大美人として固定している美人がいるような聞き方である。そんなことは聞いたこともなく、美人は三人どころではないと思っていたが、とにかく美人と思う人を三人挙げたら、それは違うと言う。彼が挙げた美人は、僕の挙げた美人とは違っていた。つまり、美人が多いのである。その選択規準は多分に主観的であるから当然であろう。美人を一人だけ挙げるのは、難しい。美人が多いこと、これが、那覇高校美人の特徴である。

那覇高校美人には、もう一つの特徴がある。これこそ、那覇高校美人の特長である。それは、都会的センス抜群だということである。街の高校の生徒であるから、当然と言えばそれまでであるが、平たく言えばあかぬけしているということだ。それに、インテリジェンスが感じられる。僕の知っている那覇高校の美人は、みんな賢い。これも、当然であるが、彼女達は美人である前に那覇高校生である。つまり、才色兼備、これが那覇高校美人である。単に顔が綺麗だけでは、那覇高校美人とは言えない。この点を、男子が見分けるのはちょっと難しい。というのは、男子たる者、美人の顔の美しさに目が眩《くら》んで美人の中味を見る目がくもりがちだからである。

しかし、内面的な那覇高校美人の特長を見逃しては、美人が台無しも同然である。つまり、那覇高校美人は都会美人であって、田舎美人とは違うということである。もちろん、この美人論は約六十年前の美人に関してであって、かつての美人の今日の姿は保証の限りではない。美人の加齢的な入れ替わりも、十分考えられる。加齢につれて、女性は不可避的に整形手術を受けるからである。その手術は神様が施すから、誰も避けることができない。やはり、美人は相対的である。そうなると、那覇高校美人の特長が、益々その意義を高めることになるのかも知れない。インテリジェンスは変わることなく益々輝いてくるからである。言うなれば、那覇高美人は数学とお化粧を愛するレディーである。

なお、那覇高校美人が都会美人というのも、相対的にすぎない。全国的に見た場合、東京の日比谷高校に比べて那覇高校といえども田舎高校にすぎない。つまり、那覇高校の都会美人も全国的には田舎美人と化す。所詮、美人とは相対的なものである。

## 3　那覇高校生活

ここまでは、那覇高校に関して、一般的な印象を硬軟合わせて述べた。個人的高校生活如何となれば、これが大事であり、これぞ那覇高生である。

## （1）授業と勉強

まず、勉強である。学校における勉強の中心は、無論「授業」である。那覇高校は、転校元の高校とは、受業形態が違った。元の高校では、授業はホームルームの「クラス単位」で受けていた。受業のために、ホームルームの教室から移動することは、原則的にない。ほとんど、同一教室に留まる。例外は、体育や音楽に生物の授業である。体育は教室外の授業であるから教室からの移動は当然であり、また生物は理科的設備を必要としたから教室移動は当然である。

これに対して、那覇高校では受業形態が違った。授業は、ホームルームのクラス単位で受けるのではない。授業科目ごとに、教室も違えば、授業を受ける生徒も違う。つまり、授業科目ごとに、教室を移動し、ホームルームクラスのメンバーは分散する。

学校によって、受業形態が違うことを知ったが、何れの形態が良いかはにわかに判断し難い。教室移動・クラス分散方式が、那覇高校の受業形態の特徴であるということは言えるであろう。しかし、それが特長であるか否かはにわかに判断し難い。受業の度にあっちこっち動き廻るのは、どこか、ナーファンチュ(那覇人)気質を思わせるような気がしておもしろい。

授業の形式は特徴的であるが、授業の実質的特徴はどうか。たとえば、先生についての印象はどうか。

転校して来たのは二年生の時であったが、この時は緊張していた。なにしろ、天下の秀才の集まる那覇高校である。那覇高生は、みな秀才に映ったものである。そのため、授業は英語等、いつも最前列に座って受けていた。印象的だったのは、この英語の先生である。授業は明解。読本の授業ではあったが、時折説明される文法は解りやすく、かつ高級であった。「前置詞の目的語」に関する説明であったが、それは二年生の春頃であったから、英文法についてかなり勉強していないと解らないことだった。大学新卒のフレッシュな先生だったが、印象に残っている。先生のお名前は、「具志堅政史郎」先生である。

那覇高校２年　百名海岸
（クラス旅行：前列向かって右が筆者）

逆の意味で、印象に残っている先生もいる。それは、社会科のある科目の成績評価についてである。その評価が何と最低であった。その授業も真面目に受け、試験の結果の答案の点数も良い。しかも、一年間の授業期間中、その質問をしたのは僕だけであった。その質問の内容は、今も鮮明に記憶にある。それは、「ジャガイモの原産地」に関する質問であった。先生の御説明によれば、「ジャガイモの一番の産地は冷温帯のウクライナ地方であり、その原産地はメキシコ・中南米である」とのことだった。これに対して、質問した。「ジャガイモは冷温帯で一番よく取れるのに、どうしてその原産地が亜熱帯のメキシコなんですか?」と。その質問に対する先生の解答は、明解だった。いわく、「メキシコは亜熱帯ではあるが、高地や高山がある。百㍍上るごとに約一度気温が下がる。だから、高地や高山の涼しい所でジャガイモが育つ。」と。

つまり、授業もまじめに、良く受け、質問もし、試験成績も良い。にもかかわらず、成績評価はなぜ。この先生に対する残念な思いは、今も消えない。

那覇高校の先生全般について、その印象を述べることは難しい。当然のことである。その理由は、種々考えられる。まず、先生が多いことである。教員数は、主要な各科目については五人、全体では六〇人である。一クラスの生徒数をオーバーしている。元の高校では、各科目について、教員数は約二、三人であるから、後は推して知るべしである。生徒数が多ければ、それに応じて教員数も多くなるのはきわめて自然である。つぎに、各科目について、担当の全先生の授業を受けたわけではないということである。それは、望むべくして不可能なことである。

ただ、授業を受けたことのない先生について、「あの先生はいい先生だ！」という話や噂はよく耳にした。聞く度に、きわめて残念な思いがしたことを、覚えている。その評判の良い先生の授業は受けたくても受けることができないからである。さらに、転校生だったということである。そのため、当然、受ける授業も制約されてくる。全先生の授業はおろか、評判の受けてみたい先生の授業さえも受けられなかった。

つまり、那覇高校は先生の数も多く、立派な先生も多かったということである。

## (2) 先生の「一言」と人生

二年生で転入したが、転校当時のクラス担当の先生は「稲福金次」先生であり、三年生の時の担任は「比嘉文三」先生であった。お二人の先生から、励ましを頂いたお蔭で人生の道が開けた思いがする。正に、人生の師である。

### イ．稲福金次先生

「稲福金次」先生は、授業の担当科目は「世界史」であった。その授業は、残念ながら受けることができなかった。転校生は受講科目の選択に制約があったために、世界史の選択ができないためであった。転校一年目の一学期末、通知表を渡す際に、成績の概評をされて、おっしゃった。「このクラスは、英語が苦手なようだ。『5』はただ一人」と。名前の公表はなかったが、それは僕だった。この先生の一言は、僕に自信を与えて下さった。転校して来た当初で、様子がまったく解らず緊張していたから、先生の一言で安堵感がわいたからである。

しかし、まったく逆の言葉も頂いた。卒業も間近に迫った三年生の時のある日、学校のすぐそばの道で先生に偶然にお会いした。その時に、先生は、さりげなくおっしゃったに違いない。「就職は決まりましたか?」と。ショックだった。この一言は、終生、忘れられない。僕は、じっと先生を見上げた。「この先生が、そんな言葉をなぜ」と。先生は、二年生の時のクラス担任であり、僕の成績はよく御存知であるはずなのに、なぜとの思いで頭がいっぱいだった。この一言が、僕を奮起させたことは間違いなかった。屈辱感から、先生の一言を反証すべく心の駒にムチ打ったのだった。これも、ある種の励ましなのであろう。

## ロ・比嘉文三先生

三年生の時の担任は、「比嘉文三」先生である。比嘉先生の担当科目は「数学」であり、それも「解析II」である。幸い、授業を受けることができた。一般には、その科目は二年時に受講するはずであるが、これも転校生ゆえの科目選択の制約から三年時に履修したのだった。ある時、微積分に関する授業で、先生と違う方法で解答をして、ほめられたことがあった。クラス担任の授業なので、頑張っていたのかも知れない。

またある時、比嘉先生が、数学の先生の集まる場所である「数学詰所」の前を通りかかった僕と東江君を呼び止めて、その詰所に招き入れた。先生は、数学の模擬試験結果の成績一覧表を目の前にして、一番から数番の成績まで教えて下さった。こういうことは、めったにないことである。僕は、五番で、その次が「東江正夫」君だった。その学年統一模擬試験は、在学中に学校の実施したたった一度の試験であり、確かライバル校の首里高校が始めたことによる影響のようだった。このご親切も、少なからず僕の励みになった。このことは、比嘉先生の温かい励ましとして、強く印象に残っている。

比嘉文三先生

また、卒業を前にしたある時、比嘉先生は、おっしゃった。「ヘシキは　受ければ　トオルと思うんだがなぁ」と。ほかならぬ担任の先生の言葉である。この一言が、後にどれほど励みになったか計り知れない。

なお、比嘉先生は、卒業後、重要なことで我が家にお出で下さったのだった。お二人の先生の一言は、対蹠的である。表現的には、一方は励ましであり、他方は屈辱である。しかし、実質的には、共に、等しく励ましとなった。真に、有り難いことだった。

## （3）課外活動

高校入学時は、卓球でチャンピオンになることを夢見ていた。一年生の時は、そのために励んでいた。しかし、転校となって、中断の止む無きにいたった。残念なこと、この上なかった。転入校の那覇高校で、また入部すればよいと思った。

しかし、ここでは、縁がなかった。部員は、同期生に関しては、四人で固まっていたのだった。四人というメンバーは、シングルスでもダブルスでも試合等に出場するにも、ちょうど都合がよいからである。やむをえず、那覇高校定時制のクラブに非公式に加えてもらって練習していた。夜の六時から八時頃までである。しかし、定時制でも、まもなく練習が出来なくなった。当初は好意的に加えてもらっていたが、定時制の生徒にとって夜の時間は貴重である。そのため、断られてしまったのだった。

結局、那覇高校では、どのようなクラブにも入ることができなかった。スポーツが好きだっただけに、至極残念無念の思いだった。

それでも、三年生になった時、親友ができたため、同窓会館である城岳会館で、彼と共にいつも夜遅くまで二人で卓球を楽しんでいた。

## （4）那覇高校の友　～東江正夫と山田義教～

クラブには入部できず、クラブ活動の友達はできなかった。その代わり、親しいクラスメイトでありかつ勉強上の友達ができたのは、まさに、神の恵みだった。地獄に仏である。その親友のお蔭で、高校生活を有意義に過ごすことができたのはただ感謝あるのみである。

### イ．東江正夫

まず、親しいクラスメイトは「東江正夫」君である。二年生の時はクラスが違っていたが、三年生の時にクラスが同じになって初めて彼と出会った。彼は体格は中肉中背で、肌浅黒く、いかにも精悍そうに見えた。那覇市内の真和志中学校出身であったが、中学途中まで生まれ育ったのは伊是名村であった。つまり、出身地は伊是名村である。

彼は、真面目な性格であり、勉強もできればスポーツもよくした。その点が、気が合ったの

東江正夫君

かも知れない。そのため、何をするにも、いつも一緒だった。勉強の話もすれば、スポーツもよくした。学校でのことは別にして、勉強は一緒にするということはそうなかったが、勉強したことの話はお互いによくしあった。彼が「全国大学入学試験問題集」をやっていると聞いた時は、ショックで、大変な刺激を受けた。その問題集というのは、全国の国・公立大学はじめ有名私立大学の入試問題集であって、その厚さは大きな部厚い辞典なみであった。彼は、全科目、平均的によくできた。

他方、彼とはスポーツもよくした。上手な方である。二人ともクラブには入っていなかったから、何でも自由に手軽にできた。その典型が卓球だった。場所は、当時の城岳会館の二階。同会館の一階は図書館で、二階はホールになっていた。ホールには一段高いフロアがあって、そこにはピアノが置かれていた。また、ホールの隅の方にはどういうわけか、卓球台が一台おかれていた。そこでは、音楽クラブ部員がよくピアノの練習をしていた。

放課後、東江君と卓球をするのが常だった。ほとんど二人でした。上達のための練習をするのでもなく、また試合をするのでもない。とにかく楽しんでやっていた。とは言っても、真剣であった。たまに、他人が割り込むことがあった。彼の秀才の嘉手川勇君も、ひょっこり現れて加わることがあった。同君は、高校入学時、トップ合格の成績だったそうである。参加者が増えると、みんなで仲良くローテンションで楽しむため、試合をすることもあった。

卓球は、時折、夕闇がせまり辺りが暗くなるまですることもあった。完全に、暗闇となって物音一つしない。響くのは、二人のしているピンポンの音だけのこともあった。そのような時、夜の静寂をぬってどこか物悲しいメロディがよく流れて来た。それは、一人の乙女がいつの間にか現れて、ピアノの練習をしているのだった。曲はいつも同じ。その曲が「乙女の祈り」だと知ったのは、ずいぶん後になってからである。一学年下の女子生徒で、名前は知る由もなかったが、毎日のように現れてはピアノを弾き、いつの間にか姿が消えていた。また、時折、一人の男子生徒がやってきて、ピアノの伴奏に合わせて歌曲を歌っていた。どうして小柄な体からあの声が出るのかと思われるほどに、バリトンのよく響く声だった。二学年下であったが、練習熱心であった。後日、解ったことであるが、彼は音楽の道に進み、声楽家として活躍しているそうである。

東江君とは、共に学び遊んだ。彼は、後に「全島大学入学模擬試験」の成績は五番であり、「国費・自費留学試験」の「国費」に合格して名古屋工業大学に進学した。

ロ・山田義教

山田義教君は、クラスは違った。しかし、同じく転校生だったことから、親しくなった。同君は国頭郡の出身で、辺土名高校からの転入だった。体格は普通であり、性格は真面目そのものであったが、暗いということではなかった。温厚誠実そのものである。

彼こそは、勉強するために、生まれて来たと思わせるような人柄であった。心から勉強や学問が好きなようであった。特に、理数系が強く、数学が得意であり、素質は抜群であった。那覇高校で理数系に強いと言われていたM君と小学校か中学校で机を並べて一緒に学んだそうであるが、よりできたのは山田君であり、卒業式で学校を代表したのは同君の方だったそうである。そのことを、同君から聞いたことがあったが、同じことを高校時代の学友からも聞いた。誠実な彼のことである。その言葉に偽りがあろうはずもなく、事実と自信に基づくものであったのだろう。決して気負うところは微塵もみられなかった。少なくとも、そう思わせるほどに素質は抜群で、優秀であった。

山田義教君

僕は、数学で教えてもらうことがあった。教室外で出会って質問すると、彼は突然しゃがみこんで棒切れで地面に書いて解き始めた。「なるほど」と思うことが、しばしばだった。その彼よりも、試験の成績では僕が勝っていることがよくあったから、不思議であった。弘法も筆の誤りか、あるいは猿も木から落ちるということか。とにかく、不思議であり、愉快だったが、このことが僕にある種の自信を持たせた。山田君は勉強一筋であったから、勉強のことは話し合うことがあっても、共に遊んだりすることはほとんどなかった。山田君は現役で留学試験に合格し、名古屋工業大学に進学した。しかし、同君は、自己の能力に期するところがあったのであろう。東京工業大学への進学志望の念強く、せっかく入学した名工大を退学し、浪人した。その結果、いわゆる二期校の大阪府立大学工学部等にも合格はしたものの、進学したのは早稲田大学理工学部数学科だった。同大学は立派な大学とはいえ、彼の素質

後列中央が山田君前列向かって右端が筆者

と熱望を思うにつけ、ただただ残念でならない。

優秀な山田君に出会えたことは、ほんとに有り難く、感謝であり、神の恵みに頭を垂れるばかりである。

## 八・島袋春弘

島袋春弘君は、三年生の時の転校生である。同君は、身長が高く痩せ形である。クラスは違ったが、比嘉文三先生担当の数学(「解析Ⅱ」)の授業が一緒だった。そのせいか、よく顔を合わせ、親しく話した。細身の身体的特徴から、同君を見ると戦前の旧制中学生がよく歌ったとされる戯れ歌の「二中番」を彷彿とさせる。「六つとせ　虫も食わないひょろひょろの　色白二中の　青二才　そいつぁのんきだねゝ」の歌である。その歌を具現化したのが同君である。つまり、同君は真面目そのものであり、ただただ勉強一筋である。那覇高生のモデルたる模範生である。

学校の城岳同窓会館にあった図書館で一緒に勉強した時の様子が、昨日のように想起される。ある日、かの厳粛なる図書館で隣り合わせの席に座って勉強していた時、視界の可愛い女の子が気になったのか、二人で囁いた。一方が「あの子とキスできたら!」と言ったら、同君が

島袋春弘君

「キスして噛み切られるよ！」と囁いたから、たまらない。可笑しさのあまり、お腹がねじれそうで、笑いをこらえるのがこうも苦しいものかと思うほどだった。抱腹絶倒どころではなく、ただただ苦しくてたまらなかった。「キス」という言葉を聞いただけでも全身が震えるような思春の頃なのに、たたみかけて「噛み切られる」という言葉が口から出たから青春の感情が極限に達したのだった。さすが、同君は医者の卵であった。

島袋君は、例の全島「大学入試模擬試験」では、「生物」の科目では県下で「一番」であった。同君は蛍雪の功なって、現役で留学試験の医学部に合格。京都大学大学院を経て、現在は脳外科の専門医となって活躍している。僕は、一足先に大学生となった同君から励ましの手紙等を幾度か頂き、参考書まで譲ってもらった。後に、僕が合格して大学に入学して間もない頃、同君と彼の友人である数人の医学部生と連れ立って東京は浅草の「日劇ラインダンス」や裸踊りをはじめて観に行ったことも忘れられない。

## (5) 優秀な「授業クラスメイト」

ホームルームや授業のクラスメイトにも、優秀な学友がいた。

まず、「金城勇二」君である。同君は、三年生の時の「国語」と「英語」の授業が同じクラスであった。同君は、実に穏やかな性格である。泰然自若として、悠々せまらぬものがあった。彼が優秀であるにもかかわらず、僕が転校生ゆえにそうだとはまったく分からなかった。

彼が優秀だと分かったのは、三年生の夏に行われた「全島大学入試模擬試験」の結果を知ってからであった。彼は、英語の成績がトップであったばかりでなく、総合成績でもなんとトップだった。三年生三学期の英語の期末試験の結果は、一位が金城君で九十二点、二位は宮里雅夫八十四点、三位は僕で八十二点だった。卒業式で賞を授与されたのは金城君ただ一人であり、それは「英語賞」であった。

なお、金城勇二君は東北大学法学部に進学し、在学中に司法試験二次試験に合格、大学院一年生で三次試験に合格して法曹界に進んだ。後のことであるが、偶然とは言え、同君の兄の「金城弘征」さんは、僕とは大学の同窓である。

ここで、宮里雅夫さんについて、特記しておく必要がある。同氏は、同級生でありながら、あえて「君」ではなく、「さん」と呼ぶ。同氏は確かに同級生ではあったが、一見明らかに同級生とは思えない顔であった。見るからに落ち着いており、真面目で、勉強熱心に映った。同じ英語クラスでありながら、話したことは一度もなかった。しかし、なぜか心が魅かれるところがあった。特に、卒業近き頃、彼は歯学部志望で「国費・自費留学試験」に合格し、喜びのあまり人目もはばからず涙ぐみ喜んでいた姿が印象的だったからであった。進学した大学は、東京医科歯科大学だった。

一度連絡を取ってみたいと思いながら、卒業後約五十数年の月日が流れた。幸い、同期生の名簿が送られて来たので、同氏の住所を確かめ意を決して手紙を出し、電話をかけてみた。電話ではじめて話してみて、様子が分かり、感動した。お話によれば、確かに、同氏は同級生ではありながら同年生ではなかった。年齢は、高校生の頃、僕達より約七年ほど年上であった。それは、那覇高校の定時制夜間部に入学して卒業したが、大学受験のために必要な学業年数が足りず、中間部に編入したということだった。

そもそも、夜間部に入ってきたのは、いかなる理由からか。動機は何か。この世代は、教育上、戦争の大きな犠牲者であり、その影響は計り知れない。同氏は、戦後軍に勤めていたようであるが、そこでアメリカ人に出会い、その人から英語を学ぶように言われ、費用は出すから高校へ行くようにと勧められたのだった。その後、夜間部から昼間部の那覇高校に編入し、東京医科歯科大学を経て東北の仙台市で開業。長年勤めた後、家業は息子に引き継がせて、自らは身を引いた。その後、七十歳代でアメリカの大学院に留学した。教師の資格も取得したようで、ただ今は、医師をめざす理系専門学校で教え、後輩の指導にあたっているとのことだった。

感銘を受けたのは、宮里さんのキャリアは言うに及ばず、同氏が勧学の恩人であるアメリカ人を捜してアメリカに訪ねて行ったということである。その恩人はすでに他界して、お会いできなかったそうであるが、肝に銘じたい話である。

なお、最近、調べてみて分かったことであるが、宮里さんは、第一回「全島大学入学模擬試験」（英・数・国のみ）では英語の成績は数番であり、総合成績順位もトップクラスであった。

## （6）ホームルームのクラスメイト

また、ホームルームのクラスメイトでは、優秀な長嶺功一君がいた。同君は、きわめてユニークな性格の持ち主である。自宅は小禄であったが、毎日徒歩通学し、着衣は夏冬同じカーキー服であった。カーキー服は米軍人のつけるユニフォームである。その服は長袖で厚いから、夏は暑く冬は寒いはずである。座席は一番前で僕と隣り合わせであったが、教室に入るといつも扇代わりにノート等で煽いで涼をとっていた。見ると、汗びっしょりであった。

同君とは、「国語」の授業で同じクラスだった。他に、金城勇二君や親泊英夫君等もいた。金城君と長嶺君は、試験の時等行動が好対照だった。試験の答案提出の際に、長嶺君は真っ先にさっと提出して教室を出て行くのがいつものことだった。対蹠的に、金城君は最後までねばりにねばるのが常だった。秀才共に好対照なのが、印象的であった。三年生の三学期の終わり頃、国語の授業時間に、僕は遅れて教室に入った。遅れたのは、本土に受験のために行く友を那覇港に見送りに行ったためであった。遅れて教室に入るなり、最前列に座っていた長嶺君が僕に答案を渡して、こっそり耳打ちした。「君が最高点だ。」と。最高点は、二学期は同君であり、一学期は女生徒であった。

長嶺君も、秀才。しかし、優秀とは知らなかった。そのことを知ったのは、例の「全島大学入学模擬試験」の結果を知ってからであった。彼は、総合成績順位で十番以内に入っていた。医学部志望で、「留学試験」にパスして名古屋大学医学部に進学した。

阿波連本伸君も、同じホームルームのクラスであった。同君は、二年生の時から同じクラスであり、大柄で泰然自若の感があった。同級生とは思えぬほどに落ち着いており、どちらかと言えば、文系が得意なようだった。留学試験をパスして、中央大学に進学し、難関の司法試験に合格して、法曹界で活躍している。

ホームルームのクラスメイトで、「国費・自費留学試験」に合格したのは、僕も含めて最終的には四人であった。

上述の優秀なクラスメイトは、ホームルームや授業クラスが同じであった学友について述べた。そのようなクラスメイト以外にも、もちろん優秀な学友がずいぶんいたが、ここでは割愛せざるをえない。

要するに、那覇高校には優秀な学友が各クラスごとに群雄割拠のごとき感があったということである。誰がトップであるかが解らないほどに、優秀な者が集団をなしていた。後に、「花の十期生」と言われるゆえんである。これが那覇高校の強みであり、伝統校の強みである。まさに、勉学は環境なりである。それゆえ、僕にとって那覇高校に在学したか否かが人生において与えた意義は計り知れない。

## 4　那覇高校の意義～受験自覚と自信～

優秀な学友を目にして分かったことは、正規の授業に関する普通の学業成績では様子が分かって落ち着いたが、受験実力では内心穏やかならぬものがあったということである。これが、何よりのショックだった。そのあまり、それも、一年生から在学していたらとの思いに強く駆られた。転校生は科目履修上も何かと不利であるばかりでなく、一年次から在学していれば良き師良き友の恩恵により早くから恵まれていただろうからである。しかし、それは過ぎ去ったことであり、もはや如何ともし難いことであった。

那覇高校生活で得た何よりの収穫は、大学受験への自覚を明確に持つようになったということである。この収穫は貴重であり、人生行路において決定的ですらある。那覇高校に転校していなければ、大学受験の自覚を持つことはなかっただろうからである。かえすがえす、那覇高校で学んだことにより、受験の自覚と自信を持つようになったのだった。自覚は、優秀な学友に恵まれ、特に勉強熱心な親友に恵まれたお蔭である。自信は、優秀な学友と共に机を並べて学んだお蔭である。正規の授業の成績では誇りを持っていたからである。反面、受験実力のなさが痛感させられた。そのうち、一番の問題は理科の科目、ただ一科目だけであった。

那覇高校卒業時

# レットウカンの翼

僕はレットウカンの翼に乗って、人生行路を飛行しているようだ。顧みて、しみじみとそう思う。それが培われたのが、我が母校の那覇高校時代であったような気がする。

希望の翼に乗って、那覇高校飛行場に強制着陸した。昭和30年4月のことである。つまり転入学である。当時の那覇高校は、勉学・スポーツの中心であった。留学試験の合格者数では断然群を抜き、スポーツでもほとんどの競技で優勝する等、正に文武両道、天下の那覇高校として、その名を県下に轟かせていた。

転校当時、すべてに緊張し、レットウカンを感じたものだ。他の学友と違い僕には同じ中学の出身者がなく、友達も皆無だったからである。もっとも、転校による孤独感を味わったのは、高校ばかりではない。小・中学校でも転校を経験し、転校人生だったからである。特に、那覇高校は、学校の規模が大きく、生徒数も断然多い。それが、孤独感に輪をかけて、一層暗黙のプレッシャーを与えた。生徒数が多くなれば、秀才も当然増える。事実、那覇高生は皆秀才に見えたものである。

さらに、那覇は沖縄唯一の「都会」である。ただそれだけで、田舎者はプレッシャーを感じ、レットウカンを抱くものだ。那覇高生の都会育ちでスマートな雰囲気がまぶしく、それがコンプレックスとなって映った。美人も多く、これまた田舎美人とは違い、ハイセンスである。その都会美人が、我が3年2組に集中したのは、孤独だった僕への神様の恵みと言うべきか。時を経て、仲良くなったのは人生の幸せである。

かくのごとく、転校当初、大いにレットウカンを感じたのであるが、反面、それゆえに、かえってれっとうかんが湧いた。那覇高生必ずしも那覇の出身者にあらず。その点、僕は元来那覇の出身であり、戦前の幼稚園時代から那覇で過ごし、那覇高校への転校は生まれ故郷に戻ってきたためであった。彼の戦火を逃れ、那覇から離れていたに過ぎない。つまり、転校生ながら、実は本来の那覇高生なのだという自覚が湧いてきたから不思議である。

また、レットウカンゆえに、それがドライブとなって僕の心に点火してくれたのだった。レットウカンゆえにれっとうかんを燃やして、英語と数学は、とにかく猛勉強。転校した二年生の夏頃までには、「英文解釈」など英語や数学の参考書類等は読破していた。

つまり、「レットウカン」(「劣等感」)のお陰で『れっとうかん』(『烈闘感』)がいやが上にも燃えたのだ。それが、僕の性分である。両者は僕の人生飛行の両翼であって、左翼の「レットウカン」で状況をつかみ、右翼の『れっとうかん』でその解決のために励む。どうやら、その骨格は那覇高校時代に育まれたようだ。

レットウカンの翼を広げて、50余年前に那覇高校飛行場を飛び立ち、今なお、関西上空の人生行路を飛行している。その上空から、目に映った人間界の真実は、左記の歌である。これ、「不撓不屈・向上無限」の那覇高校魂ではないか。それが、翼のエンジンである。母校よ永遠なれ!

消されてもまた消されても消されても
千に一度は燃えて上がらん

## 5　夏目漱石と魚住淳吉と沖縄県立第二中学校

「文豪夏目漱石と沖縄県立那覇高校」。両者には深い関係がある。と言ったら、何ごとかと首をかしげ、戯言に映るに違いない。ところがどっこい、両者にはれっきとした関係があるから不思議である。

那覇高校と言っても、今の那覇高校ではもちろんない。その前身である戦前の「県立第二中学校」の頃のことである。それは、「懐《ふところ》手事件」とよばれるもので、いわゆる「漱石と隻《せき》腕の学生」にまつわるエピソードである。隻腕、すなわち片腕のことである。

時は明治三十八年十一月十日頃、夏目漱石が東京帝国大学で講義をしていると、いつも懐手をして頬杖をついたまま講義を聴いている学生がいる。それが毎々のことゆえ、師に対して礼を失すると思い、「ちゃんと手を出してきたまえ」と注意する。しかし、その学生は、いくら言われてもうつむいて黙っているばかりで、返事もしなければ手を出そうともしない。漱石の声がだんだん大きくなる。その時、見かねた隣席の学生が、「先生、この人はもともと手がないのです。」と言った。「その時、先生は顔を赧くされ、言葉もなく、教壇で両手を突いたま、顔も上げられなかった。教室全体がしばし水を打ったような張りつめて静まりかえった後、

第三代校長　魚住淳吉

先生はやっと顔を上げると、言った。いや、失礼をした。だが、僕もない知恵をふりしぼって講義をしてるんだ。君もない腕を出してききたまえ」。そう言って、講義を続けられた。

その時の片腕の学生こそが、知る人ぞ知る「魚住淳吉」である。その息子の魚住速人が述べている。「実を言うと、私の父が、その左手のない学生である。名前は淳吉という。身内の者や子供の私としては、父が……あの夏目漱石の弟子であったということに、すこしばかり誇らしい思いを抱いたものである。」と。

この「魚住淳吉」こそが、後の沖縄県立第二中学校の校長なのである。第三代校長であって、大正十年六月四日から同十三年三月二十四日にかけての校長である。「沖縄県立第一中学校」の教頭から栄転して来られた。当時の中学校の先生の権威はいかばかりだっただろうかと思われる。他府県（沖縄県外）で長く生活していると、よく耳することであるが、旧制高校のナンバースクールのある県においてさえ、その県の県立旧制中学校の先生の権威は大変なものであったようである。沖縄県には旧制高校等もなく旧制中学校が最高の教育機関であったから、中学校の先生の権威はなおさら高かったであろう。その上、校長先生である。同窓生のみならず、県民の誇りとすべきエピソードである。

僕が、このエピソードをはじめて耳にしたのは、昭和四十年代中頃、就職して間もない鹿児島県においてであった。そこで、大学同窓会があり、出席者の一人である「前田さん」から直接うかがった。前田さんは、鹿児島県出身ながら、学校は沖縄県立中学校(県立一中の前身)の出身である。僕が沖縄出身だと分かると、沖縄の旧制中学校のこと等いろいろと話して下さった。その時に、「漱石と魚住淳吉」のことを、話して下さったのだった。エピソードが分かってみると、その話は本等でも紹介されていることも解った。ただ、残念ながら、現役高校生の頃は、誰からも耳にすることがなかった。

魚住淳吉は四十二歳で退職し、その後は東大に再入学し研究を続けた。まことに感服にたえない。真に尊敬すべきは、わが母校の魚住淳吉校長先生である。

# 6　総理大臣大隈重信と那覇高校

「大隈重信と那覇高校」。と言っても、ピンとこないであろう。大隈重信はむろんかの総理大臣である。その総理大臣が日本最南端の田舎の中学校すなわち我が那覇高校と何の関係があるかと不思議に思うのも無理もない。しかし、何と浅からぬ御縁があるのだ。

下の写真を見られたい。時は大正四年、場所は総理大臣官邸。中央に鎮座まします者は誰あろう第二次大隈内閣総理大臣大隈重信公であり、その向かって右隣が高良隣徳初代校長である。大臣と校長を取り巻くように座しているのは、なんと「沖縄県立第二中学校の生徒」ではないか。すなわち、言ってみれば、昔の那覇高生なのである。座っている那覇高生のなんと個性的なことか！

総理官邸　大正4年　中央は大隈重信
向かって右隣高良隣徳校長　沖縄県立二中生

天下、あっぱれである。前列の生徒を見よ。中央の者は真正面を見据えて平常心であり、その左横の者は好む方向をむいて我が道を行かんの姿勢、左端の者は泰然自若の構え、右端の者は腕を組んで気力充分一千万人と言えども我行かんの気迫である。中列と後列の生徒も同様に俊にして兵の面構《つらがま》えである。これぞ、田舎中学生。つまり、都会人は剃刀、田舎者は鉈である。総理大臣の器はもちろん鉈である。剃刀では髭は剃れても大木は切れないからである。いわんや天下国家をや。田舎中学生の面目躍如である。

## 7 「花の十期生」

那覇高校十期生は優秀だ、と言われる。人よんで「花の十期生」という。もっとも、この言葉は他人がよんだと言うより、十期生自らが言っているようだ。しかし、他の卒業期の人も同じように自らの卒業期を「花の〇〇期」と称しているから、那覇高生はみんな花なのであろう。つまりは、「花の那覇高生」であり、そういう意味で結局十期生も「花の十期生」というところ。とにかく、十期生も花だということであろう。

となると、あの大隈公と共に写った二中生に比して、我等那覇高校十期生はその意気においてはけっして劣るまい。

その証に、ここで、僕の目に留まった十期生の優等生を挙げておく。掲載順序は高校三年時のクラス順および名前は五十音順である。漏れた人は、御寛恕乞う。規準は、「国費・自費試験」の合格如何に基づいている。この規準は高校卒業時のことであるから、社会人になってからの活躍は考慮してない。理由は、この本は「少年記」であり、そのため少年期に限定して述べているからである。この規準が唯一の規準ではなく、また掲載名以外にも多くの優秀な学友が居たことは断るまでもない。

比嘉俊太郎、山内清。東江正夫、阿波連本伸、長嶺功一、平敷慶武。大城武、宮城久子(旧姓)。粟国良彦、金城勇二、前村政子(旧姓)、又吉達雄、山城孝夫。親泊英夫、嘉手川勇、国吉南海男、佐久本暁、仲井間憲成、宮城英雅。真栄城啓二、仲田あや子(旧姓)。新垣昌子(旧姓)、仲井真弘多、西平浩一、宮城征四郎。大城宗明、島袋春弘、屋比久重成。上原健雄、森根優、平良英一、渡嘉敷勇、山田義教。以上のみなさんである。

十期生は優秀だとよく言われる割には、学界人は意外に少ない。北の大学順に挙げれば、東北大学・太田実、愛知工業大学・比嘉俊太郎、大阪府立大学・平敷慶武、宮崎大学・山内清、沖縄キリスト教学院大学・小波津健、沖縄県立看護大学・山口栄鉄、琉球大学・大城武、および同・吉田茂の皆さんである。少ないとはいっても、それは相対的であるから、他の卒業期に比べれば、質・量共に決して優るとも劣るものではない。優秀な十期生の割には少ないという意味である。ちなみに、「城岳百年創立百周年記念誌」によれば、卒業期別の学界人のもっとも多い輩出人数は六人であり、同記念誌にはなぜか十期生の紹介が見られないが、十期生の学界人は八人であるから一番多い。みなさん、それぞれの専門分野で重鎮的存在だと思われるが、活躍を具体的に述べるのはプライバシーに係るので、ここでは割愛した。

ただ、僕自身について言えば、経営学博士号を取得し、日本会計研究学会賞を受賞、さらに大阪府立大学学長賞授賞、国家資格試験委員（税理士試験等）を務めた。同学位の取得は沖縄県出身者としては僕がはじめてであり、同学会賞についても僕をもって嚆矢とする。試験委員についても同様である。当該年度に学会賞を受賞したのは、東京大学の醍醐聡教授と私の二人であった。大学入学の頃は、同学位の取得者は全国でたったの十名であり、その取得方法もライフワークとしての業績に与えるような「論文博士」であった。しかし、最近は大学院修了時点で取得するいわゆる「課程博士」が主となっている。

つまりは、十期生学界人は、「百周年記念誌」からは落ち零《こぼ》れているが、他の卒業期に遜色なく頑張っているということである。

# X　大学受験時代

～心友と共に～

（昭和三十二年四月～同三十三年十二月）

大学進学を明確に意識するようになったのは、高校を卒業してからである。その要因は、幾つかある。一つは、心友の存在である。もう一つは、先生の励ましである。さらに、家庭的には長兄の進学である。

浪人の頃　琉米文化会館於て

## 1　心友

まず、心友は、東江正夫と高良清一の両君である。両君のお蔭で、受験を明確に意識し、受験勉強を自信を持って耐え抜くことができた。

### ①　東江正夫

東江君は、心友であり、今度はクラス - メートではなく、心友として再度登場してもらおう。同君は、現役の頃の「全島大学入試模擬試験」の成績も合格圏内であったが、不思議なことに留学試験にはパスしなかった。成績が彼と変わらぬ者も合格したのだから、不思議だった。とにかく、東江君と共に目指して一緒に励むことになったのは、有り難いことであった。彼は優秀で、性格もきわめて真面目であったからである。同君とはよく馬が合い、互いに励みになり、勉強に拍車がかかった。

共に勉強するとは言っても、図書館等に一緒に行って同じ場所で勉強するということではない。お互いに、自分の好む所で勉強し、時折逢っては様子を話し合ったりしていた。当時は、自宅に電話のある家庭は少なく、話し合う場合は会うしかなかった。会う時は、いつも東江君が僕の家にやって来るのが常だった。やって来ては、狭い勉強室の窓辺に腰かけて、話し合っていた。

また、夏の暑い日等、ひょっこりやって来て、映画に誘うこともあった。「映画を観に行こう」と言って、映画観賞に行ったのは洋画専門の「オリオン座」であった。その映画は、忘れもしない「翼よ、あれがパリの灯だ」と「ジャイアンツ」であった。今にして想えば、どの映画も、永遠の名画であった。前者は、飛行士のリンドバーグが世界ではじめてアメリカとヨーロッパ間の無着陸横断飛行にチャレンジして成功し、その成功に群集が歓喜する様子を描いたものである。この映画は単なる娯楽映画ではなくて、まるで大学受験にチャレンジしてまだ見ぬ大学という大陸に無事着陸入学できるか否かに期待と不安を覚えながらも懸命に励んでいる僕たちの心境を映し出しているようで、何とも興味深く感動した映画であった。

後者の「ジャイアンツ」は、富と恋は世の人の憧れる人生の本能的欲望。両者を得ることに成功すれば、まさに両手に花である。砂漠で石油を掘り当てて巨万の富を手にするも、恋の勝利者にはなれなかった一青年の哀れな物語である。その主人公が、彼の若くして世を去って惜しまれたジェームス・ディーンである。

両者は学校教育映画としても、望ましい映画であったが、僕達受験生にとってもピッタリの相応しい映画であった。この映画によって、どれほど励まされ、また慰められたか分からない。リンドバーグを思い浮かべながら、受験勉強をしたものである。それにしても、一刻一秒も欲しい受験時代によくも映画を観たものであると思う反面、東江君はどのようにしてこの名映画を知ったのだろうかと驚き、ただただ感謝の気持ちで一杯だ。

肝心の受験勉強については、彼が心配する様子は目に映らなかった。特に、印象に残っているのは、「僕は今、『全国大学入学試験問題集』をやっている」と話したことだった。その問題集は、既述のように国・公立大学はもちろん有名私立大学の前年度の試験問題を一冊にしたものだった。その厚さたるや、辞書ほどもあったから、東江君がその問題集をやっていると聞いて、驚きかつ慌てた。当時は、お決まりの受験参考書を勉強して、科目ごとの「傾向と対策」なるタイトルの問題集をやるのが一般だったからである。その問題集をあわてて買い求めて、やりだした。

東江君は、八科目の全科目ともよくでき、不得意科目がなかった。これが、同君の強みであり、僕より優る点だった。ただ一科目を除き、僕たちの実力は伯仲していた。その一科目と言うのが理科であった。僕は、「生物」が苦手だった。単なる食わず嫌いに過ぎなかったが、どうしても勉強する気になれなかった。「化学」はとにかく、特にひどかったのは「生物」であった。理科の実力は見るも無残で、何の進歩もなかった。当然である。なんの勉強もまったくしなかったのだから。

当時は、大学受験生のために、「全島『大学受験模擬試験』」が琉球新報社主催で行われていた。この試験は、高校二年生であった昭和三十年の七月に「第一回模擬試験」が行われ、以後、毎年「夏期」と「秋期」に年二回行われていた。当時、大学入試の合否の実力を示す指標がまったくなかった頃に、この模擬試験が実施された教育上の意義は計り知れない。難関の留学試験に関する合否の判断基準または指標として、きわめて的確で価値があった。

卒業した年の夏季に行われた「全島大学入試模擬試験」を受験した。結果は、現役の頃よりは進歩したとは言え、予想できたことだった。なぜなら、すべては理科の成績如何にかかっていたことは百も承知していたからである。その理科の成績が「未受験」の結果にも等しいことは知りすぎていたからである。それほどに、理科嫌いだった。他方、東江君は、抜群の成績であった。総合成績は、全島で「五番」であった。同君は、きっと自信を得て、目途がついたに違いなかった。

とにかく、優秀で、真面目、かつ謙虚な同君と共に勉強できたことは、いろいろと励みになり、有り難く、幸いなことであった。

あれほどに　心したしき　わが友は
ただ人知れず　この世を去りぬ

② 高良清一

もう一人の心友は、『高良清一』君である。同君は東江君に劣らず、有り難い心友であった。同君あるがゆえに、受験勉強を乗り切れたと言っても過言ではない。同君とは無言ながらも、ほんとうに互いに励み励まし合って勉強した。

高良君とは、実に不思議な縁で友達になった。人生は異なもの奇なものとは、このことを言うのであろう。同君は那覇高校の出身ではなく、中部の普天間高校の出身である。友達になるまでは、まったく見ず知らずの赤の他人である。那覇高校と普天間高校、出身高校の違う二人が、どうして終生の友になったのか。

昭和三十二年当時、沖縄県における唯一の公式の野球場は那覇高校グランドであった。高校野球の県大会も、同校グランドで行われていた。卒業も間近い高校三年生の三学期末頃に、高校野球の県大会があり、僕は野球場に見物に行った。球場には、他の高校からの応援団もみられ、随分賑やかであった。

雑誌『蛍雪時代』を読む
高良清一君

試合もすんで帰ろうとした時、偶然に「大山朝好」君に出会った。何年ぶりであったろうか。同君は僕と同じくコザ中学校の出身であり、コザ高校に入学後二年生の一学期から普天間高校(旧称野嵩高校)に転校して行った。会ったのはまったく久しぶりであり偶然であったが、同君は同じ普天間高校の仲間と一緒であった。久しぶりの再会であり、彼の友達と一緒に那覇高校近くの僕の自宅に招いた。その時の仲間の一人が、高良清一君だった。同君に遇ったのは、この時が初めてである。すぐに親しくなったのではないが、この時を縁に逢うようになった。

聞けば、同君は小禄の出身だと言う。小禄の出身者は、那覇市内の高等学校に進学するのが普通である。にもかかわらず、ちょっと遠い中部の高校に通学しているので、妙に感じられた。とにかく、同君は近くの小禄に住んでいるので、互いに会い、勉強のためよく琉米文化会館に通うようになった。当該会館は、当時、唯一の図書館代わりであった。

親しくなりだすと、中部の高校に通っていた謎が解けた。小禄の出身であるから、当初は近くの那覇商業高等学校に入学して二年間在学したが、医師への志望止み難く、意を決して中部の普天間高校に転校したのだった。それは、再度の二年生からの出発であり、固い決意によるものであった。そのための道は、当時の沖縄では難関の「国費・自費留学試験」に合格することであった。それには、同君は英語の力をつける必要があり、名護市にあった「名護英語学校」で勉強したいとの気持ちをもっていた。当時、沖縄には大学進学のための予備校らしきものはできたかどうかの状況であり、名護英語学校は意外にもその名が知られていた。僕は、英語はむしろ得意な方だったので、内心英語学校に行く気持ちはまったくなかった。が、喧騒な那覇の町を離れて、北部の静かな所で勉強したいという気持ちから、同君に同調して北部の名護町

（現名護市）で共に励むことになった。高校卒業後、間もない頃である。

僕達は、名護で、老夫婦（伊波さんと言った）の住む小さな藁ぶき屋根の狭い一部屋に、共に下宿することになった。その家は、名護の北西部の浜寄りに建つ「名護琉米文化会館」の近くにあった。僕達は、はるばると名護までやっては来たものの、共に英語学校に入学することはなかった。僕は当初から入学する気は全然なかったが、高良君もいかなる心境の変化からか英語学校行きを断念した。おそらく、実際に英語学校のガイダンスを聴いて行く意義を感じなくなったのであろう。僕達は、もっぱら、近くの琉米文化会館に通って、文字通り、寝食を共にして励んだ。この時に、僕達の友情が生まれ、生涯の固い絆が育まれて、刎頸の交わりになった。

しかし、二人は、名護に永く留まることはなかった。三か月ほど経った頃だろうか、誰言うともなく「那覇に帰ろうか」という気持ちになった。名護は静かな所であり、それはそれで気に入っていたのであるが、何となく不自由なところもあり、また一人の方が勉強に集中することができて、マイペースでやれることを感じたのかもしれない。すぐお隣の家には、ちょうど僕達と同じ年頃

雑誌『蛍雪時代』を読む筆者

の女の子がいて、地元の高校から琉球大学に合格して得々としていた。しかし、僕達は二人ともその子やその大学にまったく目もくれることはなく、また話題にすることも一度もなかった。当時の琉球大学には医学部がなかったからである。かくして、緊張はしていてもさっぱりとした気持ちで那覇に戻って来た。

那覇に帰って来てからの二人は、時折、崇元寺の「琉米文化会館」に出かけたりしては共に励んだ。大学受験という人生をかけた目的に向かって、互いに極度に緊張した精神状態の下で、無言のなかにも互いに励み励まし合う日々が続いた。世に言う灰色の浪人生活であり、精神的な極限状態で心と心が触れ合う中で、僕達の友情は日々に深くなっていった。

受験浪人の受験勉強期間中、無言の中にも高良君に僕が勇気づけられ励まされて、非常に感銘を受けたことがある。同君は、医学部志望のため、商業高校から普通高校への転校生である。当然ながら、転校先の高校では履修制限があり、そのため普通高校を卒業はしていても、将来医者になるために必要な科目でありながら履修できなかった科目があった。その典型が理科関連の科目であり、その一つが「物理」であった。同君は、もちろん、在学中は同科目について、学校の授業は受けたこともなければ教科書すら見たこともない。にもかかわらず、その「物理」の科目を医学部に進学するためには必要な科目だからとの理由から、敢然と同科目を独学で学習し始めたのだった。これには、さすがに度肝を抜かれた。というのは、時間の限られた受験勉強のことであるから、合格のためには誰しも高校ですでに履修した科目の中から、それも早い学年で履修した科目の中から受験科目を選択して勉強するのが合理的であり、かつ一般的であるはずだからである。高校の授業で受けたこともない科目を、受験科目として選択する受験生は、皆無に近い。しかし、高良君は、未履修科目を受験科目として選択したのだった。同君の勇気には、ほんとうに感服した。

同君に勇気づけられて、僕も理科系科目の「生物」の勉強に励む勇気がわいてきた。受験科目の中、「生物」以外の他の科目に対しては気になることは何もなかった。「生物」だけが特に気になり、その実力はお粗末だった。その理由は、ただただ恥ずかしい限りであるが、事実であるから語るしかない。一言でいえば、食わず嫌いである。そうなったのも、まったくの個人的かつ主観的理由からである。生徒はえてして先生の好き嫌いで科目の選択をしたりするものである。好きな先生の授業科目は好きになってよく勉強し、嫌いになった先生の科目の勉強はいい加減になるものだ。僕の場合、「生物」の科目がそれである。一年生の時に「生物」の科目を選択したのであるが、担当の先生が「生物クラブ」の生徒をかわいがり生徒の依怙贔屓をしているように映ったのだ。そう映ったのは、当の先生の意識如何とは関係なく、此方の一方的・主観的感情にすぎなかったにせよ、そう感じたのは事実である。しかも、その生徒が中学時代の悪夢事件の首謀格であるかのK君であった。そのため、何となくその科目から離れていき、不勉強になって弱点の科目になってしまったのだった。だから、僕の受験勉強は、たった「生物」一科目との戦いであった。それも、その内容よりもいかに「生物」の科目自体の勉強に取りかかるようになるかに尽きていた。他の科目の実力は、現役時代とあまり変わりがない。つまり、受験科目八科目の中、たった一科目の受験勉強のために苦しんでいたのだった。

そのような心理状況の時に、高良君がまったく授業も受けたことのない「物理」にチャレンジする姿を目の当たりにして、不得意科目の「生物」にチャレンジする勇気がわき、どれほど鼓舞されたかはかり知れない。食わず嫌いの僕をその気にさせた同君は、いかなる教師にも優るものだった。同君は、どのような教師にもできなかったことを、可能にしたからである。有り難きは友、ただただ頭を垂れるのみである。

再三述べるが、昭和三十年代当時、宮古・八重山を含む全島「大学受験模擬試験」なるものが、琉球新報社主催で、行われていた。それは、復帰以前の当時の沖縄においては、唯一の「大学入試模擬試験」であって、「国費・自費試験」の合否を判断するためのきわめて的確なテストになっていた。そのため、ほとんどの受験生がチャレンジした。成績は科目別および総合点で一定点以上の者が新聞紙上で公表され、総合成績順位に関しては成績上位者はゴシックまたは一人一行で個別に公表された。上位ランク者の数は、約十名前後である。わが友の「東江正夫」君は、「五番」のゴシック組であった。「高良清一」君は、今もって定かでない。と言うのは、同君はいかなる理由からかおそらく偽名で受験したらしいからであり、その偽名も聞いたことがなければ訊ねたこともないからである。成績が相当上位であることは間違いないと思う。

実は、かく言う僕も「偽名」で受験し、誰にも話していなかったのだから、僕の成績を解る人は皆無である。ここで、明かせば、僕の偽名は「北野明」である。なぜこの名前を偽名に使ったかと言えば、それはきわめて単純。当時の受験雑誌「蛍

模擬試験成績

総合点
（一〇〇〇点満点）

琉球新報社主催「大学入試模擬試験総合成績」（八科目）

前列向かって右から大山朝好君と筆者（自宅於て）

雪時代」の紙上で「大学合格者座談会」があり、その中の一人の意見に共感を覚えたのだったが、その人こそが「北野明」であった。それに、浪人したことへの引け目があったからである。僕としては、真面目半分であったが、今から思えば当の『北野明』さん本人からしたら、迷惑なことだったに違いない。

ところで、琉球新報社主催の「大学受験模擬試験」に関する「北野　明」の成績順位は、上位のゴシック組に入っていた。確か、十番前後だったかと思う。僕は総合点の成績では自信はもったものの、問題の「生物」の成績は自己嫌悪を覚えるほど零点台に近い状態だった。それでも、絶望することはなかった。というのは、模擬試験が行われたのが七月中旬の夏休みの頃であり、本試験まではまだ期日を残していたからである。それに、やればできるという自信はあったからである。とにかく、同君とは共に、本試験までただただ頑張る日々が続いた。僕の合否如何は、間違いなく、理科の成績如何のただその一点にかかっていたと言ってよい。その理科に取り組む勇気を与えてくれたのは他ならぬ「高良清一」君であり、彼こそは一番の恩人なのかも知れない。

高良君との友情は、大山朝好君の紹介が契機となって知り合い、受験勉強をとおして育まれて、以後、ずっと続いている。それは苦しかった青春時代の果実であり、何ものにも代え難く永遠に朽ちることがない。転校生であったためか友に恵まれる機会の少なかった僕にとって、二人の友情はその御縁からして天恵ともいうべきかもしれない。辛酸を経て来た僕達の友情は固い。「つらく苦しい事は人の心を堅固にする。故に一緒に艱難を経て来た者は、交わりを結ぶことも緊密で、いつまでも互いに忘れることができない。」という。「言志晩録」にみられる佐藤一斉の言葉が心にしみる。

## 2　二人の先生の励まし～比嘉文三先生と稲福金次先生～

大学受験および進学を考える時、忘れてはならないのが高校時代の恩師である。その恩師は、稲福金次先生と比嘉文三先生である。両先生は共に担任であるが、稲福先生は二年生の時の、また比嘉先生は三年生の時の担任である。

両先生の励ましが大学進学の動機に影響したことは、既述のとおりである。しかも、励まし方がまったく対蹠的であったことも述べた。稲福先生の何気なく話しかけられた言葉、「もう就職決まった？」に、発憤興起したのだった。その言葉を同先生がいかなる意味でおっしゃったにせよ、僕にしてみればこれ以上の発憤材料はなかった。言ってみれば、人生最大の屈辱である。それが最大である分、発憤も極限的であった。将来の良き道への発奮を促して下さったということに関して起爆剤であり、ただ感謝あるのみである。

他方、比嘉先生はまったく違った。先生は、「ヘシキは　受ければ　トオルと思うんだがなぁ」と、おっしゃった。いや、おっしゃって下さった。比嘉先生は数学の先生であり、三年生の時に先生の授業を受けていたから、僕のことをよく解って下さっていたのだと思う。明らかに、心から御親切に励まして下さったのだった。この御言葉に自信が湧き、どれほど勇気づけられたか計り知れない。この言葉を胸に秘め、御期待に背かぬように受験勉強に励んだのだった。まさに、恩師の学恩深しである。

とにかく、両先生に励まして頂いた。ただ、励まし方が対蹠的で、陰に陽に、あるいは逆説的にかまたは親切的にか、結局ＳＭ的なきわめて高級な御指導をして下さった。励まし方には違いがあっても、励まして下さったことには何ら変わりがない。両先生には、ただただ感謝あるのみである。

思えば、稲福・比嘉両先生の励ましは、「ヤーキンズ・ドットソンの法則」の立派な適用例だった。この法則は、プレッシャーとパフォーマンスの関係を意味し、適切なプレッシャーに応じて最高のパフォーマンスが発揮される、と説く法則である。プレッシャーとはストレスや緊張感であり、パフォーマンスとは行動である。平たく言えば、動機と行為との相関関係である。ストレスがなければ行動は上がらず、有る程度のストレスに呼応して行動は向上するが、ストレスが一定以上になると行動は低下すると言うものである。最高の行動を発揮するには最適のストレスが重要だということである。大事なことは、ストレスはプラスのストレスだけでなく、マイナスのストレスも意味する。平たく言えば、「賞」と「罰」である。両者は、コインの裏表のようなものである。

ヤーキンズ・ドットソンの法則は動機付けと学習行動の関係を示すものであり、受験勉強に例えて言えば、稲福・比嘉の両先生の叱咤・激励は適度なストレスすなわち動機付けであり、お蔭で最高の受験勉強を発揮したということである。叱咤の稲福先生に激励の比嘉先生であり、それは「罰」の稲福先生に「賞」の比嘉先生である。賞罰の裏と表からストレスを受けたのだから、最高のパフォーマンスすなわち合格が発揮された訳である。屈辱は大きな動機付けであり、特に男性にはよく効くのかも知れない。

## 3　長兄の大学進学

大学進学の大きな動機となったのは、何と言っても長兄の影響も大きい。それは、決定的ですらある。そのことは、次の二つの点で言える。

一つは、長兄自身が「国費・自費留学試験」にパスして大学進学を果たしたことである。確か、二十六歳の時である。戦後の混乱の中、諸々の困難やハンディキャップを乗り越えて果した大学進学であった。病気、学制改革による受験資格のハンディ、昼夜の勤務、高卒後の勉強のブランク、および経済的困難性等、およそ一家の命運を戦死した父親代わりになってあずかっていた存在だから、受験環境とは程遠い状況にあった。それらの困難を、長兄らしく乗り越えて率先垂範よろしく留学試験を突破して大学進学を果たしたのだった。そのことが、弟達に影響を及ぼさないはずがなかった。

もう一つは、戦後十年近く経って、我が家の経済状況がボトムから脱却したことである。母と長兄を中心にして、姉や次兄も働きだして、経済的に良くなってきたのである。

かつては高校進学もままならぬ状況だったが、大学進学が許される状況になったのだった。

長兄　昼は学生かつ事業経営者

この我が家の経済事情の好転が大学進学意欲に及ぼした影響は計り知れない。長兄の大学進学と我が家の経済的好転が、大学進学意欲の大きな動機となった。すでに勤めて三年目の次兄も大学進学を目指すことになり、高校卒業した僕も大学進学を志望するようになったのだった。高校卒業時は、三男はまさに就職か進学かのボーダーライン上にあったが、幸いにして働くことなく進学一本に舵を取ることができたのだった。

しかし、好事魔多しの事件も起きた。当時、沖縄の戦後最大の詐欺事件に巻き込まれてしまったのだった。

とにかく、すべては、縁の下の力持ちの母と長兄のお蔭である。

## 4 本試験

いよいよ、本試験の時が来た。「国費・自費留学選抜試験」である。同試験は、日本復帰前における沖縄の学徒にとって、大学進学のための、いわゆるエリート・コースへの登竜門であった。実施期日は、昭和三十三年十二月初旬の頃である。高校卒業後二年目となって後がない状態だった。もちろん、僕達三人は、高校卒業した年末に、一次試験の学力試験には合格はしていた。東江君は「国費・工学部」、高良君は「国費・医学部」、僕は「自費・商学部」であった。しかし、最終的に合格したのは、東江正夫君だけだった。同君の合格は、当然であった。全島「大学受験模擬試験」の総合成績順位が「五番」であったからである。高良君と僕については、その理由は二人の永遠の友情のために同君に託しておきたい。とにかく、三十三年度末の「国費・自費試験」には、高良君との二人のチャレンジであった。

試験会場は、なぜか首里高校であった。首里高校までは、旧那覇市の自宅からバスで約四十分はかかる。満を持しての受験であった。絶対に合格と思って、臨んだ。苦手な理科が不得意科目ではなくなっていたから、落ちようがないとさえ思っていた。季節は冬、当日はやや寒く、その上首里高校は高台にあるから寒いだろうと思い、オーバーを着けて行った。実は、そこに、思ってもみない致命的で不運なアクシデントが待ち受けていた。

試験場での座席は、教室に入ってすぐ左の第一列の第一番目であった。教壇に向かって右側であり、僕の座席の右側は壁になっていた。試験場に入ってしばらく緊張した雰囲気の中、受験上の説明や注意があって、試験開始のベルが鳴り、いよいよ試験が始まった。第一日の第一時間目は、「国語」の科目の試験であった。受験は経験ずみであり、科目も国語であるから緊張するはずはなかった。

## （1）アクシデント〜試験監督と天使の乙女〜

試験開始からどれほど時間が経過した頃だろうか、気分がどうもおかしい。冷や汗が出て、気分が悪い。問題が解けない。こんなはずはないと思いながら、気は焦る。気が遠くなって霞んでいく。手を上げて試験官に必死に合図をしても、気づいてくれない。僕の座席は、最前列。試験官はただ一人。その試験監督も最後列の二、三歩手前にいて、黒板を背にして後ろを振り向くこともまったくせず歩いていた。気がなおも遠くなってかすんでいく。記憶にあるのは、そこまでであった。どれくらい、時間が経ったただろうか。気が付いて見たら、壁にもたれて意識を失っていたのだった。意識が蘇って、「ここは試験場なんだ！」と気づいて驚き、あわてて手を上げて試験官に合図。試験監督者は、今度は、気がついてくれた。試験監督に教室外に連れて行かれ、深呼吸するように勧められた。同時に、たまたま近くにいた女子高生に水を持ってくるように依頼した。持って来てくれた水を受け取って飲み、深呼吸をし、しばし休んで、気分がよくなったところで、座席に戻った。

座席に戻って、問題を解いてみると、今度は解けた。意識を失う前に、「解けない、変だ！」と焦っていた問題が、今度はスラスラと気持ちよく解けた。解答の全体も読み返すこともできたので、胸をなでおろしたのだった。

それにしても、あの時、もし壁がなかったら、すなわちもし座席が第一列の第一番目でなかったら、大変な事故になったに違いない。フロアはコンクリートであったことを思えば、背筋が寒くなる思いである。また、こちらの合図に気が付かなかったあの時の試験監督官は、いかなる先生だったのだろうかとの思いが残る。反面、水を持って来てくれた首里高校のあの乙女はいったいどのような子だったのだろうと、今も脳裏を離れない。合格が天国不合格が地獄なら、あの乙女はきっと天使であったのだろう。

それにしても、受験中、なぜ意識を失ったのか、とんと解らない。まさか「エミール・クーエの法則」が働いたわけでもあるまい。この法則は、努力して良い点を取ろうと思うほど焦り、かえって意志とは違った裏目の結果がでると説く法則のことである。すなわち、「努力逆転の法則」である。しかし、それでは決してない。おそらく重く厚いオーバーを着ていたために、脳貧血を起こしていたのかも知れない。

とにかく、一日目の試験がすんだことでほっとした思いだった。頭を冷やすため、試験場の首里高校から那覇高校近くの自宅まで歩いて帰って来た。帰宅後、早速に近くの銭湯に行った。湯船につかり、一風呂浴びた後のなんと爽快だったことか。あの時の爽快感は、今も忘れられないほどである。その爽快感から、思わず翌日の二日目の試験には安心感と共に自信が湧いてきたことも鮮明に記憶している。青春のすべてをかけて励んできた試験がやっとすんだのだった。

## 5　合格発表

試験がすんで、ホッとし、やれやれの思いだった。心地よい満足感をおぼえた。「国語」に関しては受験中のアクシデントはあったが、とにかく全問解答ができたため、不安は起きなかった。数学の「解析Ⅰ」は満点を確信していたし、何よりも苦闘の主因であった科目の「生物」や理科の科目にも相当の自信を持つようになっていたので、不安は感じなかった。

それでも、合格発表は気になるものである。それまでには、まだ期間があった。その間、高良君と時に答え合わせをしたり、時に談笑したり、また、映画も観たりした。日活系の映画がおもしろく大流行りであった。既述のように、同君は、医師になるべく敢えて職業高校から普通高校に転校し、高校の授業で受けたこともない科目を受験科目に選択して努力奮闘してきたのだった。僕も、また、同君の勇気に支えられて苦手科目を克服すべく頑張ってきたのだった。

その二人に、ついに、時が来た。合格発表！

蛍雪の功なって、僕達は共に難関を突破して、今度は二次の面接試験も合格した。高良清一君は念願かなって金沢大学・医学部へ、僕は神戸大学・経営学部に進学することになった。高良君の人格高潔で、万難を排しての「初志貫徹」には、ただただ頭が下がる。友としても、万歳を叫びたい思いであった。

### (1) 比嘉文三先生の御訪問

なお、合格発表にあたっては、その発表に先立って那覇高校三年生の時の担任だった「比嘉文三」先生が、琉球育英会の依頼を受けて、急きょ我が家に来られた。要件は、「『国費』を辞退して『自費』にマワッテくれ」という要望だった。他に、医学部志望のT君についても、同様の要望をしているとのことだった。敢えて要望に来られるということは、当然僕にしてもまたT君にしても、譲られる受験生よりも譲る受験生の方が成績が良いということである。ただ、その譲られる受験生は「国費」のみを志望して、それ以外の「自費」の願書は提出していない。他方、不合格にするには惜しまれる成績だったのであろう。そのため、「国費」と「自費」の両者の願書を出していた僕の方に譲歩を要望してきたのだった。もし僕の成績が被譲歩者のそれより低ければ、本来敢えて要望に来られる必要はないはずである。T君についても、同様である。結局、T君は要望を拒否して、自らの志望どおり「国費」合格となり、僕は譲歩して「自費」にまわったのだった。T君については、実名も進学した大学名も承知しているが、敢えてここでは伏せておくことにした。

要するに、合否発表前に比嘉先生が自宅に来られたことで、合格していることは客観的に確信した。つまり、発表前に合格したことは分かっていたのだった。

青春の　試練の時に　君に遇い
共に励みて　道を開きぬ

## 6　受験勉強の意義

大学進学を志すなら、受験勉強は不可欠かつ不可避である。目指す大学が難関大学であればあるほど、不可欠である。受験勉強をせずに合格し、難関大学の入試を突破できた人は寡聞にして稀というより、皆無である。人生を切り開き、志望の道を進まんとするためには、受験とそのための勉強は避けては通れない。それは、青春時代の試練である。まさに、人生の土台を作るための貴重なチャレンジである。

受験に対する意識や勉強、すなわち受験勉強は秀才と言われる人ほど早い。想えば、秀才組は、高校時代、みんな寸暇を惜しんで勉強に励んでいた。M君は教室移動の時間にも英語の「まめ単」を覚えていたし、またK君は修学旅行中休憩時間のバスの中でも勉強していた。みんな、時間を惜しんでよく励んでいた。高校時代のことに関して、最近知ったことで驚いたことがある。それは、秀才組の中には、高校二年生の頃に、あの全島「第一回『大学受験模擬試験』」を受験していた学友がいたということである。同学年の秀才の誉れ高い嘉手川勇君等がそうである。これには、ほんとに驚いた。大学進学や受験意識の確かさに、驚嘆した。同じ学年にして、こうも意識が違っていたのかと、友の意識の高さに声も出ないほど驚いた。当時首里高校二年生の金城和夫君も受験しており、しかも成績が上位であったので驚嘆の思いを強くした。というのは、同君はコザ中学校の同期生であり、顔見知りだったからである。つまり、デキル者ほど受験意識が非常に強いということである。

受験勉強が不可欠なことは解ったが、大事なことはそれが単に合格のためだけでなく、受験勉強の人生における意義は重大であるということである。受験勉強を経験するかしないかの違いは、後の人生に与える影響は計り知れない。受験勉強は、人生を賭けて究極的な不安と不確実な日々の中での苦闘である。その苦闘は、毎日同じこととの闘いである。それは、孤独な闘いであり、孤独との闘いである。すなわち、一人でやる闘いであり、独りとの闘いである。このような孤独的および対孤独の闘いは、生きて行くに際して不可避的である。人生行路では、いつかは必ず一人になりかつ独りになることは避け難いからである。日常生活や仕事においても必ず遭遇する。極限的な例で言えば、「生」と「死」がそうである。生まれる時はひとりであり、死す時もひとりである。共に、一人であると共に独りである。つまり、受験勉強は孤独なかつ孤独との闘いであり、その闘いは人生においては不可避である。

したがって、受験勉強を経験すれば、人生において不可避的な孤独的闘いに対する何らかの免疫力が培養されているといえる。これが、受験勉強のもつ大きな意義である。

さらに、受験勉強は、来る日も来る日も勉強である。それ以外のことは、頭にない。勉強の対象は変わっても、勉強をやっていることに変わりはない。つまり、単調である。孤独な闘いは、言わば単調さとの闘いでもある。人生において、単調さは不可避的である。というより、不可欠でさえある。特に、偉大なことを成し遂げようと思えば、なおさらである。単調さに堪え得ずして偉大なことが成就されることは、皆無と言ってよい。偉大なことならずとも、自己の熱望する大事な目的は達成されえないだろう。単調さの意味には、たえざる努力、忍耐、集中力、根性、および執着等も含意されているかも知れない。つまり、単調さに耐えることは志望実現や自己実現の主因であり、また発明発見の母であって、要するに成功の母である。

したがって、受験勉強に耐えるということは単調さに耐えるということである。単調さに耐えることは、重要な目的を成すにあたっては不可避的かつ不可欠である。それゆえ、受験勉強に耐えるということは、人生における重要な精神を培ったということになるであろう。これが、受験勉強の何よりの意義である。もちろん、その程度は人によって異なる。

秀才と鈍才の違いは、秀才は単調さを苦とは思わないか、またはその意識が弱い。それに対して、鈍才は単調さを苦と思い、集中できず果ては苦痛とすら思うことである。苦の意識を乗り越えて、無我無心の境地になっている者が天才である。すなわち、天才は、対象と一体化しているか、執着の化身またはそれを無意識的に具現化した人である。つまり、受験勉強で単調さに耐えることは凡人にして天才的精神に近づくことでもある。すなわち、精神が最高度に純化されることである。

学ぶほど　知らざることが　いやまして
学ばざりせば　憂いなからん

## 7　受験と親戚の励まし～宮城武雄・喜久子夫妻と宮城玲子～

親戚は、あちこちにいると言いたいところであるが、きわめて限られている。もともとは首里の出身なので、いわゆるムトゥジ（一門の元祖）は首里・那覇である。次いで、親戚がいるのは宜野湾、さらに北谷である。どの地方の親戚もほとんど父と母関係の従兄や従姉等が主である。親戚には、教員が多いようだ。

すでに述べたように、僕達は七人兄弟で、姉二人、兄二人、弟二人、それに僕である。つまり、男兄弟が多く、僕はちょうど真ん中の三男である。他方、親戚はどういう訳か女姉妹が多いようだ。少なくとも、従姉はそうである。父の姉の子供、すなわち父方の伯母さんの子供達は三姉妹である。姉妹の中の上二人は、不思議にも、共に宮城姓に嫁いでいる。姉の喜久子は「宮城武雄」に嫁いで「宮城喜久子」となり、妹の玲子は「宮城京一」に嫁いで「宮城玲子」になっている。

宮城武雄は、師範学校卒業後、戦時中一時徴用されて軍体験があるものの、帰還後は小学校や中学校の校長を務める等、一貫して終戦直後の教育界で活躍された。喜久子も終戦直後から一貫して教員として教育界で尽力した。いわば、宮城武雄・喜久子夫妻は戦後の沖縄教育界の生き字引である。

他方、宮城京一は裁判官であり、かの「日の丸焼き旗事件」の時の裁判長である。退職後は、宜野湾市の付託弁護士として市民のために貢献された。宮城京一の父の「宮城清吉」は、高校長、立法院議員、書道協会会長、および沖縄国際大学教授を務められた。宮城玲子は旧制県立一高女の一年生の時に終戦となった。そのため、終戦直後の新制高等学校に編入されることになるが、首里や那覇高校のまだ存在しない当時の高等学校で席次が三番以内に入る優等生であり、きわめて聡明である。学業に秀でているばかりでなく、裁縫等の生活万般にもすぐれ、かつたくましい。父戦死後、姉が早々と嫁いだこともあって、高校生の頃から一家を支えて頑張り通し、親戚からも「オトコマサイ」（男勝り）と言われるほどに女の仕事ばかりでなく男の仕事もこなしてきた。戦後の荒波の中を、男子一人もいない家族の苦労を一身に背負って生き抜いてきた労苦は、誰にでもできるというものではなく、この人にしてはじめてできたものだと思う。

さらに、宮城京一家の晩年の支えも、涙ぐましい限りであった。義父と義母のお二人の晩年の看病や介護は、介護制度の整った現在とは違い、当時は尋常ではなく、このお嫁さんでなければ務まらないほど辛いものがあったと思われる。御両親の立派な極楽往生は疑いもなくお嫁さん、玲子姉さんのお蔭である。

最近の京一兄についても、同様である。京一兄には御兄弟がなかったから、夫とは申せ、その看護にはいろいろな御苦労があったであろうことも想像に難くない。おしなべて、宮城家は玲子姉さんあってのことだったと思う。僕が京一兄を尊敬する大きな理由は一つ。それは、京一兄が玲子姉さんを人生の伴侶として選択する聡明な目を持っていたということである。この目こそ、人生においてもっとも重要なものであり、それを乗り越えるマスターキーであると考えるからである。なお、玲子姉さんの父は、姓は「仲村渠」(仲村)といい、戦前から終戦直後にかけての宜野湾村長であった。

玲子姉さん

ところで、親戚のことをここで記すのは他でもない。それは、幼い頃から、殊の外ずっと僕は誰よりも親戚の姉妹によって、なぜか可愛がられてきたからである。言い換えれば、僕が成長できたのも、従姉の愛情があったればこそと思う。その愛情は、物心両面にわたる。物心ついた時から、何かにつけて、可愛がられた。僕が今日あるのは、ひとえにそのお蔭であるとつくづくと偲ばれる。あの試練の受験時代も励ましてもらった。玲子姉さんは、時折、我が家にやって来て、「たけちゃん、映画見に行こう」と映画に誘ってくれた。その映画は、忘れもしない「喜びも悲しみも幾歳月」であった。きっと灰色の受験浪人の心を察して、気分転換と励ましのためであった。またある時は、「純愛物語」や「絶唱」の映画に誘った。何れも、永遠の名画であり、今も忘れずにいる。

ほんとに、よく可愛がってもらった。その気持ちのせめて一端でも何とか伝えたいとの心が抑え難い。心から、感謝申し上げたい。実際にお会いして伝えたかったが、この本のまさに出版中に他界してしまった。無念至極であり、言葉もなく、ただただ涙である。

さらに、もうお一人、忘れられない方がいる。「カーグァイーのおばさん」である。すなわち、井上のおばさんである。方言のカーとは井戸の意味であり、イーとは上の意味であるから、両者合わせれば「井上」ということになる。屋号がカーグァーイーで、姓は井上である。そのおばさんは親戚ではないが、親戚に劣らず御親切にして頂いた方だった。越来時代、道一つ隔てた美里村（旧）に住んでおられたが、親戚もなく見知らぬ人ばかりの越来村で、母の良き話し相手であり、良き隣人であった。心の広い、もののよく分かる方であった。親しい関係は、那覇に引っ越した後も続いた。那覇の家にもよく来られて、母とのお話を時折耳にすることもあった。

受験時代のある時、青白く痩せた僕について、話をされているようだった。「ウレー、ベンキョウビカーンシ、オージールーナティ」(「これは、勉強ばっかりして、青白くなってしまって」)と、母が心配とも不満ともとれるようなことを言った時、おばさんは母を慰めた。「エー、オバサン、ウレーヌーンシワーシミソーンナケー、ベンキョウヤシチュドゥソーイビール」(「おばさん、これは何も心配しなさんな　勉強は自分が好きでやっているんですから」)と言って。孤独な受験時代、このおばさんの言葉にどれほど慰められたか解らない。その言葉は、今も忘れずにいる。ほんとに、いいおばさんだった。遠い親戚より近くの隣人とは、このおばさんのための言葉かと思われるほどである。

ここに記して感謝申し上げたい。

## 8　わが母に関する和子のメモランダム

和子は結婚した当初、直ぐに沖縄に行った。母や親戚に挨拶のためである。復帰前のことであるから、僕の郷里の沖縄が何かと珍しかったようだ。そのためか、母に付いて彼方此方と沖縄中をくまなく見たようである。昭和四十年の初め頃、母はまだ戦死した父への思いが断ち切れずに、帰りを願い無事を祈ってユタを頼りに沖縄中のウガンジュ（拝所）を拝んでいた。夏休みで帰省した時であるから、真夏の暑さ真っ盛りの日々をよくぞ出掛けて行ったものだと思うが、それは母のあきらめることなき父への思いがそうさせたのであろう。他方、和子も初めての沖縄で異常な暑さの中をよくも母に付いて廻ったものだと思う。何がそうさせたかは、ちょっと首をかしげるところであるが、ひょっとしたら三男の嫁であることをあるいはちょっと母にアピールしたい気持ちもどこかにあったのかも知れない。もちろん、観光気分では全然ない。

とにかく、和子は沖縄中を何日間も母に付いて廻ったが、子供ではあっても男である僕達には話さずまた話せないようなことも和子にはいろいろと話したそうである。その中に、商売のこと等もあったようだ。兄姉が病気の上、赤子を抱えているから母は必死どころではなかったに違いない。最初は「飴売り」をし、つぎにアメリカ軍人の家庭でメイドとして働き、さらに蚊帳の生地売りをした。

飴売りは赤子を抱えての商売だから、それなりの苦労があったと考えられる。しかも、自分でつくって売るからなおさらである。つぎに、メイドは、住み込みであるから、家に帰って来るのは一週間ごとである。当時は珍しいパンやネーブル等を持って帰って来てくれたから、子供達はみな心待ちにしていた。反面、弟達は就学前であるから母の帰りを待ち侘びて寂しく留守番をする日々であった。時には、弟は思わぬところで寝てしまい、探して大騒ぎになることがままあった。さらに、蚊帳売りは、反物を仕入れて背中にくくりつけて行商して廻ったら、飛ぶように売れたそうである。蚊帳の布地はアメリカ兵がジャングル等で使う目の細かい丈夫なものである。いわゆる虫や蚊等を防ぐ野戦用の蚊帳で、終戦後よく見られたものである。その蚊帳のあるなしが命に係わったから、よく売れたのだろう。と言うのは、終戦当時は飲まず食わずの逃避行で衰弱している上にマラリヤが流行していたから、病気媒介の蚊は弾丸に劣らず恐怖だったからである。蚊帳の中に這入り込むのに必死だったことが、想起される。

蚊帳の行商等で得た儲けで、出来たての青バス会社の株主となり、バスを購入して運行した。母に乞われて、よくバス会社に配当金を受け取りに行った。中学校卒業当時、母がしきりに運転手になれと勧めていたのは、この頃である。ただ、しばらくして労働争議が激しくなったため、バスを手放したのだった。

母は商売上手というより、子供達を養うためにすべてをなげうって働くのに必死だったのであろう。商売をして悔しい思いをしたこともあったに違いない。残念がっていたのは、那覇国際通りの土地の購入を勧められたことがあったが、その土地を買わなかったことが悔やまれたようである。また、母は情け深い人で親族や他人にお金を貸してそのままになっていることがずいぶんあるようだ。

しかし、何と言っても一番の後悔は、当時沖縄最大の詐欺事件に巻き込まれたことである。この事件は、母の妹が母を無理矢理誘ったために被害にあったものであり、我が家の被った金額の莫大さから悔やんでも悔やみきれない思いが残る。事件と言うのは、ドルを円に有利な条件で交換すると言ってお金を集めて持ち逃げした事件であり、昭和三十年代当時、戦後沖縄最大の詐欺事件として騒がれ、世間の耳目を集めた。その処理のため、すでに上京していた長兄は地獄を見る思いで頑張り通した。莫大な借金返済等のその処理は、長兄でないと不可能だと思われるほどに頑張りとおした。

此の事件が家族に及ぼした影響は甚大であり、精神的ショックばかりでなく現実的な金銭的なショックが深刻であった。その最たる影響は、兄弟の大学進学である。僕の進学についても同様である。そのことを、母は和子に語っていたようである。

幸いにして、此の事件の起こる前に、長兄が東京に進学する際に後から弟達も続いて進学して来るからとの理由から、長兄に大金を持たせて東京にアパートを購入させていたことだった。そのアパート収入のお蔭で、長兄は辛うじて中途退学を免れ大学を卒業できたのだった。しかも、優秀な成績で。時の大浜総長から、「沖縄出身の学生にも、優秀な者がいる」と言われたそうである。そのことを、時折自慢げに話すのは長兄らしいが、それは事実のようである。「僕はオール優だ」と、発破をかけていた。学業と借金返済で頑張る長兄の姿は痛ましかったが、一中魂が宿っていたのか、良く持ちこたえてくれたと思う。

母も借金返済の請求のためやって来る人達に追われ、大変だったと思う。僕達弟はどうすることもできなかったが、母は長兄と連携して大ピンチをよくぞ乗り切ってくれたと今も感慨さめやらぬものがある。想えば、終戦間もない頃から、母と長兄は苦労の連続である。母と長兄の不撓不屈の魂に、子供でありまた兄弟ながら、弟達は頭を下げるしかない思いである。

## 「兵隊の呼称」の変遷と沖縄の世相

### ～戦前・戦中・戦後を生きて～

戦前・戦中・戦後を駆け抜けた少年の心に反映したものとして、兵隊に関する世間の思いや言葉の変化がある。それをちょっとレビューしてみよう。

国の人的国防組織を、簡単にかつ一般的に、「兵隊」と呼ぶことにする。その兵隊の呼び方は、戦前・戦中・戦後と、世の移り変わりとともに変って来たようである。その呼び方の変遷は、日本に対する県民の気持ちの反映を表しているようで、なんとも興味深い。

物心がついたのは昭和十年代後半であり、明確に認識しているのは十九年前後である。その時、最初に耳にした呼び方は、「兵隊さん」であった。一般の人々の呼び方がそうであり、小学校の唱歌や読本でも「兵隊さん」であり、実際にも「兵隊さん、兵隊さん」と呼んでいた。その頃は、本土防衛の生命線である沖縄に、軍人がずいぶん集結して来た時期なのかも知れない。頻繁に「兵隊さん」の言葉が飛びかったが、その「兵隊さん」の言葉には尊敬やほのぼのとした憧れの念が込められていたように思われた。父に「何になりたいか」と問われ、「兵隊さん」・「大将！」と答えて、父が喜んでいたのもこの時期である。つまり、戦前は「兵隊さん」と呼ばれ、世間では「兵隊さん」は尊敬をあつめ、憧れの的だった。

昭和十九年十月十日の空襲により、戦争に突入すると、兵隊の呼び方は「友軍」と呼ばれるようになった。戦況の話等の時、「友軍はどうしたのか」等の声が聞こえてきた。「友軍」と呼ばれている時期は、戦争に突入して間もない頃であり、勝敗のゆくえが分からず、戦争のゆくえに不安を感じて心配しはじめていた時期である。戦況が劣勢の方に傾きかけてきたことがうすうすと感じられながらも、なお勝利を信じ、一縷の望みを抱いて奮戦していた時期である。

つまり、戦中の頃は「友軍」と呼ばれ、日本の勝利に一縷の望みを託して、なお兵隊への尊敬の念は世間ではまだ消失はしてなかった。

陸・海・空からの爆撃が激化し、戦況が苦しくなりだした頃から、兵隊は「日本兵」と呼ばれるようになった。日本が明らかに劣勢となって敗戦濃厚となった時に、戦争が日本対アメリカの戦いとして自らの敗戦を客観化しようとした住民心理の反映なのかも知れない。「日本兵」の呼び方には、一縷の望みも絶望的となって一種のあきらめや愛想をつかした感じがただよっている。つまり、兵隊は戦争末期には「日本兵」（または「日本軍」）と呼ばれ、敗色濃厚となって、世間では兵隊に愛想が尽きた感があった。

敗戦となった直後あたりの頃は、兵隊は「残兵」と呼ばれていた。この頃には、「兵隊さん」や「友軍」や「日本兵」の呼び方はもはや耳にすることはなく、「残兵」という言葉ばかりが聞こえてきた。敗戦によって兵隊は組織的に壊滅しているから、もはや兵隊に関する組織的呼び方は存在しえない。戦争はとっくに終わっているにもかかわらず、兵隊が夜《よ》な夜《よ》な、食糧を求めて森から出て来て銃殺されていく痛ましい時期である。つまり、世間では兵隊への信頼が地に落ちて兵隊の壊滅状態の時期であった。他面、哀れな兵隊への同情もみられた。

終戦もしばらく経つと、兵隊は「ジャパニー」と呼ばれるようになった。この言葉には、兵隊さん以外の民間人一般も含意されているようにも理解されるが、おしなべて兵隊も「ジャパニー」と呼ばれていたようだ。終戦直後の頃は、日本には軍隊組織や兵隊は存在しなかったのだから、そのことも影響しているのかも知れない。したがって、もちろん、軍隊組織とは関係なく、本土人一般は一般に「ジャパニー」と呼ばれていた。世間ではこのジャパニーの言葉には兵隊をつき放すような冷たさが含意されている。

終戦から日本復帰の頃までは、沖縄は日本の施政権外であるから、沖縄防衛について兵隊との直接的関係はない。いわば、「無防衛隊」の時期である。もちろん、自衛隊なる言葉はすでにあっても、それは沖縄の土地に根付いた住民の言葉ではなく、本土の言葉が沖縄に流れついて来た言葉にすぎなかった。反戦感情が煮えたぎっていた時代である。

沖縄の日本復帰により、沖縄でも、兵隊は「自衛隊」と呼ばれるようになった。本土では、自衛隊そのものに関しては、発生時から種々の変遷が見られるにしても、沖縄の防衛に係る日本の軍隊組織に関する限り、沖縄駐留となった兵隊は「自衛隊」である。

つまり、戦後は、兵隊は「自衛隊」と呼ばれている。自衛隊は何ものか、県民の感情は複雑と思われる。したがって、その特徴づけは重要な関心事であろう。世間では自衛隊は有り難いのか、それとも迷惑極まりないのか、県民に必死に監視されているというのが現状であろう。

「日本防衛のあり方」と「沖縄のあり方」やその「根本的性格」とは不可分に関係しており、沖縄にとっては重要な問題である。したがって、日本防衛の人的・具体的組織としての防衛軍の呼び方はその時の沖縄県民の日本観または日本政府観を実態的に反映するから、防衛軍の呼び方の変遷は単なる形式的意義を持つだけでなく、実質的意義を持つと言える。ここでは、その考察をする場ではないから割愛せざるをえないが、兵隊の呼び方の変遷は沖縄の人々の日本に対する見かたの時代的変遷を反映しているようでなんとも興味深い。

これまで述べて来たことは、もちろん、概念的吟味考察の上で述べたものではない。断るまでもないが、戦前・戦中・戦後にわたって少年が耳にした「兵隊の呼ばれ方」に関する印象を述べたにすぎない。

# XI

# エピローグ

ここで、ひとまず「わが少年記」を締めくくることにしよう。

少年とは、「年の若い人」、それも多くは男子をさすようだ。若いとは、常識的には小学校入学前後の年齢から二十歳未満までを意味すると理解される。いわゆる「少年法」では「満二〇歳に満たない者」を指し、「児童福祉法」では「小学校就学から満十八歳までの者をいう」ようである。したがって、少年とは、おしなべて、二十歳未満の子供を指すと受け取ってよい。つまり、物心ついてからおよそ大学入学までの時期である。

少年の常識的意味にしたがって、この少年記でも、物心がついて記憶がほぼ確かであると思われる小学校入学前後から大学入学の時期までのことを記した。この時期を顧みて、少年記は三つの時期に区分される。まず、小学校入学前後から捕虜になって収容された越来での小学校三年生一学期までの時期である。ついで、小学校三年生二学期から伊平屋島に渡って中学校二年生の二学期に越来に戻って来るまでの時期。さらに、中学二年生の二学期から那覇高校を卒業して大学に入学するまでの時期である。それぞれ、順次、少年前期、少年中期、および少年後期と呼ぶことにする。

まず、少年前期は、「純真無垢の頃」である。この時期は、およそ世に生れ出たら、誰もがそうであろう。それゆえに、かの大戦の雨霰の弾丸の中を、生き延びることができたと思われる。敵軍兵士は五四万人で当時の沖縄人口をはるかに超え、県民一人当たり約五〇〇発近くも弾丸が飛んできたのであるから、恐怖を感じないはずがない。それでも、あの恐怖を乗り越えることができたのは、やはり少年の純真・無心さゆえの気がする。盲蛇に怖じずと言うものではない。大胆不敵でも臆病不遜でもない。生死の極限の中を彷徨って、生き延びることができたのは少年前期が天が与えた無漏《むろ》の境地に近かったゆえかもしれない。

つぎの少年中期は、「牢獄の頃」である。小学校三年生の時に、母と遠く別れて、県北の絶海の孤島で暮らした時期である。そこは、同じ沖縄県とはいえ、すべてが違った。ここでは、外来者は異邦人である。地方へ行けば行くほど、概して風俗習慣は頑なである。本島の人は、本島の人でしかない。孤島は海碧く、空また青し。離島ゆえに歩いて本島に行けるわけではない。まさに、ここは「碧き牢獄」である。物理的に、空と海がいかに美しく碧くとも、かえっていっそう「碧き牢獄」感が強く映る。物理的ゆえ、いかに交通機関が発達しても、海が陸にならない限り、牢獄感は宿命的である。また、山は緑で、田園もまた緑である。そこは、汗と涙の働く場所。この島に居る限り、逃れられない。生きて行くためには、田園での汗と涙は不可欠かつ不可避だからである。これは、「緑の牢獄」である。さらに、異邦人の少年にとって、絶海の異郷で母と離れて暮らすことは、親子の絆が血で繋がる限り、身を切られる思いである。この思いは、主観的ゆえ本人にしか分からない。しかも、その思いは、いじめがあって友がいない状況では、なおさら強くなる。すなわち、心がブルーかグレーの「灰色の牢獄」である。

つまり、少年中期は、孤島の・田園の・心の牢獄であり、それは碧と緑と灰色の牢獄の頃である。

最後の「少年後期」は、友との受験勉強を通して、刎頸の交わりが育まれ、人生の基礎が築かれた頃である。転校人生の僕にとって、心の友ができたことは、奇跡的であり、天の恵みとしてただただ感謝のほかはない。友ありてこその人生である。本島に帰って来て、もはや孤島暮らしはなく、母と共に暮らし、心の友を得たのであるから、もはや牢獄の思いはない。

顧みて、少年期のはじめの頃は心の友は我が心であったが、その終わりの頃では心の友は友の心となった。有り難き、幸せである。その友と共に学び語って、人生を歩んできた。かえすがえすもただただ有り難く感謝あるのみである。

家族写真
向って左から次兄15歳・母45歳・弟9歳・筆者13歳、1951年 夏
（伊平屋から一度だけ母の元に帰って来た時の記念写真
長兄・長女・次女は不在）

沙羅双樹と仏像と筆者
（播州奥の山ふところの寺にて　撮影は永田誠さん　平成27年6月）

# あとがき

少年期の印象は、なぜか強く残っている。白紙状態の心ゆえに、すべての出来事が心にしみついたのだろう。その純白さに相応しいように、印象も神様が残してくれたのかも知れない。顧みて、鮮明に残る印象は、戦火の中を逃げ回ったこと、母と離れて暮らしたこと、日々の野良仕事、転校人生だったこと、および受験勉強等である。

少年期に通底していること、それは、すべて「お前は、独りで生きてみよ」という天の声だったように思う。そのことを、もちろん認識できるわけもなく、試練を認識して受けとめるだけの勇気もなければ、その認識のもとに生きて行くだけの力もあろうはずもない。逆説的に言えば、認識もできず、またしなかったからこそ生きて来れたのかもしれない。つまり、神は我に無漏と無心を与えてくれたのかも知れない。それが、少年期というものなのだろう。よくぞ、生きて来れたものである。生かされて生きていると悟った訳ではないが、この頃はそのメンタリティが解るような気がしてきている。いや、信ずる気持に変わってきている。まことに、遅まきながらである。それは、感謝したい気持の強い現れにも感じられる。

この「少年記」の執筆にあたっては、少年期の心に劣らぬような感動と感謝を覚えることが多々あった。

まず、越来小学校教頭「松村徹先生」に感謝申し上げたい。

終戦直後に入学した越来小学校の様子については、自らの記憶に基づいて起筆はしたものの、当時の事柄に関する客観的資料は皆無である。写真等も一枚もあろうはずがない。詳しく調べたり、写真を取り入れて解りやすく親しめるようにしようと思っても、如何せん手も足もでない。せめて恩師の写真でもあればと、天にも拝む思いだった。そのような時、思い切って、越来小学校に電話してみた。人生七七歳にして初めての母校への電話である。電話を受け取った女性の先生らしき方が、教頭先生に伺ってみますと言って、電話を教頭先生につないで下さった。趣旨を述べ神戸からの電話であることを告げると、小冊子はないが、「有るものでも、此方に来て見ることはできませんね」ということであった。終戦直後の資料に関することであるから、あるはずもなく諦めるしかなかった。

すっかりあきらめていたら、それから間もなく、小包が送られて来た。直ぐに書籍類であることは解った。ずいぶん、重い。一瞬、よく出版社から送られてくる献本かと思った。しかし、差出人を見て、「おや！」と思った。送り主は、越来小学校である。開けてびっくり。約九百頁ちかくもある大著、『創立百周年記念誌　白椿　越来小学校』である。胸の高鳴りを覚えた。お送り下さった御親切、ただただ有り難く、心から感謝申しあげたい。大切な文献、しかも大著、さらに遠方にもかかわらず、届けて下さったこと、その上、何の面識もない人の突然の不躾な要望にお応え下さったこと等、その御親切にはただただ頭を垂れるのみである。あらためて、厚く感謝申し上げます。

早速、ワクワクしながら、夢中になって拝読。人生の第一歩を踏み出して入学した越来小学校について、これまで知識は皆無であった。お蔭で、越来小学校が中頭郡地方における歴史ある誇らしい中核的小学校であることが分かった。この「少年記」でも、参照させて頂いた。かえすがえすも、ただただ、感謝あるのみである。

つぎに、「平良宗潤さん」に感謝申し上げたい。同氏の類まれなる御親切にもただただ頭が下がります。身も知らず名もなく何の面識もない者に対して、こちらも突然の不躾な要望に対して、快く応えて頂き、御高著『わが師わが友』をお送り下さいました。その御親切には、言葉もなく、ただ感激するばかりである。

きっかけは、偶然なことであった。エッセーの出版について、公立学校共済組合に電話をして問い合わせたことである。「以前、確か『平良宗潤』なる方の本を出版案内で目にした記憶がありますが、教えて頂けませんか」というのがきっかけであった。せっかく調べてくださったが、何年頃のことなのか等もかいもく分からなかった。それじゃと思い、自ら探すことにした。NTTに電話してお名前に該当すると思しき人の電話番号を検索してもらい、分かった電話番号に基づいて、順次電話をかけていってみた。偶然にも、何度目かの電話で、お名前にまさしくマッチした御本人に通じたのだった。その時、不躾にも勝手な要望をお話したら、「じゃ、本をお送りしましょうか」の御返事だった。この御返事には驚嘆した。まったく一面識もない人からの突然のむちゃなお願いである。それに応えて下さるとの御返事。言ってみれば、言葉だけでも嬉しいことであるのに送って下さるということは、信じ難いことだった。

ところが、それから一週間ほどして、実際に書籍が送られてきた。間違いなく、御本人からである。まさに、敬驚である。よくぞ送って下さったと思う。その御親切はただただ有り難く頭の下がる思いである。開けてみて、感服のほかない。立派な御本である。この種の本としては大きくB五判であり、内容も多種多岐にわたり、写真も豊富であって、それまでの人生の総決算の感がある。拝読して、この人にしてこの本ありの感を強くした。さらに、分かったことは、共に留学生として同船(「沖縄丸」)・同宿(鹿児島旅館「錦生館」)・同列車(「霧島」)で各自のめざす大学所在地にある主要駅に着くまで行動を共にしたことも分かり、親しみを覚えた。それにしても、見知らぬ人への言語に絶する御親切は忘れ難く、重ねて心から感謝申し上げます。

さらに、御二方以外にも、資料の収集にあたっては、多くの方や機関にお世話になった。想起するだけでも、次の方々が挙げられる。「沖縄気象台」、「沖縄県庁統計局」、「読谷村教育委員会」、および「名護市宮里公民館」等である。特に、沖縄県の気象台・社会統計局・消防庁からは、昭和二十年代初期の台風発生件数や特徴等をお教え頂き、また資料も頂いたことは非常に貴重であり、有り難かった。沖縄近海では、八・九・十月には数日おきに台風が接近すると知ったのは驚きであったが、同時に六十数年におよぶ「長年の謎」が解けたのは有り難い限りであった。ここに、心から感謝申し上げたい。

昭和二十年代の小学校の卒業式や運動会で歌われる「歌」は、現在のそれとは様子が違っていた。当時卒業式等で歌った歌はほぼ正確に覚えているつもりである。とは言っても、客観的に証明できるものはない。その証拠資料を求めて、探していたところ、それが読谷と名護の教育委員会と公民館にあることが判明した。電話で問い合わせたら、確認できた。郷里を離れているることが分かると、読谷と名護の教育委員会が共にコピーを送って下さった。それは、卒業式等の歌に関する論文であった。お蔭で、今では幻の歌となってしまった卒業式や運動会の歌について、確証をえることができた。ノスタルジアが蘇えってきた思いである。

それにしても、読谷村教育委員会および名護市宮里公民館の皆さんは快く対応して下さったばかりか、資料のコピーまでお送り下さいました。その御親切、身にしみる思いである。ここに、厚く感謝申し上げます。

同様に、伊平屋小学校教頭の鎌田登志男先生は、昭和二十年代の同小学校の貴重な写真をお送り下さいました。小学校の写真は一枚もない状況だったので、御親切は大変に身にしみました。ここに、心から感謝申し上げたい。

書くことには慣れているとは言っても、この類の著作は初めてである。写真や画等の挿入等、ちょっと要領を得ないこともままあった。そのような時、アドバイスしてくれたのが永田誠学兄である。同氏は元同僚の大阪府立大学経済学部名誉教授であって、メカに強く、その達人である。困った時等、同氏に相談したら、たちまち解決であるから心強い。この「少年記」を書くにあたっても、真に有り難かった。同学兄は、お名前の「誠」の字をそのまま人間の姿にしたような人柄である。その人格は尊敬にたえない。心友にして畏友である。同学兄にも心から厚く感謝したい。

少年記を書いているただ今の身は、齢七十歳代半ばすぎである。少年期に比べ感動する事象も少なくなり、感動する感覚も鈍化しているはずである。しかし、この度、少年記を書くにあたっては、多くの人達のご厚意やご親切に巡り遇った。それは、まるでわが心が洗われるかのような清々しいものであった。感動にランク付けがあるとすれば、最高度の感動であった。その感動に恵まれただけでも、「少年記」を纏める意義があったと感ずるほどである。あらためて、皆さんに心から感謝申し上げたい。

末筆ながら、この度の著作出版にあたっては、仲村渠理社長（琉球プロジェクト社）にはいろいろとご配慮を頂いた。また、新星出版社には貴重な種々の写真の提供を頂き、さらに同社編集担当の城間毅さんには、さすがプロと思わせる鋭い感覚から貴重なご指摘やアドバイスを頂いた。お二方に対し厚く感謝申し上げたい。

平成二十七年七月十四日

平敷慶武

## 参照文献およびウェブサイト


(1) 源為朝公に関する伝説や「上陸の址」については左記のサイトを参照した。
https://ja.wikipedia.org/wiki/%E9%81%8B%E5%A4%A9%E6%B8%AF
http://belparaiso.com/info/index.cgi?pg=0005&pline=0&lline=0
http://www.edukeo.com/rekishi/minamoto.html

(2) 運天港地図は左記サイトによる。
http://map.yahoo.co.jp/maps?lat=26.68176667&lon=128.00330531&ac=47306&az=3&z=16&fa=pa&ei=utf8&p=%E6%B2%96%E7%B8%84%E7%9C%8C%E5%9B%BD%E9%A0%AD%E9%83%A1%E4%BB%8A%E5%B8%B0%E4%BB%81%E6%9D%91%E9%81%8B%E5%A4%A9%EF%BC%88%E5%AD%97%EF%BC%89

(3) 野菊の歌詞は「文部省唱歌」による。

(4)「数え歌」は左記のサイトを参照。
http://bunbun.boo.jp/okera/w_shouka/m_shou_izawa/s1_kazoe_uta2.htm

(5) 郁子は、自宅の庭に植えたものが大きく根を張って垣根に這った木から採れたものである。

自然の郁子は毎年随分収穫する。

(6) 「屋蔵の墓」の画像等（四三頁）は、新星出版提供による。

(7) 念頭平松の画像等（四三頁）は、新星出版提供による。

(8) クマヤ（籠屋）の画像等は、新星出版提供による。

(9) 「伊平屋の七離れ」画像等は、新星出版提供による。

(10) 伊平屋島の概況（人口）等については、左記のサイトを参照。

http://www.pref.okinawa.lg.jp/chiiki_ritou/simajima/iheya/data_iheya.pdf#search='%E4%BC%8A%E5%B9%B3%E5%B1%8B%E5%B3%B6%E3%81%8A%E3%82%88%E3%81%B3%E9%87%8E%E7%94%AB%E3%81%AE%E4%BA%BA%E5%8F%A3%E3%81%A8%E5%85%90%E7%AB%A5%E6%95%B0'

http://www.ogb.go.jp/sinkou/shinki/ritosinkosaku.pdf#search='%E4%BC%8A%E5%B9%B3%E5%B1%8B%E5%B3%B6%E3%81%8A%E3%82%88%E3%81%B3%E9%87%8E%E7%94%AB%E3%81%AE%E4%BA%BA%E5%8F%A3%E3%81%A8%E5%85%90%E7%AB%A5%E6%95%B0'

(11) キノボリトカゲ画像は、新星出版提供による。

(12) 栄　喜久元著『道之島紀行』（丸山学芸図書、平成五年十二月）を参照。

与論島には絶景地「メーグチバンタ」がある。バンタは沖縄方言で、「高い地点や所」の意味である。そのメーグチバンタには、かの俳人山口誓子の句碑があり、そこから伊平屋島の眺めについては、次のように述べられている。「……南に沖縄の北端、西の伊平屋島の七離れは、時に神秘感さえ抱かせる。」（二二〇頁）と。なお、この著書では、七離れは「ななはなれ」と呼ばれているが、沖縄では「しちばなれ」が一般的であろう。また、次の表現も見られる。「南は……沖縄本島の北端国頭半島の辺土岬が見えている。西側の遥か海上の七つ切れに浮かんでいるのは沖縄県に属する伊平屋諸島で、北の方から伊平屋島、野甫島、具志川島、伊是名島、屋之下島、降神島、屋那覇島の七つの島である。与論島の昔の人は、西の海のこの七切れの島を眺めて、

伊平屋の七離れ　うちゃがてる見ゆる
遊しでうちゃがゆる　シゴウのバンタ

とうたった。その歌意は、伊平屋の島々は抜きんでて美しくみえるが、同様に「……遊ぶ場所として知られるのはシゴウバンタである。（二一四頁）この歌の意味を直訳するところのように味気ないものになるが、島の人の心の中にひそんでいるのは筆舌でいい表わせないものがある。落日の火の玉のような日輪は七切れの島を焼きこがして西の海深く沈んで

行く。その一瞬は荘厳という他ない。」（二一五頁　傍点引用者）。

(13) 日本エッセイスト・クラブ編著『思いがけない涙』（文藝春秋　平成三年）所収魚住速人稿「漱石と隻腕の父」、三五～三七頁。

(14) 茂山忠茂・秋元有子共著『奄美の人と文学』（南方新社、平成二十年四月）所収秋元有子稿「母なる奄美―茂山忠茂の世界」、一五五～一五六頁。

　牢獄感は、離島に住んだ経験のある人にしか解らないような感覚であろう。その感覚は閉塞感に近いのかも知れない。その閉塞感を、茂山さんは「牢獄」という言葉できわめて刺激的にかつシンボリックに表現したものである。ただ、筆者の場合は、単なる閉塞感ではない。島で生まれ育ったのではない。いわゆる島の出身者ではなく、特殊な事情のために島にやって来て島での生活を余儀なくされたからである。同じ「閉塞感」とは言っても、また同じ「蒼き牢獄」とは言っても、色合いが違うように思われる。

(15) 『創立百周年記念誌　白椿　越来小学校』（沖縄市立越来小学校、昭和六十二年十二月）を参照。

(16) 『城岳同窓会懇親会』（「二〇〇九年、二中・那覇高一〇〇周年」、平成二十一年五月二三日）。

(17) 「ああモンテンルパの夜は更けて」は、次のサイトを参照した。わずかにパラフレイズされている。「「ああ、モンテンルパの夜は更けて」解説」
http://www13.big.or.jp/~sparrow/MIDI-montenlupa-exp.html

(18)「昭和三十二年三月　コザ高等学校『卒業記念帳』」。

(19) 佐藤一斉『言志四録（三）言志晩録』（川上正光訳注、講談社、一九九一年五月）。

## 著者略歴

**平敷慶武**（へしき　よしたけ）

昭和13年7月14日　那覇市にて出生

大阪府立大学名誉教授および追手門学院大学名誉教授　経営学博士

- 那覇高等学校卒業（越来小学校入学・伊平屋小学校卒業、コザ中学校卒業、コザ高等学校入学）を経て神戸大学経営学部卒業、同大学院経営学研究科修了。鹿児島経済大学教授および愛媛大学教授などを経て大阪府立大学教授、同大学退職後追手門学院大学教授となり定年退職。
- 日本会計研究学会賞受賞、大阪府立大学学長賞授賞、および　国家資格試験委員（税理士試験委員等）を歴任。著書・論文多数。


わが少年記～僕へのラブレター～
〈戦前・戦中・戦後を駆け抜けた少年の足跡〉

二〇一六年一月二七日　初版第一刷発行

著　者　平敷慶武
発行者　富田詢一
発行所　琉球新報社
〒九〇〇－八五二五
沖縄県那覇市天久九〇五
TEL(〇九八)八六五－五一〇〇
FAX(〇九八)八六八－六〇六五
http://ryukyushimpo.jp/
発　売　琉球プロジェクト
TEL(〇九八)八六八－一一四一
印　刷　新星出版株式会社




ISBN9784-89742-203-9　C0095
定価はカバーに表示してあります。